旅游研究前沿书系

# 青海藏区
# 民族文化旅游产业化
# 发展研究

边世平　兰措卓玛◎主编
赵婷　徐芳　赵筱◎副主编

国家社会科学规划项目（11XGL013）
国家教育部中西部高校综合实力提升计划
青海大学2014年综合实力提升
“青藏高原资源型产业与企业管理学创新团队”项目资助

北京·旅游教育出版社

策　　划：何　玲
责任编辑：何　玲
国新出审［2019］3377号

**图书在版编目（CIP）数据**

青海藏区民族文化旅游产业化发展研究 / 边世平，兰措卓玛主编. -- 北京 : 旅游教育出版社，2020.5
（旅游研究前沿书系）
ISBN 978-7-5637-4079-6

Ⅰ. ①青… Ⅱ. ①边… ②兰… Ⅲ. ①藏族－民族地区－旅游文化－旅游业发展－研究－青海 Ⅳ. ①F592.744

中国版本图书馆CIP数据核字(2020)第058117号

**青海藏区民族文化旅游产业化发展研究**
边世平　兰措卓玛　主　编
赵　婷　徐　芳　赵　筱　副主编

| | |
|---|---|
| **出版单位** | 旅游教育出版社 |
| **地　　址** | 北京市朝阳区定福庄南里1号 |
| **邮　　编** | 100024 |
| **发行电话** | （010）65778403　65728372　65767462（传真） |
| **本社网址** | www.tepcb.com |
| **E-mail** | tepfx@163.com |
| **排版单位** | 北京旅教文化传播有限公司 |
| **印刷单位** | 北京虎彩文化传播有限公司 |
| **经销单位** | 新华书店 |
| **开　　本** | 710毫米×1000毫米　1/16 |
| **印　　张** | 16.5 |
| **字　　数** | 210千字 |
| **版　　次** | 2020年5月第1版 |
| **印　　次** | 2020年5月第1次印刷 |
| **定　　价** | 60.00元 |

（图书如有装订差错请与发行部联系）

# 前　言

随着20世纪90年代知识经济的兴起以及发达国家由工业经济形态向知识经济形态的转型，文化对社会经济发展的重要性日渐突出，文化与旅游结合的文化旅游产业迅速崛起。近年来，党的十七大将文化建设纳入社会主义现代化建设的重要组成部分，十七届六中全会专门就推动社会主义文化大发展、大繁荣做出重大决定。对于青海而言，文化建设的国家战略给本地区文化+旅游产业的发展提供了契机。在此背景下，加快文化旅游产业的发展，就成为青海加快“高原旅游名省”和“文化名省”两大工程建设的最终追求。本项目研究是以青海藏区独特的民族文化旅游资源作为研究对象，在遵循理论联系实际的原则下，利用可持续发展理论、产业发展理论，借鉴地理学、文化人类学、社会学的理论与方法，利用实地调研、参与式观察、问卷调查与文献分析法等方法，深入研究了民族文化与旅游产业结合发展的新思路，取得了预期的研究成果。

第一，在深入研究分析的基础上梳理出青海藏区民族文化旅游资源的类型。通过分析发现在历史的长河中青海藏区不仅经历了史前的文明阶段，而且在漫长的历史长河中创造了灿烂的藏文化、河湟文化和昆仑文化，其中藏文化是核心，河湟文化是民族融合发展最明显的结合文化，昆仑文化虽然以汉文化为主，但是也深深打上了地域文化的烙印，文化认同特征明显，其中多元主要体现在以藏文化为主的文化主体、河湟文化为主的文化融合、昆仑文化为主的文化认同，这三种文化共同构成了青海藏区多元一体的文化格局。

值得一提的是在民族文化旅游资源的分类中，本次研究提出了民族文化景观旅游资源的概念：民族文化景观旅游资源，是指可以开发成旅游资源，并可以直接体现民族文化形态的最基本要素的景观，是生活在一定地理区域内的民族所创造出的某一文化特征的空间和物质所构成的综合体。这一概念体现了以下三点：（1）民族文化景观旅游资源是一个空间概念，体现了复杂的自然过程和人类活动在大地上的烙印。（2）民族文化不再是被割裂的存在，而是将民族文化放置于特定的地域单元中，放置于一定的区域内进行旅游资源的转化。（3）民族文化景观旅游资源不仅满足初级观光旅游者的体验需求，同时也满足深层体验者的旅游需求。

在梳理出民族文化旅游资源的同时，本次研究也得出了青海藏区民族文化旅游资源分布的特征：青海民族文化资源的空间分布以日月山为界呈现以下特征，从数量上来看全省大部分的民族文化集中分布在日月山以东的黄河和湟水河流域，这一区域成为青海民族文化富集区；从民族文化资源的特色上看分布在日月山东南以同仁为中心的黄南地区、日月山以南的环青海湖地区、日月山西南以结古为中心的玉树地区，这些区域的民族文化分布相对分散但深深地烙上了明显的地域特色；青海民族文化的总体分布呈现出沿日月山向西南方向延伸，基本沿国道 214 的唐蕃古道（西宁—日月山—共和—鄂拉山口—苦海—姊妹湖—结古—撒户腾—莫云等一线）和日月山向西方向延伸，沿国道 109（西宁市—湟中—湟源—日月山—橡皮山—乌兰—都兰—格尔木—昆仑山口—五道梁—雁石坪）的丝绸之路南线青海道带状分布的特征。

第二，以青海藏区为研究对象利用突变级数法，分析出该区域文化旅游产业发展现状；结合现状，依据突变理论构建出青海藏区文化旅游产业开发竞争力评价体系；并通过实地调研获取青海藏区文化旅游产业开发竞争力评价所需指标数据。在上述基础上运用突变级数法，对青海藏区文化旅游产业开发竞争力进行测评，得出青海藏区文化旅游产业竞争业绩、竞争潜力、竞争环境支持力、竞争保障力评价结果，以及青海藏区文化旅游产业开发竞争力总体评价结果，得出了青海藏区民族文化旅游产业发展的空间实力格局。研究表明：在民族文化旅游产业开发总体竞争力评价中，海北藏族自治州分值最高，海南藏族自治州、黄南藏族自治州、海西蒙古族藏族自治州次之，且这三州之间差距并不是很明显，果洛藏族自治州分值略高于玉树藏族自治州。

特别强调的是青海在文化旅游产业开发中除海南等六区之外，还有西宁市和海东市两个地区，这两个区域在文化旅游产业发展的过程中，总体形势较好，呈现出以下特征：一方面，这两区域的产业开发总体竞争力均高于海西等地区；另一方面，青海在文化产业开发中存在突破口，虽然西宁市和海东市的产业开发总体竞争力高于海西等六区，但并不是每项指标都优于六藏区，其中，就竞争业绩方面而言，海西蒙古族藏族自治州要高于西宁市；在竞争保障力方面，六区均优于西宁市。这说明相比较西宁市和海东市而言，青海其他地区在旅游接待量、接待设施、基础设施等方面优势明显，在今后的产业开发中，可以充分利用自身优势，增强竞争力，推动本区文化旅游产业的发展。

第三，根据青海藏区民族文化旅游产业发展实力的总体评价结果，运用空间理论结合青海民族文化旅游产业发展实际状况，初步构建了青海藏区民族文化旅游产业发展两核、三轴、三区组成的思路。“两核”中的一核即一个核心旅游区——西宁；另一核，即一个核心景区——青海湖景区；“三轴”即三级民族文化旅游产业发展轴线，即结合各城市旅游文化产业实力、城市辐射能力、旅游交通组织系统和文化旅游资源禀赋状况，将青海划分为“旅游城市—民族文化旅游—产业共生”的三级发展轴线，即西宁—门源、西宁—同仁、西宁—青海湖景区作为一级发展轴线；湟中—湟源、共和—贵德、同仁县—尖扎县、门源县—祁连县作为二级发展轴线；循化县—化隆县—民和县，乐都县—平安县—互助县，玉树—称多—治多，甘德—玛多—班玛作为三级发展轴线；“三区”即三大民族文化旅游产业区，依据旅游资源禀赋提炼形成的特色文化资源、区位和交通等条件，可打造三大民族文化旅游产业区：环湖核心旅游产业区、海北节事旅游产业区和黄南热贡文化产业区。

第四，提出青海藏区民族文化产业发展的实现路径。通过简单线型模式、多中心型结构模式、类网络型结构模式在区域内的实际应用，提出了以青海藏区民族文化为纽带的延伸和以青海藏区民族文化旅游产业化过程中旅游产品为视角的延伸的简单线型模式；从核心景区（青海湖景区）、核心旅游集散地（省会西宁）和核心中转城市（格尔木）出发构建产业链的多中心型结构模式；从旅游全产业链的角度出发，以“旅游”和“文化”为基础，构建适合青海藏区民族文化发展的产业链网的类网络型结构。

第五，在实证研究方面，本次研究分别选取了环青海湖地区、热贡文化的发祥地——黄南同仁地区作为研究地，从资源整合和产业发展模式两个方面进行研究。

选取环青海湖地区作为民族文化旅游资源整合研究的实证研究地，结合环青海湖地区文化旅游资源的概况、各类文化旅游资源竞争力分析、文化旅游资源的市场分析，并重点从空间整合、旅游产品体系整合、旅游市场整合提出环青海湖地区文化旅游资源的整合思路。在空间整合方面，环青海湖地区将形成以青海湖旅游圈为龙头，金银滩旅游圈、门源—祁连旅游圈、贵德旅游圈组成的四大旅游圈。产品体系整合中，本项目从线路和产品入手进行研究，在线路整合方面，环青海湖地区将整合出六条经典线路分别是：线路一为西宁—阿什贡国家地质公园—黄河探险漂流—玉皇阁古建筑群—青海湖二郎剑景区—伏俟城、鸟岛景区—沙陀寺—沙柳河景区—仙女湾景区—尕海古城—卓尔山、牛心山—百里油菜花海观景台—西海镇—白佛寺—西宁；线路二为西宁—青海湖二郎剑景区—伏俟城、鸟岛景区—沙陀寺—仙女湾景区—尕海古城—沙岛景区—金银滩草原—原子城—达玉民俗村—西宁；线路三为门源—仙米国家森林公园—门源百里油菜花海—岗什卡雪峰—鸟岛—沙岛—达玉民俗村—金银滩草原—原子城—西宁；线路四为西宁—仙女湾景区—沙柳河景区—牛心山—西路军二军纪念苑—门源百里油菜花观花台—赛马场浩门马马术表演—西宁；线路五为西宁—原子城纪念馆—爆轰试验场—二分厂—上星站—地下指挥中心—西宁；线路六为西宁—阿什贡国家地质公园—黄河探险漂流—玉皇阁古建筑群—贵德温泉宾馆—乜纳塔—珍珠寺—文昌庙—南海殿—青海湖二郎剑景区—西宁。在产品整合方面，加大对体育旅游产品、民族风情旅游产品、宗教文化旅游产品、历史文化旅游产品、红色旅游产品、诗歌文化旅游产品的整合；在市场整合中提出了以市场为中心整合产品、塑造鲜明的旅游形象、竞争中求合作、联合营销等具体措施。

选取黄南州热贡地区作为产业发展的实证研究地，提出了民族文化旅游产业化实践模式：①大型文化创意 + 实景 + 市场化运营项目，并设计以热贡文化为核心，将其所承载的历史、民族、宗教内涵加以延伸，依托自然景观和人文底蕴，推出大型山水实景演出《热贡魂》项目。②大型民族文化生态博物馆和文化遗产旅游村落，在综合分析热贡地区旅游资源的基础上，本着高效节约、保护第一的原则，建设大型的民族文化生态博物馆和文化遗产旅游村落，并提出建设热贡艺术文化村项目建设。③大型文化遗产主题公园，文化遗产主题公园是以热贡文化为主题，有机组合系列与主题相关而形式多样、体验各异的配套项目，并辅以适量趣味性、知识性、娱乐性强的活动，共同构成一个完整的旅游功能区域，用人工的方式荟萃热贡艺术、民间艺术、舞蹈、传统体育、节日文化、传统建筑、饮食文化、手工业、游戏等于一园，从多角度展示热贡文化的精髓。④文化遗产品牌吸引模式，通过文化主题旅游线路开发和非物质文化遗产周两种方式加强文化遗产品牌的吸引。

多年来，国内外关于旅游产业化的研究成果累累，为本书的编写提供了充足的资料。编著者在写作的过程中，参考并引用了大量的国内外文献，现将文献目录附于书后，在此谨向有关作者表示深深的谢意。本书在写作过程中得到青海大学财经学院丁佳硕士研究生的帮助，收集查找了部分资料，在此一并谢过。

本书由边世平主持策划并设计大纲，由兰措卓玛编写了文中第一章绪论中的第一、第四小结（字数约为 7900）以及第二章、第三章、第五章的内容（字数约为 29800）；由赵婷编写了第一章绪论中的第二小节和第四章的内容（字数约为 39400）；由徐芳编写第一章绪论中的第三小节内容（字数约为 11800）；由赵筱编写第六章的内容（字数约为 13600）；由兰措卓玛、丁佳编写了第七章的内容（字数约为 23900）；由边世平编写了第八章的内容（字数约为 13700），最后由兰措卓玛统稿并由徐芳完成了最后的排版工作。

# 目　录

# 第一章 绪论

随着20世纪90年代知识经济的兴起以及发达国家由工业经济形态向知识经济形态的转型，文化对社会经济发展的重要性日渐突出，文化与旅游结合的文化产业迅速崛起。近年来，党的十七大将文化建设纳入了社会主义现代化建设的重要组成部分，十七届六中全会专门就推动社会主义文化大发展大繁荣做出重大决定。对于青海而言，文化建设的国家战略给本地区文化+旅游产业的发展提供了契机，在此背景下，加快文化旅游产业的发展，就成为青海加快“高原旅游名省”和“文化名省”两大工程建设的最终追求。本次项目的研究就是以青海藏区独特的民族文化旅游资源作为研究对象，在遵循理论联系实际的原则下，利用可持续发展理论、产业发展理论，借鉴地理学、文化人类学、社会学的理论与方法，利用实地调研、观察、问卷调查与文献分析法等方法，深入研究了民族文化与旅游产业结合发展的新思路。

## 第一节 问题的提出与研究背景

### 一、民族文化旅游兴起的原因

20世纪90年代以来，随着社会发展的强力推进，民族地区的旅游业迅速兴起，民族古镇、民族文化、民族节庆、民族歌舞、民族工艺、民族饮食等一系列带有民族标签的产品纷纷抢占旅游市场的大舞台，成为当地脱贫致富、发展经济、促进地区发展的重要途径。

民族文化作为民族地区最具代表性的“地方”，成为众多旅游者向往的旅游目的地。民族文化旅游业的兴起，一方面是由我国经济发展水平不均衡导致旅游者消费需求的梯级拉动造成的。我国改革开放后经济发展水平得到快速发展，但是从整体发展水平来看呈现出了明显的东部和西部发展不均衡状态。从地理分布上看，中国东部沿海地区以及长三角珠三角地区现代化工业发展迅速，城市现代化程度高；而在一些落后的西部地区却存在现代化工业程度不高，或者正在进入现代化的发展阶段，有些边远地区甚至至今还保有传统的农牧业生产生活方式。这种差异化的存在使得各个地区出现了传统和现代并存，以观光为主的“大众旅游者”与以寻求深度体验为主的“小众的旅游者”并存的多元局面；这也是青海藏区很少作为娱乐休闲旅游目的地存在，但是却在很短的时间内迅速成为旅游目的地的原因所在。

另一方面，因为急剧的城镇化建设带给人们逼仄、冷漠的空间感而急需一个疏解身心的精神家园。历史上的古代城镇和村寨都是自然形成的，兼具防卫和交易市场的双重任务，最终逐渐融合为城市和村寨。历史是根而文化是魂，这种“自然形成”赋予了古代城市和村寨“地方性”的最核心和本质的表达，既有孔子笔下“里仁效应”的社区关系，也有属于这个城市和村寨的独特文脉。中国政府在城镇化工作会议中赋予城镇化一个全新的内涵——“要体现尊重自然、顺应自然、天人合一的理念，依托现有山水脉络等独特风光，让城市融入大自然，让居民望得见山、看得见水、记得住乡愁”。这一内涵无论是在政府层面还是针对居民都突出了在现代化的城镇化发展中要体现传统的迫切需要，但事实上在大规模的城镇化建设中人们看到的是，因为过度商业化而越来越陌生的老城和规划布局千篇一律的新城，加之现代化生活带来的程式化生活方式、冷漠的人际交往、工业生产带来的环境污染等问题越来越多地困扰着生活在此的人们。于是承载着文化多样性的民族文化，以其优美的山水风光，传统的民俗文化，热情好客的淳朴民风，远离现代都市的生活空间成为众多旅游者回归诗酒田园、回归内心、回归生活本身的一方净土。事实上中国人所倡导的生活方式就体现在人与自然、人与社会、人与物质以及人与人之间的和谐关系之中，并通过这样的方式建立优质和健康的生活观、价值观。民族文化恰好就搭建这样一个平台，构建了人们对生活质量、品质认证的价值体系，以此来提升人的快乐指数，所以说有些地方，一旦相逢，就会刻骨铭心，让人不断想要归来，想要反省，想要把此地作为家园。

另外，从旅游的本质来讲，旅游是一种体验，是游客脱离自己生活的空间去体验“异地”空间和文化的过程，在这个过程中旅游能够让人在一种巨大的差异中获得另一种生活的意义和价值，达到实现自我回归的目的。因此正如人类学家周大鸣所说，从旅游动力的角度来看，民族旅游的兴起，其“推力”主要取决于旅游者的“异文化”体验需求，而“拉力”则离不开旅游目的地与客源地之间存在的巨大文化差异①。从这一层意义上来讲，民族文化具备吸引旅游者的资源优势；独特的民族文化、特殊的生活空间体现了差异化的民族性表达，这也是民族文化旅游的核心吸引力。所以，从旅游是一种对异质文化的深度体验这一本质来看，民族文化旅游的发展势必成为民族地区旅游发展的重要方式。

最后，民族文化多半处于经济相对落后的西部地区，在经济利益的诉求下，各级政府都将旅游开发作为当地脱贫致富的主要推手，无论是在国家层面出台的“西部大开发”，还是青海省地方层面出台的“文化搭台，经济唱戏”，都将挖掘当地民族文化作为提高经济发展水平的发展战略。在这一大背景之下，民族文化旅游作为民族文化转化为产业经济的重要方式也得到进一步发展。例如，云南借助民族旅游的东风先后建成了大理、丽江、迪庆、西双版纳、香格里拉等一批高品位、高质量的民族文化为主的景区景点；青海省也借助自身优势建立了互助土族小庄村、撒拉族风情园、同仁热贡文化产业村等以民族文化为主题的景区景点，吸引了大批的国内外游客，呈现出民族文化旅游快速发展的良好态势。

## 二、旅游发展对民族文化的影响

实践表明，民族文化旅游的发展在为青海各地增加就业机会、提高人民

① 周大鸣．人类学与民族旅游：中国的实践［J］．旅游学刊，2014（2）：104.

生活水平、优化产业经济结构、改善环境、复兴保护传统文化等方面做出了积极的贡献；同时也存着对民族文化传统文化不利的消极影响，体现在原住民在精神文化上利他到利己的观念转变，在物质文化方面则集中体现在文化形态的异化和变迁上。周大鸣认为："民族旅游并不是单纯的经济活动，而是以民族经济为外壳、以民族文化为内核的文化活动；而且，民族社区在旅游业辉煌的成绩背后隐藏着巨大的社会风险，生态环境遭到破坏，传统文化衰退，道德风尚沦丧，结构性贫困及社会分层加剧，卖淫、犯罪、赌博、吸毒等现象泛滥。这些风险不仅威胁着民族旅游的健康和谐，也影响着民族地区的可持续发展。"① 民族地区作为民族文化最典型的承载地，在旅游的发展中成为受旅游发展影响最为深远也最为典型的地区。

对于文化的概念学术界最传统的分类是按照物质文化和精神文化来划分的。物质文化，是指为了满足人类生存和发展需要所创造的物质产品及其所表现的文化，包括饮食、服饰、建筑、交通、生产工具等，是文化要素的物质表现方面；精神文化是人类在从事物质文化基础生产上产生的一种人类所特有的意识形态。具体来讲民族文化中的物质文化包括了空间环境、传统建筑、手工艺品、民族服饰、饮食习惯、民族语言、民族歌舞、节庆习俗；而精神文化表现在宗教信仰、民族意识、伦理道德、价值观念方面。在旅游的推动下民族文化的原住民成为兼具主人和被消费商品双重身份的角色扮演，他们既是接待旅游者的东道主，又充当旅游者凝视的对象②，于是观念的转变以及文化形态的变迁和异化在所难免，可以说无论是精神文化层面还是物质文化层面都发生了变迁和异化；由于在这众多的变迁和异化中很难将精神文化和物质文化完全剥离开，研究选取了三个典型方面来说明旅游发展对民族文化的影响。

### （一）人与人："利他"到"利己"观念的转变

传统观念中"舍身利他"的价值观是中华文化的一个重要组成部分，随着经济的发展这种观念一度受到冲击，尤其是在巨大的经济效益驱动下"利他"的传统观念被"利己"取代。

---

① 周大鸣. 人类学与民族旅游：中国的实践［J］. 旅游学刊，2014（2）：105.

② 同上。

普遍的观念中，“市场观念淡薄”似乎成了对民族地区的“定性”认识，这是基于民族地区的经济发展始终都处于商品交换的初级阶段，商品种类以及交换的频率较少而造成的。但是当民族地区的居民在面对旅游市场经济利益的诱惑时，本来所坚守的传统文化中关于经济交往的道德，以及几乎是不计较经济成本的交易方式彻底改变，于是旅游的发展在民族地区中出现了严重的社会冲突。围绕着景区门票收入分配、个人的既得利益等方面的利益角逐就在旅游者、当地社区、地方政府和外来旅游开发商等各利益群体之间，以及社区内部成员之间，因信仰、权利、地位、价值观念、利益分配差异、诉求不同而引发了一系列的矛盾冲突。

伴随着旅游业的不断发展，民族地区之间因旅游利益竞争产生了邻里关系的不和谐因素。在对青海互助土族小庄村的实地调查中发现，以家庭为单位的旅游接待点较多，一方面，由于村寨原住民忙于从事旅游接待，邻里之间的联系明显减少，另一方面，由于各个家庭接待点价格不一导致的获利不均，一些家庭接待点利用“拉客”“抢客”的方式进行恶性竞争，这一点急剧加速了邻里关系恶化。特别是从事旅游经营的原住民与未从事旅游经营的原住民之间由于经济收入、思想观念的差异，彼此之间的距离越拉越大，不满情绪充斥于邻里关系之中。

伴随着传统邻里关系中“利他”的观念在经济利益的驱动下发生了改变，“利己”成为民族地区的利益诉求。在这种观念的影响下，人与人更多呈现的是赤裸裸的金钱交易，这一传统观念的转变是对恬静、淡然、与世无争的生活空间彻底的颠覆，也在不同程度上改变着传统民族文化的整体精神文化面貌。

**（二）人与自然：“敬畏—依赖—和谐”到“无谓—开发—破坏”的转变**

自然环境是地方民族文化产生的物质基础，所以任何一个民族都对其生活的自然环境敬畏有加，甚至于由此产生了自己独有的信仰。可以说横亘的高大山系、纵横的河流、密布的湖泊、粗犷的原始森林、优美的自然风光不仅是生活在这里的人们依赖的物质基础，同时也是文化产生的物质基础。人与自然观念的转变是最重要的价值观转变。建立在人与自然敬畏—依赖基础上的和谐关系曾一度是民族文化最重要也是最宝贵的价值观，“天人合一”

是中华民族文化中最重要的一种生态价值观，直接体现了中华民族对待人与自然关系的态度并在具体处理人与自然的关系中提出了“和谐相处”的最高要求。在西方詹姆斯·奥康纳在其《自然的理由：生态学马克思主义研究》一书中就提出了较有生态学批判理论的“自然”“劳动”“文化”三位一体的生态观，他以马克思主义为思想背景和方法论，重新审视生态问题并认为出现生态危机的主要原因是人们割裂了人类社会与自然界的辩证统一关系，这是对传统意义上以人类和自我为中心的生态价值观的批判①。这一辩证统一的关系中突出了人与自然、人与社会、人与人的新型关系，并提出了可持续发展的理念，并在可持续发展的路径中赋予了人与自然“和谐”“回归传统”的内涵。

在旅游没有介入之前，民族地区似乎还意识不到在自己看来稀松平常的自然风景也能转换成既得的利益，当地的政府官员也没有意识到开发所能带来的不利后果；于是在强大的经济利益驱动下经过圈占土地、大兴土木的一系列建设后，昔日的优美环境遭到破坏。青海省旅游业的兴起促使当地政府及居民为迎合大众旅游者标准化的旅游需求对一些知名的自然、人文遗产进行了景区景点的标准化建设，对传统的民族文化聚集区进行了类似于景区景点的标准化建设，于是在旅游大开发的助推下，原本质朴天然的民族区域越来越有现代化的特征。在旅游宣传、旅行社营销等各方面的助推下，人山人海的游客纷至沓来，使得原本脆弱的生态环境因为游客的进入量超过环境容量产生了各种污染，导致生物多样性遭到破坏，水资源枯竭，环境自净能力减弱，对生态环境造成了严重破坏。

在旅游的助推下，其他形式的经济形态也与生态环境产生了严重的对抗。比如说青海的“虫草经济”，且不说虫草是否具有较高的药用价值，但就虫草生长的自然环境来讲，作为青海主产区的果洛、玉树地区，开挖对草山植被的破坏是巨大的，三江源脆弱的生态环境在虫草经济带来的巨大效益面前变得更加脆弱，不堪一击。更加让人忧心的是藏民族传统朴素的环境生态观念也在发生着改变。在我国很少有哪个民族能够将自然界的所有一切都

① 奥康纳．自然的理由：生态学马克思主义研究［M］．南京：南京大学出版社，2003.

赋予神灵的意义，山有山神、水有水神，几乎所有的高山河流都被赋予了神性，并围绕这些神山圣湖发展出了众多神灵，演绎出了宗教故事，进而发展成有理论、有教义、有仪轨自成体系的信仰，这种信仰是对自然的信仰也是对自然的崇拜，保护这些带有“神性”的自然环境是藏文化最核心最本质的文化，也是最朴素的环境生态观念，但是这种传统朴素的环境生态观念也悄然发生了改变，为了虫草不惜将自己赖以生存的草山挖得千疮百孔。

所以，传统的人与自然的生态观念在旅游的强大冲击之下，体现出因为单纯的经济效益而展开的不计代价和无所畏忌的开发，最终导致生态环境遭到破坏，这是人与自然关系的重大改变，从“敬畏—依赖—和谐”到“无谓—开发—破坏”的转变，这种观念的转变是精神文化和物质文化双双异化导致的最终结果。马克思在《1844年经济哲学手稿》中指出：“人是自然的一部分”，表明了人与自然共生的关系，这一辩证关系改变了人类在征服自然、改造自然中以人为中心的观念。在传统的中国，“天人合一”的观念强调自然与人类的和谐统一是对人与自然关系的朴素表达，这些都是人类宝贵的精神文化，但是现代化的发展、现代文明的推进却异化了这一宝贵的精神文化内涵，尤其是旅游的发展。由于缺乏对人与自然关系的正确解读，片面追求经济效益而不惜以破坏环境、浪费资源为代价的发展模式破坏了人与自然和谐相处的生态文明观念。

**（三）人与文化：“继承传统”到“消费传统”的转变**

在全球化的语境下，民族文化总是不断变化和重构的，是在继承中不断发展演进的，但是在旅游业的冲击下民族文化旅游包裹着多元文化因素，推动民族文化在传统与现代的交错并行中急剧变迁，并在游客凝视的高压下，将民族文化的展现引导到商品化的发展轨迹中，成为名副其实的商品进行消费，民族文化浓郁的商业气氛使得民族文化被“继承者们”打造成商品提供给游客消费。

由于大众旅游需求要求景区提供的旅游产品必须多样化，才能满足旅游者多样化的旅游需求，而多样化的旅游产品的开发因为没有对当地文化内涵的深入挖掘，而趋同于与其他地方标准化的旅游产品。纵观民族文化旅游的开发模式，事实上更多的是充满了模仿、复制与移植，导致旅游产品同质化非常普遍。在众多的民族文化旅游开发中，由于存在严重模仿而缺乏差异化，以致游客在似曾相识的感觉中产生审美疲劳。比如，很多典型的民族文化旅游景区内部全民经商，民族村寨内店铺林立，而且所售的商品同质化现象严重，缺乏地方民族特色。如青海地区民族文化旅游纪念品——藏饰品，不仅在青海的任何地方和景区出售，而且也可以在中国各地买到。更为严重的是，对当地民族文化旅游资源的开发也存在照搬复制，出现大量与其他民族地区旅游产品雷同的现象，缺少旅游“求新、求异、求变”的体验。此外，为了单纯的经济效益民族地区也出现了学者们提出的对“原真文化的僵化保护和过度商业化”民族文化的旅游开发模式都基本相似，开发基本以农家院的形式为主，以展示民族[①]，特别是在“游客凝视”[②]下，民族地区的文化被浓缩、改编和移植，使原有的民族文化褪色变味。在针对青海省境内民族文化旅游开发形式的走访中我们发现，开发基本以农家院的形式为主，以展示民族文化为主要的方式，兜售民族文化旅游产品为辅。由于在民族文化的开发中普遍忽略了民族社区在特定语境（Situated Context）中的民俗表演事件，而且缺乏与之交流的动态过程，没有特别强调这个过程是由诸多因素（个人的、传统的、政治的、经济的、文化的、道德的等）共同参与，最重要的是缺少了当地居民和旅游参与者之间的互动交流，所以带来对当地民族文化的舞台化、庸俗化、扭曲化的现象非常严重。总之，在没有强调特定的地域和文化范畴、语境中理解表演，将特定语境下的交流事件作为观察、描述和分析的中心，造成了民族地区的宗教仪式、婚俗、节日庆典、歌舞表演等传统文化形成一种异化的“表演”。在有限的时间预算内，由于缺乏对文化环境的熟悉和了解，缺乏深度的文化体验，加之旅游者娱乐体验的需求，民族文化的展示都是肤浅和表面化的，只是单纯为迎合旅游者的需求而使民族文化经常被浓缩、改编和移植，使原有的民族性大大褪色变味。如果说旅游者对某一旅游目的地最初的旅游体验是“看山是山”，那么在一次次大规模的景区景点改造和建设后旅游者的体验已经变成了“看山不是山”；在缺

① 钟士恩，章锦河.从古镇旅游消费看传统性与现代性、后现代性的关系［J］.旅游学刊，2014，29（7）：6.

② 周大鸣.人类学与民族旅游：中国的实践［J］.旅游学刊，2014（2）：104.

乏科学评估的前提下对民族地区独特的民族文化、特殊的生活空间所体现出的差异化的“地方性”这一旅游资源的核心吸引力在商业化的发展中变得面目全非，事实上旅游者得到的体验是“看山不是山”。所以对于民族地区来讲，如何避免这些情况的发生和发展，制定科学合理的旅游产业开发思路是民族文化保护与传承的第一步，也是本项目研究的目的和意义所在。

## 第二节　本课题研究的意义

### 一、民族文化旅游资源是青海旅游资源开发的重要内容

青藏高原是中国一个十分独特的地域单元，青海藏区作为其重要的组成部分，在漫长的发展过程中形成了高原独特的生态系统、神奇秀丽的自然景观、丰富多彩的生物资源，以拥有众多的高山大河而著称，更是华夏母亲河长江、黄河的发源地，美丽的三江源还具有“中华水塔”的美誉。独特的自然地理环境也塑造了生活在这里的各个民族悠久的历史和璀璨的文化，在漫长的历史演进、文化变迁和民族融合进程中，逐步形成了具有多元性、民族性的高原文化特色，集中反映在丰富多彩的民族风俗、悠久灿烂的历史文化、神秘独特的宗教文化等各个方面，这些具有鲜明地域特色和民族特色的文化资源是青海珍贵的旅游资源，同时也是吸引旅游者来青海旅游的重要动因，更是青海发展旅游业的基础。

### 二、可持续开发是民族文化传承和保护的重要内容

民族文化变迁是一个长期过程，受自身环境、社会、经济条件制约，不随人的意志而改变。在青海，由于所处的特殊自然地理环境，民族文化变迁本来是缓慢的、渐进的，但随着大规模的旅游开发，旅游者的大量涌入，这种缓慢的进程很快被破坏，取而代之的是急剧的、跳跃式的变化。旅游开发不断冲击当地的经济生产方式，经济基础变革必然会引起文化上层建筑的变

化，当地的民族文化受到旅游者强势文化的示范作用和强烈影响，当地社区居民会自觉、不自觉地将旅游者的行为方式、价值观念、文化形态融入自身的行为、思想中，所以旅游开发对青海各民族的文化变迁有着重要的影响作用。如何在开发文化旅游产品的过程中保持本民族优秀的文化不消失，又能更好地进行文化传承，这也是研究青海民族文化旅游可持续开发的重要内容之一。

## 三、文化旅游产业已成为极具发展潜力的一个综合性产业

随着20世纪90年代知识经济的兴起以及发达国家由工业经济形态向知识经济形态的转型，文化对社会经济发展的重要性日渐突出，文化与旅游结合形成的文化旅游产业迅速崛起。文化旅游产业不仅可以创造出大量的文化产品和服务，从而形成日益扩大的文化市场，还可以为制造业和服务业增加可观的附加值，从而提升国家或地区的整体竞争力。

近年来，党的十七大将文化建设纳入了社会主义现代化建设的重要组成部分，十七届六中全会专门就推动社会主义文化大发展大繁荣做出重大决定，十八大对“扎实推进社会主义文化强国建设”进行了全面部署。在上述政策的支持下，我国各地文化开发实践不断丰富，其中文化与旅游结合发展的趋势日益明显，以横跨文化和旅游两大产业特性的文化旅游产业，正逐渐成为当前和今后极具发展潜力与前景的特殊综合性产业，出现了以广西桂林《印象·刘三姐》为代表的“印象”系列、河南的《禅宗少林·音乐大典》、陕西的《长恨歌》等文化旅游产业发展的模式，以深圳华侨城、杭州宋城集团影视基地为代表的一大批知名文化旅游企业，呈现出文化和旅游发展相互融合、经济效益和社会效益双赢的局面。

## 四、青海藏区是发展文化旅游产业的重点区域

对于青海而言，文化建设的国家战略给本地区文化旅游产业的发展提供了契机，国家国民经济“十二五”发展规划和“西部大开发”的政策为文化旅游产业的发展带来了新的机遇，国内成功案例也提供了宝贵的经验借鉴。在此背景下，加快文化旅游产业的发展，就成为青海加快“高原旅游名省”

和“文化名省”两大工程建设的目标，青海省“十二五”文化发展规划和旅游业发展规划的重点任务，就是按照“一核三带四区”特色文化发展格局和“一圈三线”旅游发展框架要求，以优势资源为基础，以一流文化旅游景区为载体，以重大产业项目为带动，以骨干文化旅游企业为支撑，把文化旅游产业打造成战略性支撑产业，力争5年至8年实现文化旅游产业跨越式发展。

青海藏区有着高原独特的生态系统、神奇秀丽的自然景观、丰富多彩的生物资源，拥有众多的高山大河，更是华夏母亲河长江、黄河的发源地，美丽的三江源还具有“中华水塔”的美誉。该区域作为少数民族聚居地之一，在漫长的历史演进、文化变迁和民族融合进程中，还逐步形成了具有多元性、民族性的高原文化特色。丰富多彩的民族风俗、悠久灿烂的历史文化、神秘独特的宗教文化等具有鲜明地域特色和民族特色的资源，不仅是青海藏区珍贵的旅游资源，也是吸引旅游者旅游的重要文化动因。青海藏区在发展文化旅游产业方面有着良好的资源基础，是实现文化旅游产业跨越式发展的重点区域。

## 第三节　国内外相关研究综述

从20世纪七八十年代起国内外就出现了研究民族文化的学者，在CNKI（中国知识基础设施工程）中按照主题为“民族文化旅游”进行查询，能够查找到最早的文献是在1990年的两篇文章；到2002年论文数量已经开始明显增多，达到43篇，民族文化旅游的研究开始受到关注；到2007年关于民族文化旅游的研究达到一个高峰，有168篇；2007年之后，论文量保持稳中有升。国外主要是人类学家最早开始关注民族旅游，论文及著作的发表和出版始自20世纪五六十年代，研究的高峰出现在1990—2005年间。随着研究的深入，研究的学科方向融合了旅游学、文化学、民族学、经济学等学科，进入到一个学科交叉综合研究阶段，为实际应用提供了大量理论依据。

## 一、关于“民族文化旅游”的定义和内容

国外关于民族文化旅游的定义是多样化的。最早提出“民族旅游”这个词并给出定义的是美国人类学家瓦伦·史密斯（Valene Smith，1977），他将民族旅游定义为“销售给公众的离奇而有趣的本土且具异族情调的民族习俗”，并引发了关于“民族旅游”的广泛讨论。人类学家马康耐（Dean Mac Cannell）认为，旅游是人们从日常生活中摆脱出来，到一处非一般的地方进行观光并经历某种变化，以便回来后更好地工作，并提出了“旅游最终的目的是想了解这一地区原真性的民族文化”这一观点。皮埃尔·贝格（Pierre L. van den Berghe，1995）将“民族旅游”定义为“以民族文化情调为主要吸引力的旅游形式”，它涉及复杂的民族关系和旅游者、被旅游者以及旅游中介之间的劳动分工[①]。克劳迪娅（Claudia Notzke，2004）从地理环境、文化遗产、历史发展和手工艺品四个方面（4Hs）分析了加拿大艾伯塔省南部的土著旅游开发处于早期试探性发展阶段的原因，指出其土著旅游发展还具有可观的发展潜力[②]。劳拉（Laura）将“民族旅游”定义为一种旅游形式，其中旅游者的主要动机是“体验异族文化并与异族人民互动”；民族旅游不仅仅是一种特殊形式的“主人和客人”之间的互动，从根本上说是“民族关系的复杂过程”，对当地的民族身份展示的改变有显著影响。国际著名旅游人类学家、耶路撒冷希伯来大学科恩教授（Erik Cohen）将民族旅游定义为：民族旅游就是“把古雅的土著习俗以及土著居民包装成旅游商品以满足旅游者的消费需求”。

史密斯（Smith V，1996）针对土著旅游确定了“4Hs”构成要素，即地理环境、文化遗产、历史发展和手工艺品（Habitat，Heritage，History，and Handicrafts）等[③]。另外还有很多学者对民族旅游要素进行了补充，如民

① Pierre L van den Berghe. Marketing Mayas：Ethnic tourism promotion in Mexico［J］. Annals of Tourism Research. 1995（3）：568–588.

② Claudia Notsk. Indigenous tourism development in southern Alberta，Canada：Tentative Engagement［J］. Journal of Sustainable Tourism，2004（1）：29–54.

③ Smith V. Indigenous Tourism：The Four Hs［G］//R Butler，T Hinch. Tourism and indigenous peoples. London：International Thomson Business Press，1996：283–307.

族音乐、节庆节日和民族旅游的原真性等方面。瑞思（Rees，1998）[①]、鲍曼（Baumann，2000）[②]、凯莉梅森（Kaley Mason，2004）[③]等学者分别提出了民族音乐是传播的良好形式，但相比视觉类的舞蹈、戏剧等方式没有受到足够重视，应该借助民族音乐进行旅游促销，从而唤起旅游者的情感。安瓦尔和苏海尔（Anwar S A & Sohail M S，2004）指出节庆节日旅游通常是指正规的活动项目、在外面演出的活动项目和集会[④]。克劳迪娅（Claudia Notzke，2004）等学者认为通过参加土著节日而取得的旅游经验已经成为民族旅游重要的一部分[⑤]。美国人类学家马康奈（Mac Cannell）最先提出了“原真性（Authenticity）”概念，他认为旅游体验，就是旅游者用来回应现代生活的一种寻找生活真实性的体验方式[⑥]。李洋等（2009）根据2006年在中国云南西双版纳的实证研究表明，发现大部分中国游客喜欢表演活动，主要寻求旅行活动中的享受和放松，而国际游客更关注民族旅游的“原真性”[⑦]。也有学者认为并非所有的旅游者都重视原真性，赖安（Ryan C，2002）指出很少有游客寻求“现实（Reality）”，而是为了从紧张的工作中解脱出来，是否符合原真性并不影响他们对旅游质量的评价[⑧]。

国内学者对“民族文化旅游”的定义也有众多的研究，如：西敬亭等（1990）把民俗旅游定义为是以民俗事象为主体内容的旅游活动[⑨]。李慕寒

① Rees H. Authenticity and the foreign audience for traditional music in southwest China［J］. Journal of Musicological Research，1998（2）：135–161.

② Baumann M. 11le local and the global：traditional musical instruments and modernization［J］. The World of Music，2000（3）：121–144.

③ Kaley Mason.Sound and Meaning in Aboriginal Tourism［J］. Annals of Tourism Research，2004，31（4）：837–854.

④ Anwar S A，Sohail M S. Festival tourism in the United Arab Emirates：First–time versus repeat visitor perceptions［J］. Journal of Vacation Marketing，2004（2）：161–170.

⑤ Claudia Notzke. Indigenous tourism development in southern Alberta，Canada：Tentative Engagement［J］. Journal of Sustainable Tourism，2004（1）：29–54.

⑥ Mac Cannell D. Empty Meeting Grounds［M］. London：Routledge，1993，24–28.

⑦ Li Yang，Geoffrey Wall. Authenticity in ethnic tourism：Domestic tourists' perspectives［J］. Current Issues in Tourism，2009（3）：235–254.

⑧ Ryan C，Huyton J. Tourists and aboriginal People［J］. Annals of Tourism Research，2002（29）：631–647.

⑨ 西敬亭，叶淘．民俗旅游：一个尚待开拓的领域［J］．民间文艺，1990（3）：110–111.

（1991）认为民俗旅游是以一个国家或一个地区的民俗事象和民俗活动作为旅游资源，为了满足旅游者开阔知识视野、促进人类互相了解的一种社会经济现象①。陶思炎（1997）认为民俗旅游是以特定地域或特定民族的传统风俗为资源而加以保护和开发的旅游产品②。吴必虎、余青（2000）研究发现国内学者在研究中国少数民族文化旅游产品开发及相关问题时，经常使用的概念很多，如"民族文化旅游""民族地区旅游""少数民族地区旅游""民族风情旅游"等概念。这些概念互有重复，有些含义略有不同，研究者之间还未达成统一意见，但大体上可归为"民族文化旅游"和"民俗旅游"两个术语群。而这两个术语群其实可以归结为"民族文化旅游"③。马晓京（2000）认为民族旅游是把古朴的土著习俗以及土著居民包装成旅游商品，以满足旅游者的消费需求，是以少数民族文化为特色的观赏、娱乐、商品及服务④。光映炯（2002）认为民族旅游是旅游者通过对某一民族的独特文化或生活方式的参与、观察和体验，来实现其审美需求的过程。而民族旅游的本质也相应体现为一种族际的交流或一种跨文化的观察与体验⑤。

## 二、关于民族文化旅游资源方面的研究

民族文化旅游资源是民族文化的重要组成部分，但并不完全等同于民族文化。我国学者对民族文化旅游资源的研究大多针对具体的民族或地区进行实证研究，以案例的形式分析其现状和存在的问题，并提出相应的对策建议。研究的主要内容集中在资源类型的梳理、资源的开发、资源开发过程中存在的问题及对策、开发过程中文化的保护与传承、进行资源开发的影响、资源的整合等方面。

### （一）民族文化旅游资源的开发模式

民族文化旅游资源的开发模式的确定对于民族地区开发民族旅游资源价值具有重要的意义，但站在不同的角度，学者对于民族文化旅游资源的开

---

① 李慕寒．试论民俗旅游的类型及区域特征［J］．民俗研究，1993（2）：95-98.
② 陶思炎．略论民俗旅游［J］．旅游学刊，1997（2）：37-39.
③ 吴必虎，余青．中国民族旅游开发研究综述［J］．民族研究，2000（4）：85-94+110.
④ 马晓京．西部地区民族旅游开发与民族文化保护［J］．旅游学刊，2000（5）：50-54.
⑤ 光映炯．旅游人类学再认识：兼论旅游人类学理论研究现状［J］．思想战线，2002（6）：43-47.

发模式有着不同的思考和观点。郭颖（2002）站在保护民族文化的基础上进行合理开发的模式进行研究提出，民族文化旅游资源的开发主要模式有四种，即:（1）展示少数民族文化的实地村落或异地模型村落的“民族文化村”;（2）陈列、展示人们生产生活、饮食起居民俗文物、服饰、宗教等实物的“民族博物馆”;（3）对少数民族的自然、社会、文化进行整体的保护、传承和研究的“民族生态博物馆”;（4）展示少数民族传统节日活动场景的“季节性民族文化旅游产品”①。曹诗图、袁本华（2003）提出仅从开发商的利益出发，以经济效益为主要目的进行有形开发和过度开发，即“单边模式”，其结果往往造成旅游资源建设性的破坏，景区城市化、公园化、商业化严重等结果。很多学者都提倡摒弃这一个模式②。而杨昌儒（2004）却认为在开发民族文化村寨旅游的前期应该鼓励单边模式，充分发挥旅游开发商和村寨内部居民的积极性来发展旅游，由政府和专家学者来进行宏观指导，做到政府搭台，群众唱戏，资源共有，利益共享，就可以实现双赢③。

**（二）民族文化旅游开发的价值**

民族文化旅游作为一种经济现象，旅游相关企业向旅游者提供旅游产品及服务的过程，会产生相应的经济效益。随着经济效益的累加和旅游形成产业化，除了会产生经济效益还会带动社会效益。很多学者都认为民俗旅游产业化的社会责任要远大于其本身承载的经济功能，民族文化旅游产业化的过程应该是保护和开发并重、保护优先的一个过程。

丁健、彭华（2002）研究发现民族特色与民族知名度、交通条件、区域经济发展水平、客源市场、旅游地民族感知形象、有无著名风景点或风景区、空间集聚与竞争、决策者行为、当地居民态度等都是影响民族旅游开发的主要因素④。杨琼、陈建勤（2007）认为开发民族文化旅游可以促进国家和区域旅游资源的多元性开发，有利于弘扬和促进保护优秀的传统文化，有利

① 郭颖．民族文化旅游资源保护性开发的理论与实践［D］．成都：四川大学，2002.

② 曹诗图，袁本华．论文化与旅游开发［J］．经济地理，2003（7）：395-408.

③ 杨昌如，潘梦澜．贵州民族文化村寨旅游发展问题与对策研究［J］．贵州民族学院学报，2004（5）：5-9.

④ 丁健，彭华．民族旅游开发的影响因素及开发模式［J］．中南民族学院学报：人文社会科学版，2002（02）：98-101.

于丰富人民的物质文化生活，还可以使老少边穷地区脱贫致富[①]。

### （三）民族文化旅游资源的主要类型

罗明义（1999）通过对云南民族文化的研究，将云南的民族文化旅游资源分为：民族服饰、民族建筑、民族饮食、民族节庆、民族歌舞、民族体育、民族婚恋、民族宗教信仰、民族文学、民族工艺品十个类别[②]。孙丽坤（2011）将民族地区文化旅游资源分为人文旅游资源和社会文化旅游资源两大类，其中包括当地的古城、古迹和各类民族节庆及土特产品等[③]。

### （四）民族文化旅游开发中存在的问题及对策

单纬东（2004）论述了合理的产权安排能从本质上解决少数民族文化旅游资源在保护中存在的问题，是处理好民族文化旅游资源保护与经济发展之间的矛盾和冲突的基本前提[④]。马晓京（2000）认为民族旅游开发会对被开发的民族文化产生一些消极影响，主要表现在被开发民族会被汉民族文化同化；在开发过程中有可能将民族文化过度商品化、庸俗化；甚至产生民族文化价值观退化和遗失等负面影响[⑤]。张博（2008）梳理了非物质文化遗产原真性、活态性、民俗性、本土性、整体性、人本性的特征，并从文化旅游的视角下，提出非物质文化遗产可持续发展的措施[⑥]。孙永龙（2012）提出整合民族文化资源与旅游资源是提升甘肃民族地区文化产业与旅游产业竞争力的有效途径[⑦]。程晓丽、胡文海（2012）提出了对文化旅游资源开发进行整合的模式，即以空间为依托的地域组合模式、以市场为依托的产品整合模式、以营销为依托的形象整合模式、以产业为依托的文化与旅游互动发展模式等[⑧]。

---

① 杨琼，陈建勤．我国民俗文化旅游产业化发展研究［J］．江苏商论，2007（11）：77–78.

② 罗明义．论云南民族文化旅游的开发［J］．学术探索，1999（3）：83–86.

③ 孙丽坤．民族地区文化旅游产业可持续发展：理论与案例［M］.北京：中国环境科学出版社，2011.

④ 单纬东．少数民族文化旅游资源保护与产权合理安排［J］．人文地理，2004（4）：26–29.

⑤ 马晓京．西部地区民族旅游开发与民族文化保护［J］．旅游学刊，2000（5）：50–54.

⑥ 张博，程圩．文化旅游视野下的非物质文化遗产保护［J］．人文地理，2008（1）：74–79.

⑦ 孙永龙．甘肃民族文化资源与旅游资源整合开发研究［J］．甘肃科技，2012（24）：1–4.

⑧ 程晓丽，胡文海．皖南国际旅游文化示范区文化旅游资源整合开发模式［J］.地理研究，2012（1）：169–177.

### （五）关于民族文化资源开发过程中文化的保护与传承

王若（1986）[①]及管宁生[②]、罗明义等（1996）[③]多位学者对民族文化旅游资源开发与保护方面提出要加强民族文化旅游理论研究；培育人才，提高民族文化旅游资源开发的质量和品位；加强对民族文化旅游资源开发的引导，形成科学合理的开发机制；突出特色，统筹规划；开发中形成立体开发网络；大力进行宣传，树立民族文化旅游的形象等措施。刘晖（2001）通过对“摩梭人文化保护区”这一提法进行反驳，阐述了少数民族文化与少数民族文化旅游资源的联系与区别，并就旅游在民族社区社会文化变迁中所扮演的角色和少数民族文化旅游资源的保护与开发，提出应采取正确的开发模式，尽量减少旅游开发给民族社区带来的消极影响[④]。刘红梅（2004）提出要处理好民族旅游开发与民族文化保护之间的关系必须建立“保护性开发”的理念，即在开发中保护，在保护中开发[⑤]。

任冠文（2006）认为对于可接触性文化遗产，可以通过法律保障、实物修护等方式加以保护，不可接触性文化遗产则可以引导、教育社区居民增强对民族文化的保护意识，建立民族文化旅游博物馆的形式进行保护[⑥]。

## 三、关于民族文化旅游产业方面的研究

### （一）关于民族文化旅游产品与旅游产业

皮埃尔·贝格（Pierre L. Van den Berghe，1995）认为旅游企业对民族旅游具体基础设施的开发和对玛雅文化的营销，很大程度上是当地资产阶级为了应对蓬勃发展的新的经济利益[⑦]。威廉·希普韦尔（William T Hipwell，2007）也认为旅游企业是民族旅游文化产品能够保持“原真性”的关键因

① 王若．从丽江看民族地区旅游资源的开发利用［J］．经济问题探索，1986（12）：53–55+65.

② 管宁生．云南丽江纳西民族文化旅游资源开发［J］．地域研究与开发，1996（3）：88–89.

③ 罗明义．云南旅游支柱产业的建设与发展［J］．思想战线，1996（3）：29–35.

④ 刘晖．“摩梭人文化保护区”质疑：论少数民族文化旅游资源的保护与开发［J］．旅游学刊，2001（5）：27–30.

⑤ 刘红梅．关于民族旅游开发与民族文化保护的几点思考［J］．开发研究，2004（3）：51–52+45.

⑥ 任冠文．论民族文化旅游资源的开发与保护［J］．广西民族研究，2006（1）：177–181.

⑦ Pierre L van den Berghe. Marketing Mayas：Ethnic tourism promotion in Mexico［J］. Annals of Tourism Research. 1995（3）：568–588.

素[①]。李洋等（2009）认为通常是旅游企业直接控制民族旅游资源，它们是选择或筛选民族文化的关键角色[②]。

国外学者除了对民族旅游企业进行研究之外，还对与民族旅游相关的企业进行研究，杰里米·布特金斯（Jeremy Buultjens，2005）等认为民族旅游的发展可能会需要当地的外界支持，而当地的非旅游企业可能具有旅游企业所需要的某些资源或设施，如果这些非旅游企业能够支持甚至直接参与民族旅游业，则可能有效地帮助民族旅游业的发展[③]。

由田中喜一（1950）、波特（Porter，1969）及贝克特（Bekhter，1974）分别从不同角度阐述了旅游产业的主要性质及旅游活动运行的主要特点，文章里面提到了以文化为背景的旅游产业的特点；科拉普特（Krapt，1954）和特洛伊西（M Troisi，1955）对旅游投资与收益的比较、旅游宏观经济效益与微观经济效益、游客开支对旅游目的地国家或地区的经济社会作用进行了深入探讨，其中社会作用中详细探讨了文化因素的作用；埃德瓦迪因、马克特莱（Adwardyin，Markt le，1978）同美国商业经济发展局（1981）均对区域综合旅游产业发展规划进行了研究。

我国对文化旅游产业的研究较晚，但得到了学术界和政府的广泛重视，许多学者在该领域做出了一些有价值的研究。20 世纪 80 年代后期，以孙尚清为代表的一批学者对文化旅游产业进行了战略、规划、项目的深化研究；吴必虎、余青（2000）提出民族文化旅游的本质是一种旅游产品，在有效保护民族文化旅游资源的前提下，开发出独具魅力的民族文化旅游产品，是一个地区旅游业可持续发展的关键[④]。郭山等（2000）提出云南民族文化旅游的内容主要有欣赏自然风光，观察、参与当地少数民族同胞劳动生产，体验当地少数民族的日常生活，感受多姿多彩的民族文化等，已经具有成功经验，

---

① William T. Hipwell Taiwan aboriginal ecotourism：Tanayiku Natural Ecology Park［J］. Annals of Tourism Research，2007（4）：876–897.

② Li Yang, Geoffrey Wall. Authenticity in ethnic tourism：Domestic tourists' perspectives［J］. Current Issues in Tourism，2009（3）：235–254.

③ Jeremy Buultjens, Iain Waller, Sasha Graham, Dean Carson. Public sector initiatives for aboriginal small business［J］. Development in Tourism Indigenous Tourism，2005：127–147.

④ 吴必虎，余青 . 中国民族旅游开发研究综述［J］. 民族研究，2000（4）：85–94+110.

比较受旅游者欢迎[①]。唐留雄（2001）从文化旅游产业与其他产业之间、文化旅游产业内部各要素之间各种关系的研究入手，完整地阐述了文化旅游产业经济特征[②]。金颖若（2002）提出将生产、生活习俗中有旅游价值的过程予以展示，定点一些农业、手工业的生产点，如纺织、刺绣、木工、首饰银器加工、酿酒等；组织一些社会、人生的礼仪活动，如婚嫁、寿诞、成年、宴客、祭祀等；可参与，可顺带销售纪念品[③]。杨昌如等（2004）认为应该注重旅游者的参与性、文化体验性的旅游项目开发。应该重点挖掘民俗旅游资源的深度，这样既丰富了产品，也延长了逗留时间，增加了盈利点[④]。陶少华等（2013）在对武汉民族文化周进行实证研究时发现，民族旅游线路在设计上存在着理念与实践的冲突，主要表现在民族性不突出、文化特色不鲜明、自然景观比例过高、文化主题混乱、同质化现象严重等方面[⑤]。

**（二）关于民族文化旅游产业化**

从旅游产业化的定义方面，宋亚非等（1999）提出旅游产业化是一个复合性的概念，一是指现代化、国际化、规模化和市场化的现代旅游业的业态；二是指相对落后的旅游业向现代旅游业发展并最终步入其中的业势[⑥]。

杨琼和陈建勤（2007）认为民俗旅游产业化是借助市场机制有效地配置民俗旅游资源，并规模化地生产和提供民俗旅游产品及服务，在市场经济中实现民俗文化的社会价值与经济价值[⑦]。

从民族文化旅游产业化存在的问题和建议方面，杨琼、陈建勤（2007）认为在我国民族文化旅游开发过程中存在着国民民俗文化消费意识弱、民俗旅游产品商品化程度低、民俗旅游景点缺乏统一规划，布局不合理、旅游产

---

① 郭山，杨军．生态旅游与云南旅游业可持续发展论［J］．思想战线，2000，26（1）：86-89.

② 唐留雄．中华饮食文化与我国旅游业的发展［J］．财贸研究，2001（2）：41-44.

③ 金颖若．更新定位，一种新的旅游形象定位方法：以贵州为例［J］．北京第二外国语学院学报，2002（4）：24-27.

④ 杨昌如，潘梦澜．贵州民族文化村寨旅游发展问题与对策研究［J］．贵州民族学院学报，2004（5）：5-9.

⑤ 陶少华，谢元鲁．文化人类学视野下的民族旅游设计：基于武汉民族文化周的实证研究［J］．中华文化论坛，2013（1）：120-125.

⑥ 宋亚非，刘国忱，高敬华．我国旅游产业化的条件与素质分析［J］．财经问题研究，1999（1）：70-72.

⑦ 杨琼，陈建勤．我国民俗文化旅游产业化发展研究［J］．江苏商论，2007（11）：77-78.

品的文化内涵不够等问题。并提出需要实施精品战略树立品牌意识、培养和扶持民俗文化龙头企业、实行区域合作互补优势、制订科学的产业发展规划并增强营销力度等对策[①]。

罗文（2003）从政策、技术、市场、服务、手段五个方面论述旅游产业化经营中转变政府职能，优化政府行为，对保持我国旅游经济持续稳定健康发展具有重要现实意义[②]。

郭舒（2004）从社会福利发展的视角研究旅游产业影响因素出发，在探讨旅游产业发展目的的基础之上，架构了一个六因素的产业竞争力分析框架，而其六大支柱分别是：基础因素、支持因素、发展因素、资格因素、管理创新因素以及核心吸引力因素[③]。

李慧（2012）依据产权理论，运用产权的激励作用分析连南瑶族自治县文化资源的产权权益安排情况，包括知情权、参与权、决策权和收益权四种权益的安排情况，证实了产权的激励作用以及产权权益安排对当地群众文化资源开发积极性有一定的影响，不合理的产权权益安排状况导致当地群众缺乏开发文化旅游资源的积极性[④]。

赵琮琮（2013）在比对了西双版纳和甘南藏族自治州的民族文化旅游竞争力后提出，发展早已成熟的民族地区旅游要进一步提升品牌效应并做好环境建设；发展较晚实力弱的民族地区要发挥政府的主导作用，培养旅游人才、筹集资金、进行基础建设、推动民族文化旅游产业的发展[⑤]。

### （三）关于旅游产业发展模式

国外学者对民族旅游的发展模式进行划分时，主要从动因和表现形式两个角度进行研究。动因角度包括借助外力推动和内部自主启动式两种方式。艾米·伊丽莎白·安德森（Amy Elizabeth Anderson）从墨西哥的民族旅游项目中分别从外部援助项目和内启动项目中筛选出一个项目进行了对比研究，

① 杨琮，陈建勤．我国民俗文化旅游产业化发展研究［J］．江苏商论，2007（11）：77-78.

② 罗文．旅游产业化经营中的政府行为分析［J］．经济师，2003（5）：112.

③ 郭舒，曹宁．旅游目的地竞争力问题的一种解释［J］．南开管理评论，2004，7（2）：95-97.

④ 李慧．产权权益安排与文化旅游资源开发积极性研究：以连南瑶族自治县为例［D］．广州：广东技术师范学院，2012.

⑤ 赵琮琮．民族文化旅游产业竞争力评价研究［D］．兰州：兰州商学院，2013.

研究从经济发展、旅游的吸引力、种族间的关系和社会凝聚力四个方面展开对比，发现两种方式各有利弊，并不能用一种方式完全取代另一种方式。另外还有很多学者对民族旅游发展模式的表现形式进行研究，巴实·力普瑞查（Prasit Leepreecha，2005）对泰国民族旅游40多年的发展历程进行研究发现，泰国民族旅游的表现形式多样化，主要有在泰国南部低地和北部高地市场销售民族工艺品，到村落遗址短途旅行，徒步旅行，生态旅游以及最近发展起来的基于社区的旅游等①。另外，还有不少学者提出，由于少数民族居住环境通常位于比较偏远的地区，其所在地的自然环境结合独特民族的风俗习惯形成了融民族文化和自然风景于一体的独特的"民族生态旅游"。如克劳迪娅（Claudia Notzke，1999）指出加拿大西部北极区域的原住民、土著旅游业正在转变为现代意义上的"民族生态旅游"②。什林格（Slinger，2000）曾指出土著民族可以借助自然环境来表达自己民族的文化、经济和生态③。但国外的研究者也有不认同"民族文化旅游"这一说法的，例如杰里米·布特金斯（Jeremy Buultjens，2010）等通过对澳大利亚民族旅游经营者进行调查研究发现，他们并不认为当地的民族旅游属于"生态旅游"，并且还建议对"生态旅游"的认证过程进行改进④。所以国外学者对于"民族生态旅游"的研究还没有达成统一。对于民族旅游的开发有学者提出了一些问题和担忧，比如波拉达敕（Polladach Theerapappisit）指出在泰国当地的民族旅游涉及的利益主体存在矛盾冲突，旅游规划中利益主体的参与效率不高，当地社区经济和旅游基础设施发展对自然和文化遗产具有一些不好的影响⑤。

国外学者对民族旅游发展模式方面的研究，主要运用案例分析和实地调

① Prasit Leepreecha. The politics of ethnic tourism in Northern Thailand Social Research Institute [ C ]. Chiang Mai：Chiang Mai University，2005.

② Claudia Notzke. Indigenous tourism development in the arctic [ J ] . Annals of Tourism Research，1999（1）：55-76.

③ Slinger V. Ecotourism in the last indigenous caribbean community [ J ]. Annals of Tourism Research，2000（2）：520-523.

④ Jeremy Buultjensa，Deborah Galeb，Nadine Ehzabeth Whitea. Synergies between Australian indigenous tourism and ecotourism：Possibilities and problems for future development [ J ] . Journal of Sustainable Tourism，2010（4）：497-513.

⑤ Polladach Theerapappisit. The Bottom-up approach of community-based ethnic tourism：A case study in Chiang Rai [ M/OL ] . https：//cdn. intechopen. com/pdfs-wm/35718.pdf.

研的方法进行研究。研究的重点集中在旅游开发对当地经济和社会等方面的影响和存在的问题，通过分析，呼吁在着眼于旅游带来的地方经济发展的同时，要注意旅游活动对环境的影响。

国内学者对民族旅游的发展模式的研究从不同的角度和立场提出了众多的模式，如：麻学锋和龙茂兴（2006）提出了政府主导、公司运作、社会参与的互动模式①；余青、吴必虎（2001）提出了生态博物馆模式②。马晓京（2003）提出了民族生态保护区模式③；兰海（2009）提出了社区参与模式（资源参与模式、产品参与模式、实体参与模式、资本参与模式）④。丁健、彭华（2002）提出了原地开发模式与异地开发模式、短期节庆模式与长期固定模式⑤。从资源利用方式角度金毅（2004）提出了直接利用型、整合提升型和复原历史型模式⑥。孙丽坤（2011）提出了民族文化主题公园、文化遗产品牌、文化生态保护区、民族文化保护村和集约化经营开发模式⑦。

**（四）关于旅游产业竞争力**

关于文化旅游产业竞争力，我们认为是文化旅游产业在市场竞争中表现出争夺旅游客源市场和产业发展要素以获取产业增长动力的能力。国际上对文化旅游产业竞争力的研究没有单独罗列出来，都是包含在旅游产业竞争力的研究中。主要成果有：里奇塔尔（Ritchieetal，1993）提出了分析旅游地竞争力影响因素的卡尔加里（Calgary）模型，是研究旅游产业竞争力影响因素的重要模型之一。该模型把吸引力、组织、管理、效率和信息要素作为影响旅游产业竞争力的五个因素，其中最重要的因素则是吸引力要素，它包括吸引物和威慑力：气候、基础设施、自然资源、文化和社会资源等 11 个方

① 麻学锋，龙茂兴.欠发达民族地区旅游发展模式研究：以湖南凤凰县为例［J］.商业研究，2006（14）：179-181.

② 余青，吴必虎.生态博物馆：一种民族文化持续旅游发展模式［J］.人文地理，2001（6）：40-43.

③ 马晓京.民族生态旅游：保护性开发民族旅游的有效模式［J］.人文地理，2003（3）：56-59.

④ 兰海.民族地区社区参与旅游景区发展模式研究［J］.经营管理者，2009（16）：124+117.

⑤ 丁健，彭华.民族旅游开发的影响因素及开发模式［J］.中南民族学院学报：人文社会科学版，2002（2）：98-101.

⑥ 金毅.民族文化旅游开发模式与评介［J］.广东技术师范学院学报，2004（1）：41-44.

⑦ 孙丽坤.民族地区文化旅游产业可持续发展：理论与案例［M］.北京：中国环境科学出版社，2011.

面的内容构成了吸引物的内涵，而安全方面的内容则是威慑力的主要构成。克劳奇和里奇（Crouch & Ritchie，1999，2000，2001）两人通过多年的努力，以大样本调研和前人的多项研究成果为基础，在波特“钻石模型”的框架之下，提出了影响旅游产业竞争力的六大因素，它们分别是：核心资源与吸引力、管理、规划与开发、政策、支持因素和决定因素。梅京和麦克（K Metin & R Mike，1999）构建了包含软指标和硬指标在内的旅游目的地竞争力指标体系，采用问卷调查法，对土耳其相对于法国、西班牙、意大利、葡萄牙、希腊等国的竞争力进行了定量评价。迈克尔和詹姆斯（J E Michael & N James，2004）认为，影响旅游目的地竞争力的因素既包括旅游的核心资源和吸引物，也涉及旅游供应商，在对香港市民和旅游企业界人士进行广泛问卷调查的基础上，运用重要性能分析 IPA（Importance Performance Analysis）方法，分析了香港旅游业竞争力的有利和不利因素。德威尔（2000）将影响因素方面的研究进一步深化，除了考虑传统的影响因素之外还将其他两个重要的要素（汇率和价格）引入到了研究中。塔尼亚（Tania，2000）在对卡尔加里模型（Calgary）进行分析后，将环境质量因素加入到了模型中，将模型扩充为一个六因素的模型，从而使其更加完备。这里需要特别指出的是：环境质量这一因素并非客观条件上所说的真正的环境质量，而是旅游者对环境的一种主观判断。哈特森（Haterserre，2000）认为旅游产业竞争力的强弱主要体现在旅游产业中旅游企业的营利和获利能力方面，旅游企业通过资产的有效运用，提高其旅游产品的市场占有率，从而提高旅游产业竞争力，并认为时间和这种让旅游产业保持长期市场占有率的能力之间存在很强的正相关性。布哈里斯（Buhalis，2000）虽然没有构建一个完整的研究模型，但是其关于旅游地资源可持续发展能力是衡量旅游产业竞争力的重要因素的论断为后续的研究提供了一个崭新的视角。萨拉赫（Salah，2000）正是选择了这一角度，对影响旅游产业的因素进行了两个层次的划分，即：外围宏观环境构成的层次和内部旅游产业因素的层次，而其中前者的影响是间接的，是通过后者起作用的。具体来说，文化、政治、经济和技术变迁构成了宏观环境的四个方面因素；而旅游产业四个方面的因素包括的则是需求导向、环境应对、产业结构以及比较优势。

在文化旅游产业竞争力评价指标体系方面，国外学者对评价指标的研究主要是以案例分析的形式展开的，针对文化旅游产业的评价指标体系，他们普遍都选择了软指标，以第一手调查资料来衡量旅游产业的竞争力。梅京（Metin，1999）认为软指标（相对定性的指标）能够在一定程度上驱动硬指标（定量的业绩指标）的变动，他通过问卷的形式调查了1998年到土耳其旅游的英国游客，从而对土耳其不同季节的竞争对手以及竞争地位作了实证分析，从而指出土耳其在夏季的旅游产业竞争力受到来自地中海国家的威胁。德威尔（Dwyer，2000）所确定的指标更为具体，以澳大利亚为研究背景，确定旅游产品和服务价格指数的指标体系，比较研究了旅游地的价格竞争力情况。恩莱特（Enright，2004）所构建的指标体系更为广泛，不仅考虑到了Calgary模型中所提及的基础的指标，还包括对旅游企业以及生产相关产品的企业有影响的一些文化指标，即影响旅游服务提供者的指标以及与旅游地直接有关的文化方面的软指标，这样就使得他的指标体系具有充分的代表性。随着经济社会的快速发展，科技与人才愈来愈受到人们的高度重视，学者们在研究旅游产业竞争力的过程中，尤其是在构建评价指标体系的时候，也愈来愈多地开始考虑到人力资源、信息技术这些方面的因素，在萨尼亚（Sanja，2010）的研究中这一趋势得到了集中的体现。

国内学者对于文化旅游产业竞争力评价指标体系构建方面的研究，着重在不同评价指标体系与不同实证分析方法的结合上，涉及评价指标体系的构建，不同的学者选择的视角略有不同。杨森林（1999）等人构建的文化旅游产业竞争力评价指标体系包括竞争实力、竞争潜力与未来发展力三个部分，他们进一步指出，竞争实力指标应通过旅游创汇及排位、接待游客人数及排位、旅游市场占有率和消费者综合满意度来测定，而竞争潜力指标则可以由旅游资源的质量潜力、成本潜力和筹供能力测度，最后未来发展力指标则来自创新能力、市场营销能力等多方面。冯茂娥（2003）则从基础竞争力、环境竞争力和核心竞争力三个层面综合评价分析了陕西省的文化旅游产业竞争力[①]。张争胜、周永章（2005）的评价指标体系包括四个大类十五个小类，其中的四个大类指标分别是旅游发展规模指标、旅游组织能力指标、旅游接待能力指标以及外出旅游能力指标[②]。

我国学者对于文化旅游产业竞争力评价指标体系方面的研究，虽然并未完全脱离波特“钻石模型”的框架，但他们仍然做了一定的改革和创新。黎洁和赵西萍（1999）的研究分别指出了影响文化旅游产业竞争力的六大影响因素和它的四个演进过程。他们认为，这六大影响因素包括：旅游生产的初级与高级要素状况、国内的旅游需求、旅游相关与辅助产业状况以及旅游企业的战略、结构与竞争，此外，还包括政府因素与机遇因素。这种研究方法将生产要素分为初级与高级两种条件来界定旅游产业竞争力影响因素[③]。张明清、刘超（2000）的研究对比分析了比较优势理论与竞争优势理论的异同，初步探索了文化旅游产业的竞争力。虽然他们并未给出具体的影响文化旅游产业竞争力的因素，但他们把文化旅游产业的竞争力划分为以下三个层面，包括产品的竞争力、企业的竞争力和产业的竞争力[④]。郭亚军、曹卓和杜跃平（2008）则应用案例比较研究的方法，将五大因素划分为：生产要素、需求条件、相关与支持产业、旅游战略结构以及区域竞争[⑤]。韩蕾（2009）的研究简洁明快，从五个角度对文化旅游产业竞争力的影响因素做了分析，而这五个角度包括：资源、市场、经济社会环境、生态环境以及基础设施建设[⑥]。

在文化旅游产业竞争力评价方法方面，国外学者是从认识自身的不足开始的。如美国学者艾哈迈德（Ahmed，1990）研究观察了本国的国际旅游状况，得出如下结论：美国的国际旅游竞争力自 1982 年以来呈现出下降的趋

---

① 冯茂娥．陕西省旅游业国际竞争力测评与提升战略研究［D］．西安：陕西师范大学，2003.

② 张争胜，周永章．城市旅游竞争力的实证研究：以广东省为例［J］．资源开发与市场，2005（1）：13–16.

③ 黎洁，赵西萍．论国际旅游竞争力及其阶段性演进［J］．社会科学家，1999（5）：20–23.

④ 张明清，刘超．旅游产业国际竞争力的理论思考与竞争态势分析［J］．经济问题探索，2000（4）：116–119.

⑤ 郭亚军，曹卓，杜跃平．区域旅游竞争力影响因素分析：基于案例比较研究的视角［J］．旅游科学，2008（4）：65–69.

⑥ 韩蕾．东北区四大中心城市旅游竞争力比较研究［D］．长春：东北师范大学，2009.

势。因此他们指出，政府应当采取适当的政策措施来应对这种趋势，而第一步就是要在不确定的国际旅游市场上保持美国的竞争优势。随着研究的逐步完善，许多具体的提升途径也由学者们逐渐提出。塔尼亚（Tanja，2000）在研究中发现，要想提升旅游产业的竞争力，对旅游目的地的有效的环境质量管理是几大助力之一。迪米特里奥斯（Dimitrios，2000）认为，想提升旅游产业的竞争力，应当借助于高新技术和网络手段以提高旅游目的地的知名度，进而达到目的。吕克（Lyck，2002）则从战略的高度对丹麦旅游产业竞争力的提升进行了研究，在借鉴波特国家竞争力模型的基础上，结合哈玛尔（Hamal，1994）所提出的动态分析方法，他指出了持续增强丹麦旅游产业竞争力的战略途径。翁（Weng，2007）则把垄断竞争模型引入到了旅游产业竞争力的分析中，在构建了一个非对称的垄断竞争模型的基础上，分析了经济规模、旅游花费、消费者偏好和产品差异对旅游产业竞争力的影响，其具体的提升途径则分为两类：对于基础设施和接待设施相对较差的地区，应该坚定不移地实施本地化战略，建成以政府为主导、以观光旅游为核心的产业发展模式来提升其旅游产业的竞争力；而对于靠近旅游市场的郊区而言，则应该以发展假期旅游为重点，以此来提升其旅游产业竞争力。相对于翁（Weng）来说，扬（Yang，2009）则将研究视角放在了旅游提供方，在对澳大利亚的维多利亚金矿地区的中国旅游市场的案例分析中指出，旅游供应商与旅行社之间往往存在巨大的分歧，而该分歧恰恰已经成为当地旅游产业发展的瓶颈问题，要解决这一问题，实现旅游产业竞争力的提升，当地旅行社应当采取重点培训从业人员、与相关方交换市场调研成果等相应举措。

与国外学者相比而言，国内学者对文化旅游产业单独进行评价方法运用的研究较少，多用常用的数理统计的方法来进行旅游产业整体竞争力评价的研究，但这些数理运算方法，同样也可以运用在文化旅游产业竞争力评价中。如郭鲁芳（2000）从目前旅游竞争实力、旅游竞争潜力和未来旅游竞争发展力对我国旅游国际竞争力的测评[①]。郭阳旭（2000）和李葆盛（2000）均

① 郭鲁芳．关于我国旅游业国际竞争力的思考［J］．旅游科学，2000（2）：12–15.

将竞争力理论应用于实证进行研究[①]；莫帮洪、杨剑川（2005）则在此基础上将 SWOT 分析法（态势分析法）引入其中，选取经济发展现状、相关支持环境和发展潜力三个指标构建了指标体系来评价文化旅游产业的竞争力[②]。

此外，还有很多学者运用层次分析法对文化旅游产业的竞争力进行了实证分析。徐君兰（2007）在总结分析了前人的理论模型和评价方法的基础上，对评价旅游产业竞争力的原则、指导思想和系统内容做了进一步的探讨，从而构建了一个包含竞争业绩、竞争潜力和竞争支持力在内的评价指标体系，并应用层次分析法对比分析了成都、重庆等城市的旅游产业，包括文化旅游产业竞争力[③]。李建卫（2008）同样以现有的理论框架为基础，在回顾总结了旅游产业竞争力分析的各类模型后，客观系统地构建了自己的综合评价指标体系，采用层次分析法形成了独特的综合评价框架[④]。梁仲靖（2009）构建了从旅游产业发展业绩、旅游产业竞争潜力和旅游产业环境支持力三个层面出发的评价指标体系，文章以层次分析法为实证方法对比分析了西北五个省会城市的旅游产业竞争力[⑤]。喻胜华、杨薇（2011）在评价分析关于旅游产业竞争力的传统实证分析方法的优劣的基础上，通过结构方程的构建探讨了资源状况、支持能力、旅游管理状况、区位因素及需求状况对于旅游产业竞争力的影响，在收集数据的过程中，采用对称量表的形式，借助现场调查和发送电邮的方式完成搜集，提高了评价模型的拟合优度[⑥]。段文彬、闫颖慧和张春花等（2011）的研究运用了因子分析的方法，选取多个指标，分析了甘南州旅游产业的现状竞争力、环境支持竞争力以及潜力竞争力，并得到了甘南州旅游产业的综合竞争力在甘肃省 12 个市州中的排序，他们还运用趋势外推法预测了甘南州旅游产业未来一个时期的增长态势，认为甘南州未来

① 郭阳旭．提升重庆旅游的整体竞争力［J］．探索，2000（4）：84–87.

② 莫帮洪，杨剑川．城市旅游竞争力分析框架初探［J］．社会科学家，2005（S2）：193+201.

③ 徐君兰．城市旅游竞争力分析与评价研究［D］．成都：四川大学，2007.

④ 李建卫．济南城市旅游竞争力研究［D］．济南：山东师范大学，2008.

⑤ 梁仲靖．兰州城市旅游竞争力综合评价研究［D］．兰州：西北师范大学，2009.

⑥ 喻胜华，杨薇．基于结构方程的区域旅游产业竞争力评价模型［J］．大连理工大学学报：社会科学版，2011（4）：44–47.

一段时期的旅游业表现出较强的竞争力[①]。学者翁钢民、鲁超（2009）在《基于突变级数法的旅游产业竞争力评价研究——以西北五省为例》中，介绍了突变理论的基本思想和步骤，并在此基础上，依据突变级数法建立旅游产业竞争力评价指标体系，以西北五省为例对其旅游产业竞争力进行综合评价，得出与实际情况相符的评价结果。在对评价结果进行比较分析后，提出提高西北五省旅游产业竞争力的一些建议[②]。张春晖、张红（2011）在《基于突变级数法的我国旅游上市公司成长性评价研究》中，基于突变级数法，利用财务信息，从发展能力、盈利能力、资产运营能力和现金实力 4 个方面构建成长性评价体系，对 17 家旅游上市公司 2006—2008 年间的成长性进行了排序和评价，并从 4 个方面出发讨论旅游上市公司成长过程中的规律[③]。万绪才、李刚、张安等（2001）运用层次分析法，从旅游资源与产品条件、社会经济条件和其他条件三个方面建立了一套评价指标体系，对江苏省各地市旅游业国际竞争力进行了定量评价与分析[④]。冯学钢与赖坤（2003）专门将中国旅游业的发展环境竞争力与旅游业发达国家进行了比较研究[⑤]。苏伟忠、杨英宝和顾朝林（2003）探讨了城市旅游竞争力，选取郑州市与北京、南京、西安三个城市进行了对比实证研究[⑥]。朱应皋与万绪才（2004）对全球旅游 11 强国旅游业国际竞争力进行了综合评价[⑦]。孟浩、王艳慧（2008）基于突变评价法的研究型大学知识创新综合评价研究[⑧]。

---

① 段文彬，闫颖慧，张春花，苏有文.甘南州旅游业综合竞争力评价及预测分析［J］.生态经济：学术版，2011（1）：188-191.

② 翁钢民，鲁超.基于突变级数法的旅游产业竞争力评价研究：以西北五省为例［J］.软科学，2009（6）：57-61.

③ 张春晖，张红.基于突变级数法的我国旅游上市公司成长性评价研究［J］.旅游学刊，2010(7)：19-27.

④ 万绪才，李刚，张安.区域旅游业国际竞争力定量评价理论与实践研究：江苏省各地市实例分析［J］.经济地理，2001（3）：355-358.

⑤ 冯学钢，赖坤.中国旅游业发展环境国际竞争力比较研究［J］.世界经济研究，2003(7)：40-45.

⑥ 苏伟忠，杨英宝，顾朝林.城市旅游竞争力评价初探［J］.旅游学刊，2003（3）：39-42.

⑦ 朱应皋，万绪才.全球旅游11强（国）旅游业国际竞争力综合评价［J］.地理与地理信息科学，2004（3）：109-112.

⑧ 孟浩，王艳慧.基于突变评价法的研究型大学知识创新综合评价［J］.运筹与管理，2008(3)：80-87.

# 第四节 本课题研究思路和研究方法

## 一、研究思路

本课题将坚持“以问题为导向”的原则，遵循“发现问题—分析问题—解决问题”的思维逻辑来展开对青海藏区民族文化旅游产业发展的研究工作（见图 1–1）。

第一，在全面实地调研的基础上分析当前民族文化旅游面临的困境及与当地经济发展存在的矛盾，总结出存在的主要问题，并探索民族文化与旅游产业发展的关系，这构成了本课题的“发现问题”部分。

第二，在深入研究分析的基础上梳理出青海藏区民族文化旅游资源的类型，并得出了青海藏区民族文化旅游资源分布的特征；以青海藏区为研究对象利用突变级数法，分析出该区域文化旅游产业发展现状；根据青海藏区民族文化旅游产业发展实力的总体评价结果，运用空间理论结合青海民族文化旅游产业发展实际状况，初步构建了青海民族文化旅游产业的空间结构体系，这构成了本课题的“分析问题”部分。

第三，结合当前的社会经济环境，对青海藏区民族文化旅游产业发展的策略性问题进行思考和研究，在此基础上提出民族文化旅游产业合作发展总体思路与行动基点，这构成了本课题的“解决问题”部分。

## 二、研究方法

在本研究的研究和撰写过程中，需要借助多种研究方法和手段，具体如下：

文献分析法：

本研究纵览了国内大量相关研究文献，对文献进行了较为认真的梳理和归纳，并充分利用互联网查阅文献和搜集统计数据。这些工作为本研究相关研究的梳理、理论的分析、模式的建立以及实证的研究建立了坚实的基础。

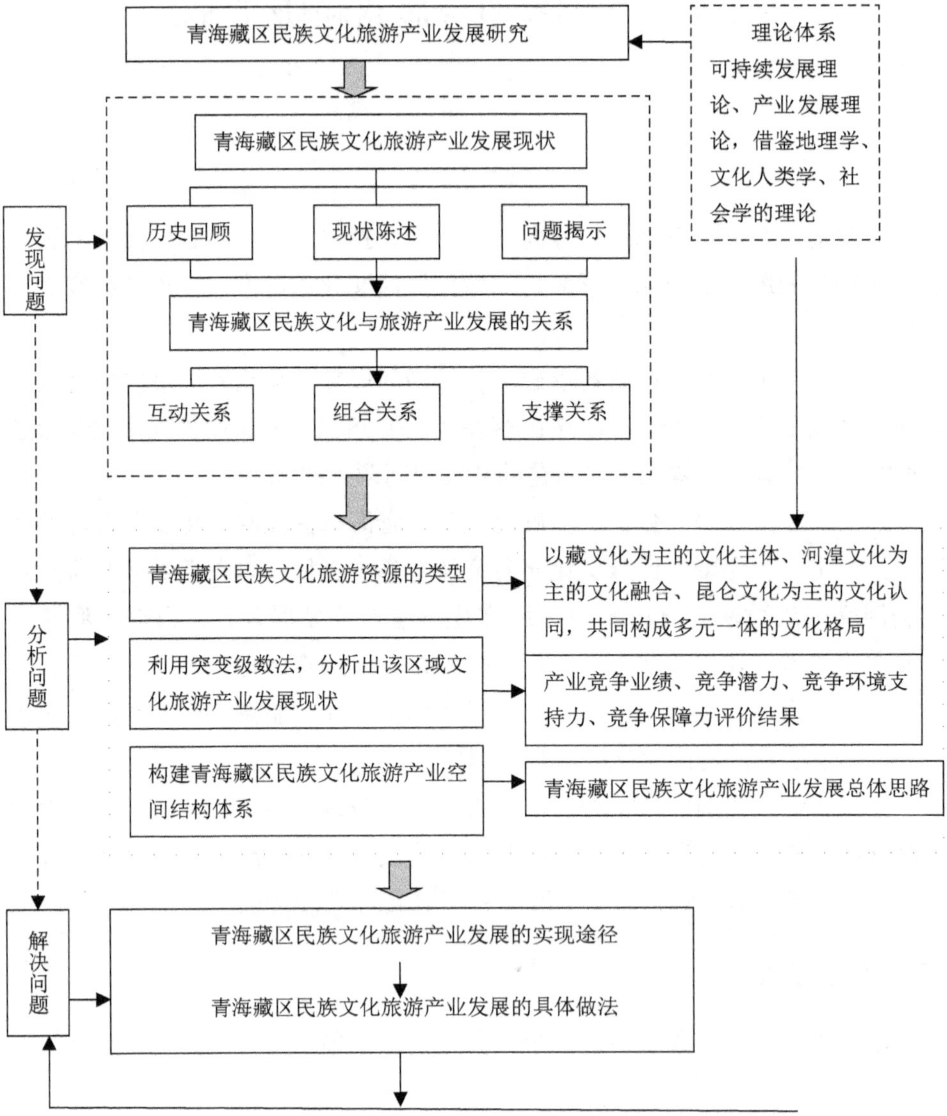


**图 1–1 青海藏区民族文化旅游产业发展研究思路图**

跨学科研究法：

通过应用可持续发展理论、产业发展理论，借鉴地理学、文化人类学、社会学的理论与方法，对青海藏区民族文化旅游产业化发展提供有力支持。

田野调查法：

通过对青海省黄南州同仁县、青海湖环湖地区实地考察，得到了一些实地考察资料，经过理性分析获得一些规律性的结论。

定量研究方法：

本次研究的定量方法采取的是利用突变级数法，分析出不同区域文化旅游产业发展现状；得出青海藏区文化旅游产业竞争业绩、竞争潜力、竞争环境支持力、竞争保障力评价结果，以及青海藏区文化旅游产业开发竞争力总体评价结果；利用层次分析法对青海湖环湖地区资源的竞争力进行评价，为提出资源整合的思路提供科学依据。

## 三、研究范围

从行政区域来看，青海全省辖：2个地级市、6个自治州；5个市辖区、3个县级市、29个县、7个自治县。其中西宁市辖4个市辖区、2个县、1个自治县，分别是城中区、城东区、城西区、城北区、湟源县（城关镇）、湟中县（鲁沙尔镇）、大通回族土族自治县（桥头镇）。海东市辖1个区、1个县、4个自治县，分别是平安区（平安镇）、乐都区（碾伯镇）、民和回族土族自治县（川口镇）、互助土族自治县（威远镇）、化隆回族自治县（巴燕镇）、循化撒拉族自治县（积石镇）。海北藏族自治州辖3个县、1个自治县，分别是海晏县（三角城镇）、祁连县（八宝镇）、刚察县（沙柳河镇）、门源回族自治县（浩门镇）。黄南藏族自治州辖3个县，1个自治县，分别是同仁县（隆务镇）、泽库县（泽曲镇）、尖扎县（马克塘镇）、河南蒙古族自治县（优干宁镇）。海南藏族自治州辖5个县，分别是共和县（恰卜恰镇）、同德县（尕巴松多镇）、贵德县（河阴镇）、兴海县（子科滩镇）、贵南县（茫曲镇）。果洛藏族自治州辖6个县，分别是玛沁县（大武镇）、班玛县（赛来塘镇）、甘德县（柯曲镇）、达日县（吉迈镇）、久治县（智青松多镇）、玛多县（玛查里镇）。玉树藏族自治州辖5个县，1个县级市，分别是玉树市

（结古镇）、杂多县（萨呼腾镇）、称多县（称文镇）、治多县（加吉博洛格镇）、囊谦县（香达镇）、曲麻莱县（约改镇）。海西蒙古族藏族自治州辖2个县级市、3个县，分别是德令哈市、格尔木市、乌兰县（希里沟镇）、天峻县（新源镇）、都兰县（察汗乌苏镇）。

根据青海各个民族分布状况的特征和民族文化发展的现实状况以及本次内容研究的需要，本次研究将打破传统意义上对青海藏区的界定，将青海省全境纳入本次研究的范围中，并将研究区域分为两个部分：其一是青海藏区主体部分：分别包括海北藏族自治州辖3个县、1个自治县；黄南藏族自治州辖3个县及1个河南蒙古族自治县；海南藏族自治州辖5个县；果洛藏族自治州辖6个县；玉树藏族自治州辖5个县，1个县级市；海西蒙古族藏族自治州辖2个县级市、3个县。其二是青海藏区的边缘部分：分别包括西宁市的2个县、1个自治县和海东市辖1个区、1个县、4个自治县。

# 第二章　基本概念与理论基础

## 第一节　概念的界定

### 一、文化

"文化"作为一个内涵丰富、外延宽广的概念最早兴起于欧洲。1871 年，英国人类学家泰勒在《原始的文化》一书中对文化做了系统的阐述。他认为，"文化"是"包括全部知识、信仰、艺术、道德、法律、习俗以及作为社会成员的人所掌握和接受的任何其他的才能和习惯的复合体"[①]。泰勒之后，美国著名文化学家克鲁伯与同事克鲁克洪在合作编撰的《文化：概念和定义的批判性回顾》一书中，对 1871 年至 1951 年间出现的 160 多种定义进行了归纳、整理和研究指出：文化是包括各种外显或内隐的行为模式，它通过符号的运用使人们习得及传授，并构成人类群体的显著成就，包括体现于人工制品中的成就。文化的基本核心包括由历史衍生及选择而成的传统观念，尤其是价值观念；文化体系虽可被认为是人类活动的产物，但也可被视为限制人类做进一步活动的因素。美国著名社会学家戴维·波普尔在其所主编的《社会学》教材中对文化的概念界定为，"文化是人类群体或社会的共享成果，这些共有产物不仅包括非物质的也包括物质的"。[②]

---

① ［英］泰勒.原始文化：神话、哲学、宗教、语言、艺术和习俗发展之研究［M］.连树声，译.上海：上海文艺出版社，1992.

② ［美］波普尔.社会学［M］.11 版.李强，等，译.北京：中国人民大学出版社，2007.

中国的文化学家田汝康指出，“文化”一词包含有三个层面的内容：一是指一个国家或民族长期积累下来的精神财富——实际上就是思想史；二是指与物质文明相对的精神文明——简而言之就是教养问题，包括语言、社会风气、道德规范等；三指区别于经济、科技、教育的文化文艺活动。[①]费孝通先生在《从反思到文化自觉和交流》(1998)一文中阐述文化的概念时指出：文化，我叫它是个“人造的人文世界”[②]，精辟地指出文化产生的主体核心是人，只要有人的参与就会产生文化。

从以上的概念阐述中，对文化的定义可以归结为广义和狭义的解释。广义的文化着眼于人与自然的本质区别，认为是人类的社会活动以及由此实践产生的所有社会现象都是文化，也就是通常所说的人类创造的物质和精神文化的总和；而狭义的文化概念则将人类的意识、观念、心态和习俗等精神层面的内容概括为文化。虽然文化的内涵非常丰富，但是在众多的界定中发现文化的两个基本内涵：一定的自然地理环境是文化产生的基础；生活在这个地域环境中的民族是文化的创造者和得以发展的载体。所以，地域性、民族性是文化的基本属性，传承和生命力是衡量文化价值的重要标志之一。

## 二、民族文化

民族文化是各民族的先民们适应所生息繁衍的自然生态环境的产物，为该民族的大多数成员所普遍接受，共同分享、深层认同、集体维护、世代相传。[③]可以说，民族文化是在特定的地域空间内衍生，由生活在特定的地域空间内的族群所创造并传承，集中体现了这一民族的思想感情、价值观念、审美情趣、生活方式和民族精神。民族文化外在的表层文化直接体现在这一民族的服饰、饮食、建筑与居住格局、语言与文字、民族工艺与艺术、生产与生活方式，民族文化的内层也就是通常所说的体现民族精神本质内涵的内容，包括了民族的心理、民族的感情、民族的信念。所以民族文化首先是建立在“文化”的宽泛概念之中的，包括精神层面的也包括物质层面的，更加

① 庄锡昌，顾晓鸣，等．多维视野中的文化理论［M］．杭州：杭州人民出版社，1987.

② 费孝通．从实求知录［M］．北京：北京大学出版社，1998.

③ 覃德清．中国文化概论［M］．桂林：广西师范大学出版社，2002.

强调了地域和民族的差异性。

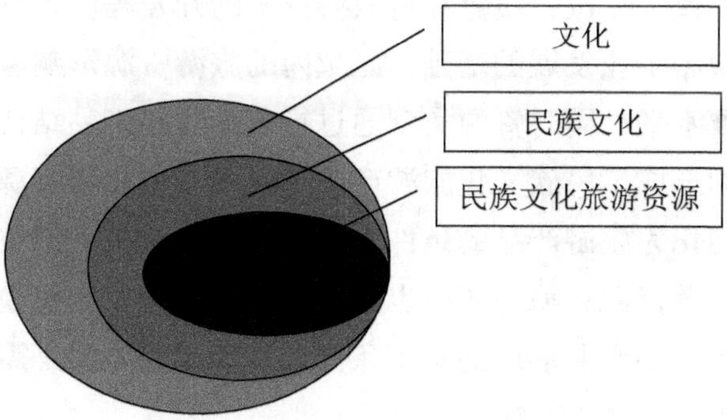


**图 2-1 文化、民族文化、民族文化旅游资源关系图**

## 三、民族文化旅游资源

将“文化”以及“民族文化”放入旅游业的发展中进行重新审视，民族文化旅游资源不仅是民族文化的重要组成部分，而且是旅游资源的重要组成部分。作为重要的旅游资源类型，民族文化旅游资源是指那些吸引旅游者的异质文化，并能借助这些民族的文化开展旅游活动，具有旅游开发价值和旅游功能，并能产生经济、社会和文化、生态效益的各种文化资源的总和。所谓青海藏区民族文化旅游资源，可以理解为：用于旅游开发的青海藏区各个民族创造的民族文化。在这个概念的理解上应该注意两个重点：第一，民族文化旅游资源是包含在民族文化这个范畴之中的；第二，民族文化旅游资源并不是纯粹意义上的民族文化，它们之间还是有区别的，并不是所有的民族文化都可以开发成旅游资源，开发成的民族文化旅游产品必须产生经济效益。也就是说我们需要在浩瀚的民族文化中发现并筛选出民族文化旅游资源，这样才能合理开发利用，成为真正意义上的旅游资源，参与到旅游业发展中。

## 四、民族文化旅游产业

旅游业是以满足旅游市场需要为目的，为开展各种旅游活动创造条件，向旅游者提供所需的各种产品和服务的综合性产业。在众多的产业类型中，旅游业可以说是一个典型的资源依托性产业。旅游业的发展，首先依赖于区域旅游资源的价值、品位、质量和对旅游资源的开发程度。良好的旅游资源禀赋条件是区域旅游业发展的基础，区域内的旅游资源影响着旅游业（如市场规模）的发展水平，同时资源类型通过行业结构和产品结构，影响着区域旅游产业结构的形成。民族文化旅游产业是以民族文化为资源依托的产业类型，民族文化转化为旅游产品的条件，一方面依赖于在一定空间内数量较多和质量较高的旅游资源；另一方面也依赖于当地要有一定规模的设施设备的接待能力，这是旅游产业形成的基本条件，其中最重要的是需要有一定的可进入性和可达性。

## 第二节　理论基础

### 一、旅游业的可持续发展理论

可持续发展的理念，是在人们清醒地认识到人类的生存环境正面临着巨大威胁的背景下提出的。人与自然关系的观念发生转变，是人类最重要的价值观转变。建立在对自然敬畏—依赖基础上的人与自然的和谐关系，曾一度是东方民族文化中最重要、最宝贵的生态价值观。“天人合一”思想，是中华民族文化中最重要的一种可持续发展的生态价值观，直接体现了中华民族对待人与自然关系的态度，并在具体处理人与自然的关系中提出了“和谐相处”的最高要求。在西方，詹姆斯·奥康纳在其《自然的理由：生态学马克思主义研究》[①] 一书中就提出了较有生态学批判理论的“自然”“劳动”“文化”三位一体的生态观。他以马克思主义为思想背景和方法论，重新审视生态问题，并认为出现生态危机的主要原因是人们割裂了人类社会与自然界的辩证统一关系，这是对西方传统意义上以人类和自我为中心的生态价值观的

① 奥康纳．自然的理由：生态学马克思主义研究［M］．南京：南京大学出版社，2003.

批判。这一辩证统一的关系中突出了人与自然、人与社会、人与人的新型关系，并提出了可持续发展的理念。

1987年联合国环境与发展委员会（WCET）对可持续发展的定位，强调两个基本观点：一是人类要发展，二是发展要有限度。1995年西班牙兰沙罗特召开的可持续旅游发展会议上，制定并通过了《可持续旅游发展宪章》和《可持续旅游发展行动计划》。这些会议对旅游的可持续发展达成了许多共识，概括起来有以下的几点：（1）关于旅游对经济发展的重要性方面还不够，应该认识到旅游对环境保护的依赖性；（2）发展旅游应立足长远，克服短期行为；（3）旅游和环境保护相结合才能获得持续发展；（4）旅游业的可持续发展与经济、文化等其他领域的发展应相协调；（5）21世纪是环境保护的关键时期。在《可持续发展宪章》中指出可持续发展的实质，就是要求旅游与自然、文化和人类生存环境成为一个整体。

由于青海藏区独特的自然地理环境，生活在这里的民族一方面创造了独特的民族文化，使之成为独属于青海藏区的旅游资源，另一方面也肩负着保护、传承民族文化的重要使命，所以，青海藏区民族文化旅游资源的开发必须要将可持续发展的理论作为开发的理念贯穿始终。结合青海藏区的实际，青海藏区民族文化旅游资源的开发要和经济、社会、环境相协调；而且通过民族文化旅游资源的开发，能够让旅游者了解和认识青海藏区特殊的民族文化，同时也需要深入教育旅游目的地的社区居民自觉肩负起对本民族文化的传承和保护的责任，传承和保护民族传统文化是民族文化旅游资源可持续开发的关键。

## 二、旅游地理学理论

旅游地理学是人文地理学的分支，并与自然地理学有着密切联系。它研究的是人类旅行游览、休憩疗养、康乐消遣同地理环境以及社会经济的相互发展。旅游地生命周期理论和空间竞争构成了研究旅游地的理论框架。旅游地理学的研究内容包括旅游主体、客体、旅游媒介以及它们之间关系。其具体内容包括旅游者研究（旅游者行为研究、旅游预测）、旅游资源研究、旅游地生命周期和旅游地空间竞争研究、城市旅游和主题公园、旅游环境容量研究、旅游交通、旅游区划、旅游区域影响和旅游规划研究。其重点研究的内容是由旅游主体—旅游者、旅游客体—旅游资源和旅游媒介（旅游设施、管理和服务等）组成的综合体。民族文化作为区域重要的文化旅游资源，也涵盖在旅游地理学研究内容之中。民族文化资源的旅游开发研究，一方面，要以旅游地理学理论为基础；另一方面，也丰富和加深了旅游地理学的研究内容。

## 三、旅游社会学理论

社会学主要研究社会文化变迁、社会体制、个体与环境及其复杂关系、自然的社会单位等，探索社会存在和发展的规律。旅游社会学是社会学的分支学科，它主要研究旅游活动中人与人之间、人与物之间的关系，侧重于研究旅游者的动机与行为，以及旅游地居民对旅游者的相关反应的规律。旅游社会学从旅游业入手，运用整体论、社会互动论、角色妥协等社会学理论，通过宏观和微观两个角度，研究旅游业各个相关实体之间，以及它们内部的良性运行和协调发展的条件和机制。在人们高度关注旅游综合效益的今天，旅游社会学的研究成果，是民族文化旅游资源开发的重要理论基础之一。

在民族文化旅游开发过程中，应用旅游社会学理论，有助于开发者更加深入地理解旅游者的需要、动机、态度、偏好、决策和体验，以及从中体现出来的深层的社会心理和社会价值；应用旅游社会学理论，有助于开发者和规划者更准确地把握旅游者和旅游地居民的关系，充分认识旅游经济的本质，正确评价旅游活动的社会效应和社会文化影响。因此，旅游社会学的基本理论，对民族文化的旅游开发具有实际的指导作用。

## 四、旅游人类学理论

旅游人类学对于民族文化旅游资源开发来说，其要义是提供了一种“以人为本”的旅游开发哲学。旅游人类学以微观见长，采用田野作业的调研方法对旅游对象和旅游现象进行长期的跟踪调研。旅游人类学的研究对象是旅游地居民、旅游开发者（投资个人或集体）、旅游者和旅游地团体（当地旅游机构，如旅行社、定点饭店、交通运输部门等）在旅游开发或旅游活动过程中所引起的临时互动关系，这种临时互动关系包括经济的相互影响与文化的相互调适。旅游人类学研究的重点体现在以下两个方面：对旅游者及旅游本质自身的研究；旅游业的出现给东道国地区带来的社会、经济及文化的影响的研究。通过旅游人类学的田野调查方法，有助于旅游产品的开发者更好地了解当地居民的态度、愿望，洞察当地的文化特征、社会状况，从而站在人本主义的立场上，明确开发的重点和难点，做出更切合实际的旅游开发。

# 第三章　青海藏区的民族文化旅游资源

## 第一节　青海藏区民族文化

青海藏区是个多民族聚居的地区，生活着不同的民族，在漫长的历史长河中，他们共同谱写了多民族的文明史。随着社会历史的变迁，因为文化标准、文化特征、文化模式、文化结构的不同，各民族文化在不同的历史时期相互摩擦、碰撞和冲突，在各自的区域内得到了充分交流融合、相互作用和影响，最终通过文化整合逐步演变成具有独特民族风格、地域特色和多民族性的高原多元文化，丰富和发展了中华民族的文化宝库。

### 一、藏文化

从大的范围来讲，藏文化的辐射范围涵盖了西藏自治区的全部，青海省南部以及四川、云南、甘肃的部分地区。青海藏区是主要以藏族为主的少数民族聚居区，藏文化是青海藏区重要的民族文化。考察青海藏区的文化文脉，首先要从藏文化开始。根据 2010 年第六次人口普查，全青海省人口 5 626 723，少数民族人口 2 643 202，占全省人口的 46.98%，其中藏族 1 375 059，占全省人口的 24.44%；传统上按照行政区划来划分，海西、海北、海南、黄南、果洛、玉树六州均属于青海藏区的核心区域，土地面积占全省面积的 90% 以上。在漫长的历史发展长河中青海藏区的藏文化经历了古文化、羌文化、吐蕃文化、吐谷浑文化和佛教文化五个阶段。

### （一）灿烂的古文化

近几十年的考古资料证明，青藏高原是中华古人类文明的发祥地之一。“据考古发现，在距今 3 万年前的旧石器时代晚期，青海的先民就在这片广袤的土地上繁衍生息”[①]。青海地区主要的古文化遗存经历了以小柴达木湖为主的旧石器[②]时期、旧石器和新石器的过渡——拉乙亥文化遗存时期[③]、以马家窑文化为主的新石器文化时期三个时期，自 20 世纪 20 年代瑞典考古学家安特生发现马厂遗址以来，相继发现的文化遗存主要有乐都柳湾、大通上孙家寨、同德宗日等，这些遗址出土了大量彩陶，仅乐都柳湾就出土陶器 3 万余件，其中彩陶占三分之二，这些彩陶跨越了石岭下、马家窑、半山、马厂四个文化类型，测定时间为约距今 6000 年至 4000 年；发现的主要青铜器文化遗存是卡约文化，在河湟地区也有密集的分布。

### （二）羌人的辉煌

在青海藏区，自古就有人类繁衍生息，并创造了灿烂发达的文化。“卡约文化与远古时期居住在青藏高原一带的羌人有着密切的关系，而羌人在后来的历史变迁中，有一部分融入藏族之中，成为藏族的一员，羌文化是藏文化的源泉之一。”[④]吐蕃为羌人所建之国，他们贵重牡羊，尊为大神，说不定他们是把羊作为图腾的。”[⑤]。所以说，青海羌人的历史，也就是青海藏族先民的历史。

### （三）吐蕃文化阶段

据史料记载，大约距今 1000 年前后，在西藏高原西起阿里，东至昌都的广阔地域出现了十二邦国和四十小邦，其中象雄部落和雅隆悉补野部落最为强大，西汉时称羌戎之地，部落联盟曾建立过象雄等国家。7 世纪藏民族英雄松赞干布兼并十余个部落和部族，统一西藏各部，建立了吐蕃王朝，定

---

① 崔永红，等．青海通史［M］．西宁：青海人民出版社，1999：3.

② 黄慰文，等．青海小柴达木湖的旧石器［M］//青海考古五十年文集．西宁：青海人民出版社，1999：19.

③ 盖培，等．黄河上游拉乙亥中石器时代遗址发掘报告［M］//青海考古五十年文集．西宁：青海人民出版社，1999：4.

④ 谢佐，何波．藏族古代教育史略［M］．西宁：青海人民出版社，1994.

⑤ 顾颉刚．从古籍中探索我国的西部民族：羌［J］．社会科学战线，1980（1）：117-152.

都逻娑（今拉萨），并同当时鼎盛一时的唐朝建立了联姻关系，在641年迎娶了唐太宗的宗室女文成公主，随公主“远嫁”青藏高原的还有唐朝先进的生产技术和政治文化成果。吐蕃王朝从唐朝引入造酒、碾磨、纸墨等生产技术，遣贵族子弟到长安（今西安）学习诗书，聘汉族文人入蕃代典表疏，通过与唐朝在政治、经济、文化等方面相互交融、文化上的兼收并蓄，一个空前强大的吐蕃王朝在青藏高原崛起。文成公主所经的日月山（赤岭）、倒淌河、玉树勒巴沟等地由此留下许多美妙的传说和岩画、雕刻等人文遗迹，1000多年来对青海各族人民，尤其是藏族产生着深远的影响。随着吐蕃王朝的强大，藏文化在这一时期得到空前的发展。

663年，吐蕃军队占领吐谷浑全境，王室成员投奔唐境凉州，至此，青海全境纳入吐蕃王朝的统治之下。“在民族关系方面，吐蕃对被统治下的各部、族推行统一融合和强制同化政策，大量羌人部落和吐谷浑人融入吐蕃民族当中，故唐以后，青海地区已几无诸羌及吐谷浑人的踪迹可循，而包括河湟地区在内的整个河陇地区大量汉族也在吐蕃强制同化下吐蕃化了。”①在7世纪中期到9世纪中期的200多年时间中，由于青海处在唐蕃王朝对峙的锋面地带，也成了唐蕃文化交流融合的中心，青海藏文化得到空前的发展。

**（四）吐谷浑王国**

作为鲜卑的一支，在283—289年之间，吐谷浑率部由辽东向西迁至青海海南、河源地带和四川西北地区，“吐谷浑在羌区的发展过程，既是与羌人矛盾斗争的过程，同时又是以吐谷浑为中心形成与诸羌部落互相结合的过程。”②吐谷浑大约于330年左右建立了政权，在青海立国长达350年之久，“吐谷浑从叶延立国，中经阿豺、幕贵、拾寅、伏连等君主，都很有作为。吐谷浑逐渐走向兴盛发展时期。这一时期吐谷浑王朝兼收并蓄中原文化和西部诸羌文化，政治上仿中原封建王朝治国，经济上深深扎根于畜牧业经济以自给，文化上还保持一部分鲜卑风格”。③青海藏文化的历史从这一刻开始深深地烙上了多元文化融合的影子。

---

① 崔永红，等.青海通史［M］.西宁：青海人民出版社，1999：199.

② 崔永红，等.青海通史［M］.西宁：青海人民出版社，1999：115.

③ 谢佐.青海民族关系史［M］.西宁：青海人民出版社，2002：22.

### （五）佛教文化兴盛阶段

藏传佛教萨迦派从宋末元初传入青海河湟流域和玉树地区，在萨迦派萨班和八思巴的努力下，取得了元最高层的大力支持，在藏区大力弘法并在青海河湟地区的西纳建立了政教合一制度。明代，西纳家族改宗格鲁派，一直延续到清朝后期。西纳家族的统治，对青海河湟地区藏民族的历史发展产生了深远的影响。1264 年，八思巴在玉树收徒，并由此创建这一地区最大的萨迦派寺院——噶藏寺，以此为基础，通过元朝政府的支持，在今青海玉树地区以噶藏寺为中心建立了政教合一的统治制度，对青海玉树地区的政治、文化、历史产生重要影响。出生于青海湟中县鲁沙尔镇的宗喀巴创立格鲁派，并取得宗教上的至高地位后，对青海地区的藏文化产生了重大深远的影响。进入清代，和硕特蒙古在青海及西藏地区取得了统治地位，并进一步加强与格鲁派的密切关系，格鲁派进入极盛时期；为加强对整个青藏地区的统治，清朝政府正式册封达赖喇嘛和班禅两个格鲁派活佛系统，并在西藏建立了庞大的政教合一的统治制度。

从元代开始到明、清时期，是佛教文化在青藏高原空前发展的时期，佛教同藏族本土文化的融合对藏文化的发展起了促进作用，政教合一的政治体制也让宗教文化最终成为藏文化的一个重要核心内容。

## 二、河湟文化

从自然地理分布来说，河湟地区是我国季风区和黄土高原的西部边界，自然地理环境具有明显的过渡性，位于青海省东部地区的河湟地区，是青海自然生态环境优越、人口集中、经济最繁荣的地区。从历史发展的状况来看，河湟地区历代都是各个民族迁徙青海地区的走廊和通道。作为整个青海藏区的东大门，这一地区是我国连接中原和青海地区之间的交通要道，闻名遐迩的唐蕃古道、丝绸之路南线青海道的必经之路。因此，河湟地区是受中原文化影响最深的地区，是各民族接触最早、交往最多、关系最复杂的地区之一。从行政划分上来看，东部河湟地区包括西宁市 4 区 3 县，海东市 6 县，海南藏族自治州贵德县，黄南藏族自治州同仁县、尖扎县，共 16 个县（区）（其中黄南藏族自治州同仁县、尖扎县因其典型的藏文化特征，在本课题中归入藏文化区域内进行分析），虽然这一区域没有涉及青海藏区的主体区域，但因其对青海藏区民族文化的影响深远，尤其是对青海藏区民族文化多元一体格局的形成具有重要的影响，所以考察青海藏区的民族文化不得不提河湟文化。

### （一）各民族迁徙的走廊

汉武帝元狩二年（公元前 121 年），西汉王朝派骠骑将军霍去病，进兵河湟，筑西平亭，设立临羌县和破羌县。汉宣帝神爵元年（公元前 61 年）将军赵充国平羌安边，实行屯田，中原大批汉人迁来农垦，汉、羌杂居，促进了河湟地区农业的发展，青海东部地区正式纳入中原封建王朝的郡县制中。4 世纪初，吐谷浑部从辽东进入青海河湟地区，建立封建割据政权达 350 多年，并开辟了丝绸之路南线吐谷浑道，为沟通东西方交通、发展当地经济做出了贡献。7 世纪，唐蕃联姻，开辟了闻名中外的唐蕃古道，唐朝先进的农业、畜牧业和手工业技术不断传入青海藏区。北宋，以青唐城（今西宁）为中心的唃厮啰政权统治河湟洮岷等地区近百年，使青海东部地区的经济和文化得到发展。13 世纪，蒙古族进入河湟地区，藏传佛教进一步得到发展，回族大量迁入，撒拉族定居于青海东部循化街子一带。明朝，又有大批汉人迁入青海，这一时期河湟地区同中原地区建立的互市关系更趋完善。

### （二）多元文化的集合

据龙西江[①]研究，青海的湟水至甘肃的渭水之间，是华夏民族的发祥地之一。历史考古这一地区历史悠久，四五千年前先民们就在这片沃土上繁衍生息，创造了灿烂的远古文明，历史考古发现的民和马厂遗址、乐都柳湾遗址、喇家遗址，充分证明在这里至少有二三万年的人类发展史，是我国古代文明的发祥地之一。大量的史料证明这一区域是人类活动的历史序列最清楚、文化链条最完整的区域。而且生活在这里的土族和撒拉族，是我国 55 个少数民族唯一在青海分布的。这里还是藏传佛教后弘期下路弘传的发祥地，瞿昙寺、却藏寺、白马寺、阿琼南宗寺、卡的喀哇寺、夏琼寺等一批藏传佛教寺院。平安洪水泉清真大寺、循化街子清真大寺、化隆阿河滩清真大寺等一大批伊斯兰教寺院，散发出浓浓的伊斯兰文化气息。所以河湟文化是各个

---

① 龙西江．论藏汉民族的共同渊源［J］．新华文摘，1995（10）．

民族共同创造的文化。这一区域内不仅有丰富的古文化遗存，有土族、撒拉族等民族文化的繁荣，而且在长期共同生产和生活的实践中通过相互联系、交流、影响和渗透，共同创造了河湟地区多元、多民族的文化内涵。

## 三、昆仑文化

昆仑山在中华民族的文化史上具有“万山之祖”的显赫地位，古人称昆仑山为中华“龙脉之祖”。发端于昆仑山的昆仑文化虽然主体文化内涵体现在上古流传下来的神话传说上，尤其是体现在中国的道教文化上，但是从文化产生的条件来看，自然环境无疑是文化产生的物质基础，同时文化的发展过程也会深深打上地域文化的烙印。从这个意义来看，昆仑文化根植于青藏高原这块特殊的地域，并早已与当地的文化融为一体。费孝通先生认为中华民族的形成特征是文化认同，其中神话认同是其形成的前提。不仅昆仑神话出现在中国上古的文化中，中国道教文化也出现在藏民族传统的神话传说中。藏民族赋予了昆仑山神性，山有山神、水有水神，神山圣湖的原始崇拜直接发展出了众多神灵，演绎出众多的神话故事，这些都成为藏文化重要的组成部分。所以昆仑文化在某种意义上是青海藏区民族文化认同的结果，其中神话认同成为重要的前提。

### （一）自然地理上的昆仑

昆仑山脉是地球上平均海拔最高，且绵延面积最大的山脉，位于青海藏区西北部西藏与新疆之间，东西长 2500 千米，南北宽 150 千米，平均海拔 5500~6000 米，以巨大的高度和长度横贯亚洲中部，因此有“亚洲脊柱”之称。西昆仑山长 600 千米，宽 150 千米，位居青海藏区和帕米尔高原之间，主峰慕士塔格峰海拔 7555 米，3200~3700 米峡谷区有少量森林分布，被称为“荒漠湿岛”。中昆仑山长约 600 千米，宽 200 千米，海拔 6000~7000 米，降水极少，是昆仑山最干燥的部分。东昆仑山长 1300 千米，由数列平行山脉组成，北侧以 3000~5000 米的巨大高差耸峙在塔里木盆地和柴达木盆地的南部边缘，确有“横空出世”之概。南侧以缓坡与海拔 4500 米以上的藏北高原相接。在自然地理上，由于昆仑山脉和丝绸之路之间的通道被沙漠和戈壁所隔阻，所以对丝路文化的传播者产生了一种遥不可及的距离感，这种距离感使人们对她充满了神秘和向往，在山脉坡麓盆地边缘绿洲上生活的人们，不仅受到了崇敬和膜拜，而且与地域特点很好地结合在一起，以总揽全局、高瞻远瞩、海纳百川的气势，借助自然界中的物质精华，在特定复杂的条件下孕育了无所不能的文化思想。①所以说高峻巍峨、绵延冗长的昆仑山为昆仑文化的发展提供了物质基础。

**（二）历史上的昆仑**

“昆仑”一词在我国古籍中被称为“万山之祖”，司马光注“昆仑者，天象之大也”。我国古代地理名著《山海经》《禹贡》《水经注》中都有记载，带有十分神奇的色彩，据说是“天帝的下都”“方圆八百里，高八万丈”。从历史考古发现来看，1956 年昆仑山地区格尔木河上游考古时采集到旧石器时代的打制石器②，1982 至 1986 年又连续在柴达木盆地小柴旦湖湖滨阶地上发现距今大约 30 000 年的人士打造石器③，2002 年又在柴达木盆地西南缘祁漫塔格地区发现 7000 年前后古人烧烤灰烬遗迹④，同时在诺木洪地区发现 5000 年以来人类活动的大量遗迹，大量的考古发现证明了昆仑山一带是古人类的发祥地之一。据李文实、张德祖、谢佐⑤等研究认为早期母系氏族代表——西王母曾盘踞在昆仑山、青海湖一带，公元 4 世纪初辽东鲜卑族慕容氏吐谷浑人踏进了这片土地，他们与当地氐、羌人杂居，主要从事畜牧业，建立封建割据政权 300 余年，663 年被吐蕃王朝所灭，占领全境，控制该地区 200 多年之久，13 世纪后蒙古人逐渐深入，曾长期被蒙古人所辖。所以从历史上来看，昆仑山一带聚集着众多的民族，发展和演绎着这里的文化。

**（三）文化上的昆仑**

神话是一种原始文化，虽然它带有强烈的主观色彩，但是却曲折地反映

① 刘峰贵，等.青海高原山脉地理格局与地域文化的空间分异［J］.人文地理，2007（4）：119-123.

② 崔永红，等.青海通史［M］.西宁：青海人民出版社，1999（10）：3-19.

③ 贾兰坡，黄慰文，卫奇.三十六年来中国旧石器考古［C］.考古与文物论集.北京：文物出版社，1986（7）：8-12.

④ 拜永山，等.青藏高原北部祁漫塔格地区发现古人类活动遗迹［J］.地质通报，2003，22（5）：369-370.

⑤ 谢佐，等.略论中国昆仑山系文化和江河水系文化［J］.青海民族学院学报：社科版，1999（4）：25-32.

了人类童年时期的历史和现实。事实上，当中原汉文化进入到青海藏区之后，就给具有“龙脉之祖”显赫地位的昆仑山赋予了神圣的色彩，将昆仑山神话为轩辕黄帝的九重宫阙，而西海（青海湖）则是西王母的聚仙瑶池，这样一套完整的具有东方色彩的昆仑神话雏形就开始出现了，其中的轩辕黄帝和西王母也构成了昆仑神话的轴心，昆仑神话体系形成，其中大家所熟悉的创世神话包括：共工氏怒触不周之山、女娲补天、西王母、大禹治水、愚公移山、精卫填海、夸父追日、八仙过海等[①]。《山海经》中第一次记载了黄帝大战蚩尤，升架于昆仑之宫的传说，还有大禹治水、导河积石的故事。随后出现的先秦古籍《淮南子》《穆天子转》中以昆仑为地域背景的神话传说就越来越具体化了。现玉虚峰脚下一块平坦地上立有“玉虚宫”石碑，道教信徒认为，这里正是天宫八卦太极图的中心点，这个中心点体现了天地之心为一的思想。有关专家学者考证，东昆仑山是产生于明代末年道教混元派（亦称昆仑派）的道场所在地，传说这里是《封神演义》中描写姜太公修炼五行大道四十载之地，昆仑派不断向外发展，清代末年发展到中国台湾及东南亚各国，近代还发展到北美，在西欧、日本，已成为华侨的一种信仰。近年来，国内大陆、台湾及海外东南亚等地的华侨游人、香客千里迢迢来此朝拜、寻祖访道、修行练功，寻找中华民族发祥之地。

如果说古希腊的神话影响了欧洲及其他地区文化的演化与发展，那么中国独具特色的昆仑神话体系，无疑也影响了中国包括东南亚、中亚、东亚的整个汉文化圈。

林继富认为昆仑文化是最富原始特色、最能代表中国根基的文化，大量的古史典籍、野史笔记等资料显示，昆仑文化与以冈底斯神山信仰为代表的藏族原始文化有着密切的关系，这不仅是交融互动的结果，而且具有共同心态和生态背景下生成的共性和个性的文化逻辑[②]。可以说相同的生态环境，生活地域的相邻接壤，在文化的产生和发展中就会产生你中有我、我中有你的文化特性，而且从历史上来看，昆仑山一带居住过众多的民族，在民族融合

① 谢佐，等.略论中国昆仑山系文化和江河水系文化［J］.青海民族学院学报：社科版，1999（4）：25–32.

② 林继富.昆仑文化与藏族文化关系研究［J］.青海社会科学，2010（5）：14–18.

发展中不断完善充实着昆仑文化的内涵，其中藏民族的文化也深受其影响。比如，昆仑山和西王母的瑶池青海湖，藏民族也用崇拜和神话赋予了它神秘的色彩，在藏传佛教的哲学思想中宇宙形成了天界、人间、龙界的三层构想，昆仑山就成为天界中神的世界，青海湖则是龙界中龙的世界，延续至今的青海湖祭海仪式是一个很好的佐证。

通过以上的分析我们得出这样的结论：在历史的长河中青海藏区不仅经历了史前的文明阶段，而且在漫长的历史长河中创造了灿烂的藏文化、河湟文化和昆仑文化，其中藏文化是核心，河湟文化是民族融合发展最明显的结合文化，昆仑文化虽然以汉文化为主却深深打上了地域文化的烙印，文化认同特征明显，其中多元主要体现在以藏文化为主的文化主体、河湟文化为主的文化融合、昆仑文化为主的文化认同，这三种文化共同构成了青海藏区多元一体的文化格局。（如图 3–1 所示）

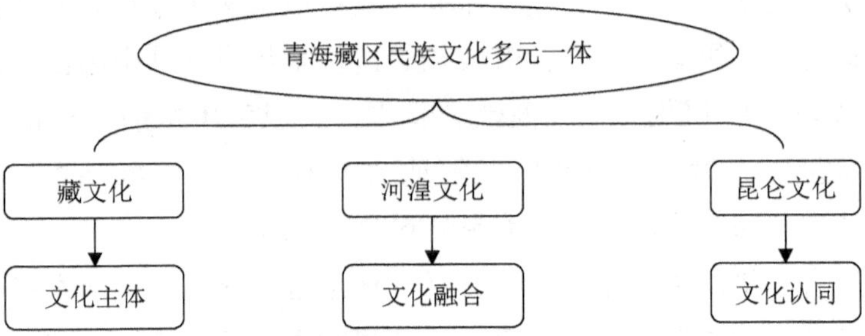


**图 3–1　青海藏区文化类型构成示意图**

# 第二节　青海藏区民族文化旅游资源

## 一、青海藏区民族文化旅游资源分类

民族文化旅游资源的类型依据划分标准不同，可以有多种分法。北大的王娟从民俗学的角度划分出了以下几个类型：口头民俗，包括神话、传说、民间故事、谚语、谜语、绕口令、民间歌谣、史诗；风俗民俗，包括民间游戏、民间节日、人生礼仪、民间舞蹈；物质民俗，包括民间美术、民间饮食、民间服饰、民间建筑。北大教授方纪生在 1980 年再版的《民俗学概论》中将钟敬文先生有关民俗分类的 11 类做一个归并，把乌丙安的 4 类也给予合并，总结出以下 3 类：游艺和文学的民俗（口头文学、民间歌舞、民间音乐、游戏、民间技艺……）；信仰和节日的民俗（除了迷信今天不能为旅游所利用外，节日和节日活动是最突出的了）；生产和社会生活的民俗，或者称为经济的民俗与社会的民俗（生产活动事项、生活活动事项、人生民俗事项——婚丧嫁娶和生老病死）。

在对青海藏区民族文化的分析中可以清楚地看到青海藏区的文化历史序列是非常清楚完整的，从古人类的发祥到各个历史时期各民族文化的发展，都在青藏高原留下了众多的遗产、遗迹，青海藏区悠久的历史文化、灿烂的高原史前文明是重要的旅游资源类型。青海藏区是我国宗教色彩最浓厚的地区之一，尤其是藏传佛教代表性的寺院塔尔寺是青海藏区最重要的旅游资源。青海藏区是少数民族聚居的区域，各个民族都有自己独特的民族风俗，这些也都是珍贵的旅游资源。文化差异是促使旅游者前来旅游的文化动因，而各个民族的文化差异又集中体现在这个民族的衣食住行、礼仪习俗、传统节日、民间艺术等方面。

青海藏区民族文化旅游资源，无论是藏文化、河湟文化还是昆仑文化，它们的内容都集中体现在各自对应的各民族的历史文化、衣食住行、礼仪习俗、传统节日、民间艺术等方面；体现在大量的遗产、遗迹等方面。依据青海民族文化旅游资源的成因和性状，以评价为目的进行具体分类，首先按照民族文化旅游资源的民族特性、文化特性和遗产特性，根据联合国教科文组织《保护非物质文化遗产公约》中关于非物质文化遗产（Intangible Cultural Heritage）和联合国《保护世界文化和自然遗产公约》对物质文化遗产（Cultural Heritage）的概念界定，将其分为物质文化和非物质文化两大类，其中物质文化进一步可分为遗址、建筑、生活三类；非物质文化遗产进一步可分为宗教文化、文化艺术、社会风情三类。青海藏区最具有旅游开发价值的就是生活在高原的各个民族创造出的灿烂文化，包括了物质和非物质的文化，这些独具特色、异彩纷呈的民族文化是青海藏区文化的核心内容，同时也是青海藏区发展民族文化旅游的基础。

为了便于具体分析所涉及的每一项文化类型，本次研究在物质文化和非物质文化的基础上又进行了详细划分，划分出六大亚类和十四大基本类（如表 3-1 青海藏区民族文化旅游资源类型所示）。在对民族文化旅游资源进行分类的过程中我们发现，某类民族文化旅游资源可能属于历史文化，但同时又属于宗教文化，也会体现一定的民俗风情，属于物质文化，但挖掘其内在的文化属性又属于非物质文化涵盖的内容，可以说很难准确地区分。事实上这与文化的产生有着密切的关系，文化从来都不是由某一单独的因素而产生，文化的产生和发展是一定区域内自然、人文共同作用的结果，是人类征服自然创造文化的过程，在这个过程中，非物质文化和物质文化相互融合共同发展了这一区域内的文化，同时在这个过程中自然环境和与之相适应的文化景观也已融为一体，所以本次研究在整理分析十四大基本类的基础上，打破传统上对民族文化基本类型的分析，提出民族文化旅游资源景观的全新分类方案。

最初的景观概念是同“风景”“景致”“景色”相一致的，都是视觉美学意义上的概念。19 世纪初，德国地理学家、植物学家冯·洪堡德（Von Humboldt）将景观作为一个科学名词引入到地理学中，并将其解释为“一个区域的总体特征”（Naveh and Lieberman，1984），后来俄国地理学家贝尔格等沿这一思想发展形成了景观地理学派，所以“景观”一词被引入地学研究后，已不单只是视觉美学意义上的概念，而是具有了地理学的意义。中国大百科全书（地理学卷，1990）概括了地理学中对景观的几种理解：某一区域的综合特征，包括自然、经济、文化诸方面；一般自然综合体；区域单位，相当于综合自然区划等级系统中最小的一级自然区；任何区域单位。可以说地理学对景观的解释偏重于将文化的产生、传承与发展放置于一定的地理空间之内，明确文化的产生发展和地理环境的内在相互关系。

我国著名的景观设计师俞孔坚认为“景观”一般是指：某一区域综合特征，包括自然、经济、人文诸方面；一般自然综合体，地理各要素相互联系、相互制约、有规律结合而成的具有内部相一致的整体，大如地图（即景观圈）、小如生物地理群落（单一地段），它们均可分为不同等级的区域或类型单位；区域概念，是个体区域单位，相当于综合自然区划等级系统中最小一级自然区，是相对一致发生和形态结构同一的区域；类型概念，用于任何区域分类单位，指相互隔离的地段按其外部特征的相似性，归为同一类型的单位，如草原景观、森林景观等。这一概念认为区域单位不等同于景观，而是景观的有规律组合。[①]这一解释更加明确了文化的产生发展与环境的相互关系，并且强调了区域的概念。

如果应用这一理论对民族文化旅游资源进行分类，在分类中将某一民族文化放置于一定的区域内整体考虑，分类的依据是相互隔离的区域按照相似性的特征，各要素有规律地组合，这样就避免了在传统的分类中对某一民族文化很难准确定位的难题。例如塔尔寺作为民族文化旅游资源，在传统的分类中既属于历史文化遗产，又属于宗教文化，还体现藏民族的民俗文化，在具体的分类中很难划分清楚，应用"景观"理论我们不去割裂"塔尔寺"的文化属性，而是将它放置于湟中县这一特定的区域内整体考虑，作为一个旅游资源，在"游客凝视"中去体验其他地理各要素与这一民族文化产生发展之间的关系，这样不仅回归了"景观"在视觉美学意义上的概念，也体现于深层体验者需求的地理学意义上的概念。

结合以上有关景观的相关解释，提出民族文化景观旅游资源的概念：民族文化景观旅游资源，是指可以开发成旅游资源，并可以直接体现民族文化形态的最基本要素的景观，是生活在一定地理区域内的民族所创造出的某一文化特征的空间和物质所构成的综合体。这一概念体现了以下三点：（1）民族文化景观旅游资源是一个空间概念，体现了复杂的自然过程和人类活动在大地上的烙印。（2）民族文化不再是被割裂的存在，而是将民族文化放置于特定的地域单元中，放置于一定的区域内进行旅游资源的转化。（3）民族文化景观旅游资源不仅满足初级观光旅游者的体验需求，同时也满足深层体验者的旅游需求。

---

① 俞孔坚．景观：文化、生态与感知［M］．北京：科学出版社，2008.

表 3-1　青海藏区民族文化旅游资源类型

| 主类 | 亚类 | 基本类 | 具体内容 |
|---|---|---|---|
| 物质文化 | 遗址类 | 古人类活动遗址 | 人类活动、原始聚落遗址；文物散落地等 |
| | | 古文化遗址 | 古作坊遗址；历史交通贸易遗址；古代文化、科学教育遗址；废城与聚落遗迹等 |
| | | 古军事遗址 | 古代战场遗址等 |
| | 建筑类 | 历史纪念建筑 | 名人纪念地；纪念性建筑物等 |
| | | 古代礼制建筑 | 坛庙；祠堂等 |
| | | 宗教建筑 | 寺庙；石窟等 |
| | 生活类 | 生活地 | 历史文化名城；特色小镇、村落等 |
| | | 归葬地 | 古代陵寝、墓（群）等 |
| 非物质文化 | 宗教文化 | 宗教艺术 | 宗教音乐；宗教绘画、雕塑等 |
| | | 宗教活动 | 宗教仪式、活动；宗教习俗（庙会）等 |
| | 文化艺术 | 传统表演艺术 | 音乐；舞蹈；戏曲、社火、体育竞技等 |
| | | 传统知识技艺 | 绘画；雕塑；工艺；医药等 |
| | 社会风情 | 物质生活类民俗 | 服饰民俗；民居民俗；饮食民俗；民间特色或传统特色产品等 |
| | | 民俗文化类民俗 | 祭祀节庆；生产商贸习俗；消费习俗；民间信仰；婚丧嫁娶习俗；岁时节令民俗；口承语言民俗；娱乐民俗等 |

在具体的分类中主要以区域内的地理单元为主要载体，结合现有的行政区划，通过全面梳理青海藏区民族文化旅游形态，以及考虑传统旅游资源分类的标准（表 3-1 青海藏区民族文化旅游资源类型），确定了民族文化旅游资源景观类型为三种类型单位：河湟文化景观旅游资源、藏文化景观旅游资源、昆仑文化景观旅游资源；为避免重复选取，景观归类时选择景观类型最为突出的一类归入相对应的景观类型中（如表 3-2 青海藏区民族文化景观旅游资源类型及区域所示）。这样分类不仅结合了青海藏区的三大民族文化，而且没有割裂其与之相适应的环境之间的内在联系。

表 3–2　青海藏区民族文化景观旅游资源类型及区域

| 民族文化景观旅游资源类型 | 区域 | 具体分布 |
| --- | --- | --- |
| 河湟文化景观 | 河湟文化区域 | 湟水谷地、黄河谷地 |
| 藏文化景观 | 藏文化核心区域 | 青南地区 |
| 昆仑文化景观 | 昆仑文化区域 | 环青海湖、柴达木盆地 |

## 二、青海藏区民族文化旅游资源禀赋

### （一）河湟文化区域内民族文化旅游资源禀赋

河湟，当指黄河上游、湟水流域、大通河流域，古称“三河间”，辐射的地理范围包括了位于日月山以东、祁连山支脉达坂山以南、东昆仑山支脉黄南山地以北的区域。河湟谷地区历史悠久，四五千年前先民们在这片沃土上繁衍生息，创造了灿烂的远古文明。大量的考古发掘表明：本区历史悠久，文物古迹丰富，特别是新石器文化遗存众多，具有很高的考古研究价值和旅游价值。

这一区域不仅有悠久的历史还有多彩的民族风情，安多藏族风情在国内藏区也具有独特性。因此，土族、撒拉族、安多藏族风情旅游在我国民族风情旅游中占有特殊地位，特别是土族风情旅游独具魅力。另外，“花儿”会、元宵灯会、社火、贤孝、平弦戏等河湟文化，以乡土味浓重而独具魅力。这里是藏传佛教后弘期下路弘传的发祥地，青海人氏喇勤·贡巴绕赛是同西藏阿底峡具有同等地位的佛教人士；同仁热贡佛教艺术是藏传佛教文化中重要的组成部分，具有世界意义。瞿昙寺、却藏寺是国家重点文物保护单位，白马寺、阿琼南宗寺、卡的喀哇寺、夏琼寺等一批藏传佛教寺院在国内藏区很有名气，其中塔尔寺有黄教祖寺的特殊地位。

这一地区同时也是省内开发历史悠久、人口密集、城镇集中、经济繁荣的地区，集中了全省 2/3 以上的人口，荟萃了全省一大半以上的旅游资源，省会西宁位于本区，旅游基础设施完善，是民族文化旅游的黄金地带。青海省确定国家级文物保护单位 18 处，其中在本区有 12 处，全省第一批国家非物质文化遗产 19 项，其中在本区的有 16 项，这些是国家级，甚至是世界级旅游资源。本区是河湟文化旅游开发最重要的区域，河湟文化区域内民族文化旅游资源禀赋如表 3-3 河湟文化区域内的资源禀赋所示。

**表 3-3 河湟文化区域内的资源禀赋**

| 河湟文化区域 | 资源禀赋及主要旅游资源 |
| --- | --- |
| 湟水谷地 | 资源禀赋：这一区域有历史悠久的各大寺院，有历史悠久的古城，还有古人类活动的主要遗址。主要旅游资源：●西宁市区旅游资源：北山土楼观、西宁东关清真大寺、青海省博物馆、中国藏医药文化博物馆、馨庐公馆、文化公园、西宁市园林植物园、“浦宁之珠”、南山公园、南凉虎台遗址、青唐城遗址、湟水森林公园。●湟中——佛教圣地：黄教祖寺——塔尔寺，如来八塔、大经堂、大金瓦殿、小金瓦殿、大拉让吉祥新宫、祈寿殿、金刚时轮坛城、佛教建筑园林、造型各异的佛塔、四大经院、四大法会、塔尔寺“艺术三绝”、千姿百态的佛神像、浩瀚的经文藏书、琳琅满目的法器、难以计数的文物古迹、九天玄女诞生地——扎麻隆凤凰山、青海多巴国家高原体育训练基地、群加国家森林公园●海藏咽喉——湟源：湟源城隍庙、闻名遐迩的日月山、湟源峡石刻文化走廊、千年古刹——扎藏寺、祭海会盟——东科尔寺、神秘的宗家沟●西宁后花园——大通：老爷山、娘娘山及明长城、察汗河国家森林公园、鹞子沟国家森林公园●土族之乡——互助：土族风情、北山国家森林公园、却藏寺、湟北诸寺之母——佑宁寺●历史古驿——平安：峭岩悬空寺——夏宗寺、平安洪水泉清真寺、白马寺●彩陶之乡——乐都：青海“小故宫”——瞿昙寺、柳湾遗址、柳湾彩陶博物馆●民和金三川——土族人的家园：奇异的婚俗、三川土族民间文化艺术、世界上最长的狂欢节——“纳顿会”、喇家遗址 |
| 黄河谷地 | 资源禀赋：集中了河湟谷地的各个少数民族，集中体现他们的民族风情。主要旅游资源：●撒拉族之乡——循化：骆驼泉、街子清真大寺、撒拉族风情、西路红军革命旧址、十世班禅大师故居、孟达自然保护区、古雷寺、拉脊山地明珠——化隆、夏琼寺、旦斗寺、阿河滩清真寺●尖扎坎布拉名胜风景区：国家地质公园、藏传佛教后弘期发祥地——阿琼南宗沟、李家峡水电站●梨花之都——贵德：贵德文庙和玉皇阁、贵德黄河清国家级湿地公园、扎仓温泉、贵德梨花艺术节 |

资料来源：青海旅游资讯网[①]

### （二）昆仑文化区域内民族文化旅游资源禀赋

这一区域包括了环青海湖地区和柴达木盆地，是古代中原通往西域各国和我国西南边陲的丝绸之路南线青海道和唐蕃古道的必经之地。自西汉起划入我国封建王朝的统一版图，加上多民族形成的地方割据政权，截至目前发

① 青海旅游资讯网.大美青海－景区［EB/OL］.http：//qhtour.qh12301.com/qinghaipc/dmqh/Scenic/getList.action，2015-09-25.

现古城20余座，著名的有西海郡古城、伏俟城、应龙城、北向阳古城、俄博古城、永安古城、金巴台古城等，有着重要的考古研究和旅游价值。这里居住着汉、藏、蒙古、回、土等10多个民族，其中藏族分布较广，主要从事畜牧业生产；回族集中分布在门源回族自治县，主要从事农牧业和商业、餐饮业。

位于祁连山东南部的祁连县、门源县，受到东南季风余泽的恩惠，降水量400~500毫米，植被茂盛，草原辽阔肥美，雪峰耸峙，生态环境极佳，蓝天白云下牛羊成群，被《中国国家地理杂志》评为“中国最美六大草原”之一。1944年，五四运动时期曾任《新朝》杂志主编、清华大学校长的罗家伦先生来青海考察，他吟赠《青海歌》一首，歌词中写道：“青海青，黄河黄，更有那滔滔的扬子江；雪白白，山苍苍，祁连山下好牧场，好牧场一片汪洋……”还曾谱上曲，成为流行于台湾校园的歌曲，祁连山以“祁连山下好牧场”而闻名。

柴达木盆地由于降水量少，太阳辐射强，蒸发量大，形成典型的高原干旱荒漠自然景观；荒漠戈壁面积广，有典型的风沙地貌、雅丹地貌以及变幻莫测的戈壁幻景，盆地西北部的雅丹地貌是国内最典型、规模最大的一处，充满神秘色彩；都兰县的巴隆沟等地植被茂盛，分布有岩羊、盘羊、雪豹等10余种野生动物，是国内理想的旅游狩猎场之一；诺木洪原始梭梭林区，胡杨林保护区内绿洲农业和风沙地貌景观典型，都是很有地方特色的旅游资源。

柴达木盆地居住着汉族、蒙古族、藏族、回族等民族，由于荒漠戈壁区域广，人口密度每平方千米只有1人左右。柴达木盆地文化历史久远，小柴旦湖湖滨发现的旧石器遗物，距今有3.3万年的历史，是我国古代西部羌人的主要活动地。同时这一区域也是丝绸之路南线青海道的主要通道。塔温塔里哈遗址、都兰热水墓葬是国家文物保护单位，昆仑神话园、玉虚宫昆仑派道教等有很高的考古研究和古文化旅游价值。从旧石器时代的打制石器，到古代西王母古国主要活动地，再到古代丝绸之路南线通道，还有塔温塔里哈遗址、都兰热水墓葬、昆仑神话园等，都充分说明该地区文化历史序列非常完整。

这一区的格尔木交通便利，地理位置极为优越，地缘优势十分突出，具有特殊的交通枢纽和独特的战略地位。它位于青藏高原腹地，是连接西藏、新疆、甘肃的战略要塞和我国西部的重要交通枢纽，青（海）（西）藏、青（海）新（疆）、敦（煌）格（尔木）三条公路干线在此交会；格尔木已经初步形成包括公路、铁路、民航和管道运输等多种形式的十字立体交通网络。昆仑文化有丰富的载体和深厚的底蕴，它们从不同的层面揭示昆仑文化，也可以满足不同层次旅游者的需求。既有的和潜在的丰富的昆仑文化为这一区域旅游产业的发展极提供了一个必不可少的前提条件。昆仑文化区域内的旅游资源禀赋如表 3–4 所示。

**表 3–4　昆仑文化区域内的旅游资源禀赋**

| 昆仑文化区域 | 资源禀赋及主要旅游资源 |
| --- | --- |
| 环青海湖 | 资源禀赋：青海湖作为青海的地标性旅游景点有它不可替代的生态地位和文化地位。主要旅游资源：●神奇美丽的青海湖：鸟的王国——鸟岛、海心山、沙岛、三块石、倒淌河、肃穆的祭海、奔放的藏族风情、沙陀寺、岩画、吐谷浑国都——伏俟城●祁连山下好牧场：八宝之地——祁连、天然鹿场●百里油菜花之乡——门源、仙米国家森林公园、岗什卡雪峰●唐蕃古道重镇——恰卜恰：拉乙亥遗址、赛宗寺 |
| 柴达木盆地 | 资源禀赋：创世神话——中华文化的发祥地。主要旅游资源：●西王母神话传说：青海湖是西王母最大的瑶池、瑶池相会、昆仑天柱、西王母石室、美丽的金银滩草原、西海郡古城遗址、“在那遥远的地方”——金银滩、白佛寺。中国盐湖城——格尔木：世界奇观——万丈盐桥、一步天险——昆仑桥、冰山甘露——昆仑神泉、多姿多彩的蒙古族风情、青藏咽喉——东昆仑山口●中华万山之祖——昆仑山：昆仑神话传说、玉珠峰、昆仑山大地震遗迹、戈壁荒漠奇异景观、西域魔鬼城——雅丹地貌、奇异的盐海景观、沙漠卫士——胡杨林、梭梭林●盆地明珠——德令哈：可鲁克湖—托素湖●吐谷浑故地——都兰：热水墓葬群、瀚海粮仓香日德、都兰国际猎场、塔温塔里哈遗址、香日德寺、古海洋遗迹——贝壳梁、考肖图冰瀑布●青盐故乡——乌兰：茶卡盐湖、哈里哈图国家森林公园 |

资料来源：青海旅游资讯网[①]

① 青海旅游资讯网.大美青海－景区［EB/OL］. http：//qhtour.qh12301.com/qinghaipc/dmqh/Scenic/getList.action，2015–09–25.

表 3–5　藏文化核心区域内的旅游资源禀赋

| 藏文化 | 资源禀赋及主要旅游资源 |
| --- | --- |
| 青南地区 | 资源禀赋：丰富多彩的民族风情，浩若烟海的民族民间艺术。主要旅游资源：民俗、民间文学艺术、歌舞与藏戏、科学技术、巨石文化景观、浓厚的藏传佛教文化、高原天然畜牧业●黄南佛教文化：热贡佛教艺术之乡、西域胜境——隆务寺、和日石经墙热贡六月会、於菟舞、麦秀山森林公园、圣湖仙女洞●神奇的果洛草原：黄河源头、神秘的星宿海、扎陵湖和鄂陵湖、措哇尕什则多卡寺石佛塔、黄河源国际猎场、班玛仁玉风光、雪域神山——阿尼玛卿峰、神秘瑰丽的年保玉则、拉加寺、阿什姜贾贡巴寺、白玉寺、格萨尔大王狮龙宫殿●壮美的玉树草原：玉树——藏族歌舞之乡、藏娘佛塔及桑周寺、文成公主庙、结古寺、新寨嘛呢石城、拉布寺、达那寺、贡萨寺、勒巴沟摩崖、长江源头、沱沱河、“冰晶园林”、各拉丹冬雪峰、澜沧江源头、三江源自然保护区、可可西里自然保护区、野生动物的王国、多彩的湖泊景观、隆宝滩自然保护区 |

资料来源：青海旅游资讯网[①]

## （三）藏文化区域内民族文化旅游资源禀赋

藏文化是青海藏区最重要的民族文化，主要的核心区域是青海南部地区，青海南部地区是青藏高原海拔最高的地方，被称为“屋脊中的屋脊”，也是青海藏文化最核心地区之一，全区 80%的人口是藏族，玉树藏族自治州和果洛藏族自治州分别达 97%和 85%以上。藏文化中原始、粗犷、纯真的特征在这里得到最好的诠释，这一地区也是人们了解藏文化内涵最好的天然大课堂。独特的自然生态景观和藏民族民俗风情、民间文学艺术、歌舞与藏戏、科学技术、巨石文化景观等藏民族风情，是这一区的旅游开发的主要资源。需要说明的是，黄南藏族自治州位于青海省东南部，地处九曲黄河第一弯，东南与青海省果洛州玛沁县为邻，西北与青海省海南州同德县、贵德县和海东市的化隆、循化县接壤。虽然在地理范围上属于河湟文化辐射的范围，但因其热贡文化是典型的藏文化旅游资源，为了研究的需要将其归入藏文化区域内。除此之外本次研究中在地理范围上界定的藏文化核心区域主要是青海南部地区。藏文化区域内的民族文化旅游资源禀赋如表 3–5 藏文化核心区域内的旅游资源禀赋所示。

① 青海旅游资讯网.大美青海–景区［EB/OL］. http：//qhtour.qh12301.com/qinghaipc/dmqh/Scenic/getList.action，2015–09–25.

## 三、青海藏区民族文化旅游资源数量及分布

按照本文的分类标准，选取了代表一定民族最本质的文化特征，同时兼具旅游资源的基本特征的资源单体，并根据三大文化区域进行划分，得出青海藏区民族文化旅游资源的单体数量图（如图 3–2 河湟文化区域内民族文化旅游资源分布及数量、图 3–3 昆仑文化区域内民族文化旅游资源分布及数量、图 3–4 藏文化区域内民族文化旅游资源的分布及数量所示）。考虑到县域内相对完整性，结合各个区域内的民族文化旅游资源禀赋，整理出各个区域内旅游资源的分布及其数量状况。

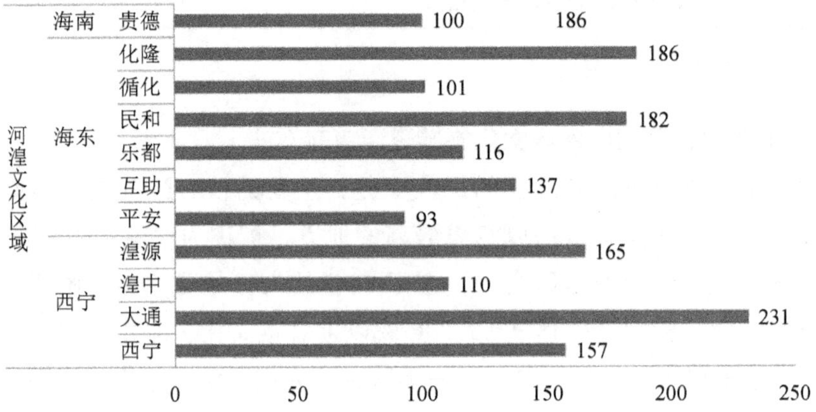


**图 3–2　河湟文化区域内民族文化旅游资源分布及数量**

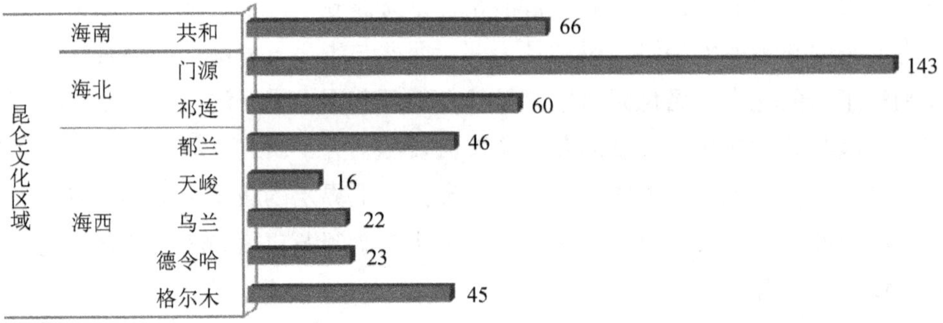


**图 3–3　昆仑文化区域内民族文化旅游资源分布及数量**

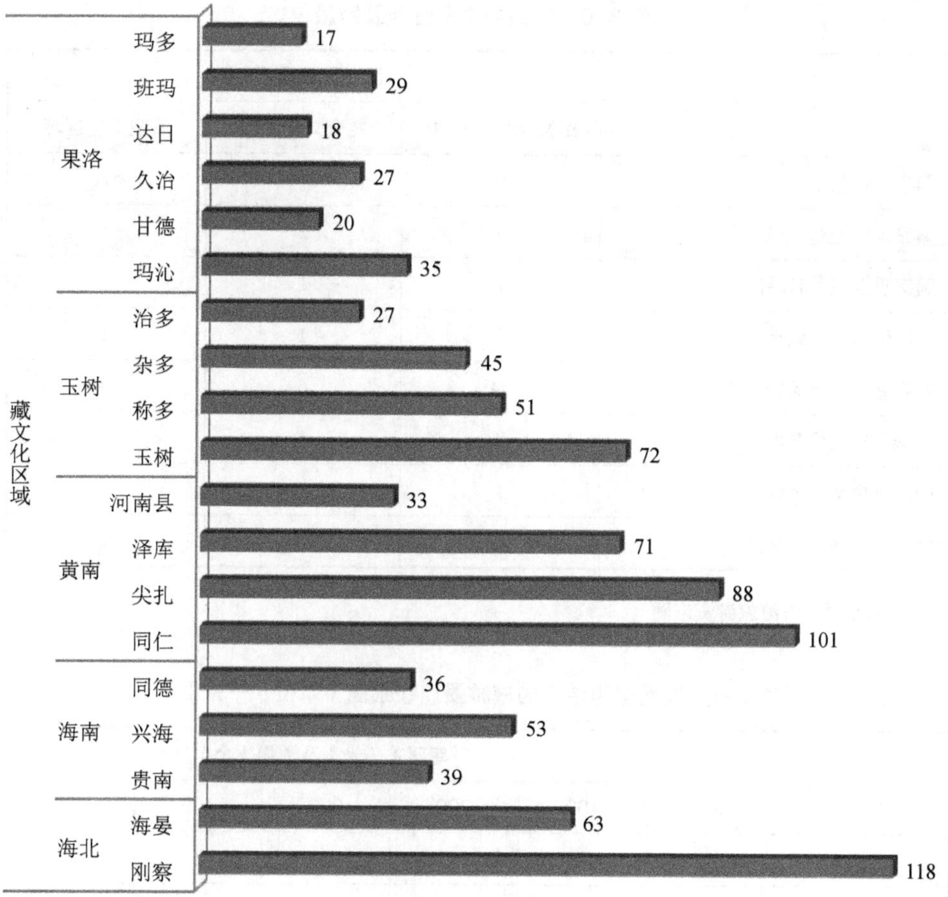


**图 3-4 藏文化区域内民族文化旅游资源的分布及数量**

在考察青海藏区民族文化旅游资源的数量时，本文为了研究的科学性、可靠性，选择了青海藏区已确定的世界文化遗产、国家重点风景名胜区、国家重点文物保护单位、中国优秀旅游城市、中国历史文化名城、中国历史文化名镇、国家4A以上景区、国家5A景区、国家级非物质文化遗产的各个景点作为民族文化旅游资源单体进行分析，具体分布区域及数量如表3-6区域内资源分类及数量所示。同时以评级的景区为单体，确定以省会西宁为中心半径为100、200、300、400、500千米的数量，具体分布区域及数量如表3-7以西宁为中心的旅游景点级别图所示。

表 3–6　区域内资源分类及数量

| 资源类型 | 区域及数量（个） | | |
|---|---|---|---|
| | 藏文化核心区域 | 昆仑文化区域 | 河湟文化区域 |
| 国家 5A 景区 | 0 | 1 | 1 |
| 国家 4A 景区 | 6 | 2 | 5 |
| 国家重点风景名胜区 | 1 | 1 | 6 |
| 中国优秀旅游城市 | 2 | 1 | 2 |
| 国家重点文物保护单位 | 34 | 6 | 0 |
| 中国历史文化名城 | 3 | 1 | 1 |
| 中国历史文化名镇 | 1 | 1 | 1 |
| 国家级非物质文化遗产 | 23 | 4 | 7 |

资料来源：青海旅游资讯网[①]

表 3–7　以西宁为中心的旅游景点级别图（单位：千米）

| 级别 | 距离（千米）及数量（个） | | | | |
|---|---|---|---|---|---|
| | 100 | 200 | 300 | 400 | 500 |
| A | 2 | 2 | 2 | 3 | 2 |
| AA | 2 | 0 | 2 | 0 | 1 |
| AAA | 2 | 0 | 1 | 2 | 1 |
| AAAA | 2 | 3 | 0 | 0 | 0 |
| AAAAA | 1 | 1 | 0 | 0 | 0 |
| 所占百分比 % | 30 | 17 | 16 | 16 | 13 |

资料来源：中国旅游网、青海旅游网

① 青海旅游资讯网. 大美青海 – 景区［EB/OL］. http：//qhtour.qh12301.com/qinghaipc/dmqh/Scenic/getList.action，2015–09–25.

## 四、青海藏区民族文化旅游资源空间分布特征[①]

青海民族文化资源的空间分布以日月山为界呈现以下特征：从数量上来看，全省大部分的民族文化集中分布在日月山以东的黄河和湟水河流域，这一区域成为青海民族文化富集区；从民族文化资源的特色上看，分布在日月山东南以同仁为中心的黄南地区、日月山以南的环青海湖地区、日月山西南以结古为中心的玉树地区，这些区域的民族文化分布相对分散但深深地烙上了明显的地域特色。青海民族文化的总体分布呈现出沿日月山向西南方向延伸，基本沿国道 214 的唐蕃古道（西宁—日月山—共和—鄂拉山口—苦海—姊妹湖—结古—撒户腾—莫云等一线）和日月山向西方向延伸，沿国道 109（西宁市—湟中—湟源—日月山—橡皮山—乌兰—都兰—格尔木—昆仑山口—五道梁—雁石坪）的丝绸之路南线青海道带状分布的特征。

### （一）青海东部的黄河和湟水河流域是民族文化分布的富集区域

文化的产生与所在的地域环境有着紧密的联系，民族文化的产生也是如此。青藏高原是个多民族聚居的地区，生活着不同的民族，在漫长的历史长河中，他们共同谱写了多民族的文明史。随着社会历史的变迁，因为文化标准、文化特征、文化模式、文化结构的不同，各民族在不同的历史时期相互摩擦、碰撞和冲突，在各自的区域内得到了充分交流融合、相互作用和影响，最终通过文化整合逐步演变成具有独特民族风格、地域特色和多民族性的高原多元文化，丰富和发展了中华民族的文化宝库。

第一，自然地理环境是决定青海民族文化集中分布的物质基础。青海境内的黄河和湟水河流域，辐射的地理范围包括了位于日月山以东、祁连山支脉的达坂山以南、东昆仑山支脉的黄南山地以北的区域；行政区域包括西宁市（包括西宁所辖三县：大通、湟中、湟源），湟水谷地的互助、平安、乐都、民和，黄河谷地的贵德、尖扎、循化、化隆、民和，大通河谷地的刚察、祁连、海晏、门源。黄河和湟水河流域是我国季风区和黄土高原的西部边界，自然地理环境具有明显的过渡性，是青海自然生态环境优越、人口集中、经济最繁荣的地区。从历史发展的状况来看，黄河和湟水河流域历代都

---

① 边世平，兰措卓玛．青海民族文化旅游开发研究［J］．人民论坛，2013（4）：232–233.

是各个民族迁徙青藏高原地区的走廊和通道，作为青藏高原的东大门，这一地区是我国连接中原和青藏高原地区之间的交通要道，闻名遐迩的唐蕃古道、丝绸之路南线青海道的必经之路。

自汉宣帝神爵元年（公元前 61 年）赵充国将军作为封疆大吏，在这一区域进行屯田以来，就开始了这一区域文化经济的交流。随着中原大批汉人迁来农垦，汉、羌杂居，促进了这一地区民族的第一次融合与发展，青海东部地区也被正式纳入中原封建王朝的郡县制中。此后又经过了几个重要的民族融合时期：4 世纪初，吐谷浑部从辽东进入青海东部地区，建立封建割据政权达 350 多年，并开辟了丝绸之路南线吐谷浑道，为沟通东西方交通、发展当地经济做出了贡献；7 世纪，唐蕃联姻，开辟了闻名中外的唐蕃古道，唐朝先进的农业、畜牧业和手工业技术不断传入青藏高原；北宋，以青唐城（今西宁）为中心的唃厮啰政权统治这一地区近百年，使青海东部地区的经济和文化得到进一步发展；到了 13 世纪，随着蒙古族的进入藏传佛教得到进一步发展，回族大量迁入，撒拉族定居于青海东部循化街子一带，加之明朝，又有大批汉人迁入青海，这一区域的民族融合达到空前的盛况。因此，黄河和湟水河流域是受中原文化影响最深、最广的地区，也是各民族接触最早、交往最多、关系最复杂的地区之一。这一区域内的各个民族在长期的共同生产和生活实践中通过相互联系和交流、影响和渗透，共同创造了黄河和湟水河流域多元、多民族的文化内涵。这些都成为民族文化滋养的土壤，使得这一区域内的民族文化不仅内容丰富而且类型多样。青海省第一批国家民族文化名录有 19 项，其中在青海藏区就有 16 项，足以说明藏区是青海民族文化的富集区。

第二，地域文化类型是决定青海民族文化分布的重要条件。青海是青藏高原重要的组成部分，独特的高原自然地理环境塑造了生活在这里的各个民族悠久的历史和璀璨的文化。在漫长的历史演进、文化变迁和民族融合进程中，逐步形成了具有多元性、民族性的高原文化，集中反映在丰富多彩的民族风俗、悠久灿烂的历史文化、神秘独特的宗教文化等各个方面。民族文化作为一个地域内民族文化的重要载体也深深地烙上了这一地域特色，所以青海的民族文化多数集中在以民族文化为主要内容的遗产类型上，占据了青海省民族文化的半壁江山，其中尤其以民间文学、民间音乐、舞蹈、民俗为重。

**（二）古文化走廊和通道是青海民族文化的重要分布带**

从青藏高原历史的发展来看，由于所处的特殊地理区位优势，青海成了连接中原内地、中亚、西亚的重要通道和走廊。7 世纪，松赞干布统一青藏高原后就开始了与唐朝的普遍联系，并派使者去长安要求同唐王朝联姻，从此，驰名中外的唐蕃古道载入了汉藏友谊的历史史册。唐蕃古道是我国古代历史上一条非常著名的交通大道，也是唐代以来中原内地前往青海西藏乃至尼泊尔、印度等国的必经之路。经专家研究，唐蕃古道在青海的大致路线，从青海东部民和县南部官亭渡黄河入境，经龙支城（今民和古鄯）、鄯州（今乐都）、鄯城（今西宁），翻越日月山，经大非川（今共和切吉）、温泉、花石峡至柏海（扎陵湖、鄂陵湖），渡黄河，越紫山（巴颜喀拉山），渡牦牛河（今通天河），经玉树草原，翻唐古拉山查午拉山口至藏北黑河（那曲）、羊八井直赴逻些（今拉萨）。如果说 7 世纪文成公主的远嫁，开辟的是一条重要的交通要道，那么她的千里远行，也是一次非常有意义的文化传播过程。事实证明，从藏王松赞干布与唐朝的联姻，青藏高原就开始了和中原内地的普遍联系，来自唐朝的文成公主不仅加强了藏汉之间的团结，而且也加强了唐蕃之间的经济文化交流，藏汉之间的文化融合也在这一时期兴盛起来，一个强大的吐蕃王朝也在青藏高原崛起。作为青藏高原重要的文化传播通道，沿途历史遗迹众多，民族风情颇具特色，成为民族文化分布的重要载体。而丝绸之路亦在世界史上以重大的意义而著称，它不仅是中国、印度、希腊三种主要文化交汇的桥梁，也是古代东西方最长的国际交通线，作为亚欧大陆的交通动脉，沿途有丰富的文物古迹、自然风光和民俗风情。丝绸之路南线青海道的开辟，丰富和发展了青海地方文化，为青海民族文化的最终形成提供了重要的元素。

据统计，青海民族文化的分布在这两条重要的古文化走廊和通道作为载体的状况下，沿日月山向西南方向延伸，基本沿国道 214 的唐蕃古道（西宁—日月山—共和—鄂拉山口—苦海—姊妹湖—结古—撒户腾—莫云等一线）和日月山向西方向延伸，沿国道 109（西宁市—湟中—湟源—日月山—

橡皮山—乌兰—都兰—格尔木—昆仑山口—五道梁—雁石坪）的丝绸之路南线青海道形成了带状分布。这种分布从地理空间区域看，酷似“树状”结构：在青海东部形成根系庞大的民族文化富集区，并沿唐蕃古道、109 国道向西南方向酷似树干状分布，以日月山为节点又开始向西、南两个方向开来；向西经环湖地区至海西州；向南经海南、果洛至玉树州。

**（三）具有显著特色的民族文化分布呈片状分散分布**

民族文化在日月山南部、西部及北部广大区域的分布较分散，形成了以民间歌舞为主要遗产类型的玉树地区、热贡文化为主要遗产内容的黄南地区、民族文化为主要遗产内容的环青海湖地区。

第一，以民间歌舞为主要遗产类型的玉树地区，海拔高、气候恶劣，是青藏高原的腹地，也是青海康巴藏族聚居的区域。生活在这里的藏民族创造了自己独特的文化，是青藏高原藏文化的重要组成部分，所以民族文化类型主要围绕藏文化，分布虽然零星但知名度较高。在具体的区域内类型分布也有其特征：首先，虽然从民间文化这一类型来说，数量主要集中分布在以西宁市为核心的区域包括海东、黄南的广大区域和玉树地区，但是以西宁市为中心的区域在民间文化遗产类中最突出的遗产类型是曲艺；海东市是民间民俗；玉树地区虽然在各个遗产类中数量较少，但相对突出的类别是民间歌舞。其次，各州县均有分布的遗产类也相对集中在民间文学、民间音乐、传统舞蹈、民间美术、手工技艺这些遗产类中。民间技艺这一类型零星分布的区域都集中在黄南、海南、果洛和玉树的广大藏区。

第二，特别说明的是以热贡文化为主要遗产内容的黄南地区。全省最具特色的民族文化集中于以同仁为中心的黄南地区（尖扎除外）。黄南地区位于青藏高原与黄土高原的接合带，东北部与化隆回族自治县、循化撒拉族自治县为邻，东南部与甘肃省甘南藏族自治州的夏河、碌曲、玛曲三县接壤，西北部与海南藏族自治州贵德、贵南、同德三县毗连，西南部与果洛藏族自治州玛沁县相连。从地理位置来看，这一区域是青海省连接西南的南大门和重要桥梁，自古就是兵家必争之地。而发端于这一区域的热贡文化是最重要也是最具影响力的地方文化，热贡文化起源于 10 世纪末至 13 世纪初（藏传佛教后弘期），15 世纪随藏传佛教的传播与兴盛而兴盛。18 世纪以后，大批热贡艺人携艺出游，足迹遍及我国四川、甘肃、内蒙古等地。可以说热贡文化是热贡艺人在长期游访中博采众长，吸收各家精华，在各种文化因素的影响下，伴随着长期的历史进程，逐渐兼收并蓄、融会贯通而形成的多元一体的文化现象[①]。热贡文化中集大成的是热贡艺术。热贡艺术是藏传佛教艺术的重要组成部分和颇具广泛影响的艺术流派，它包括了唐卡（卷轴画）、雕塑、堆绣、版画、建筑彩绘图案等多种艺术形式，其艺术表现内容涉及各个方面，涵盖了藏族的历史文化、民俗、艺术、宗教等诸多内容，在它产生至今几百年的历史中，逐渐提炼、发展成为独具一格的艺术形式[②]。所以在这一区域内民族文化的数量相对于东部黄河和湟水河流域少但特色突出。环青海湖地区的民族文化资源类型在本研究的第七章会有详细描述，在此不再赘述。

① 马成俊．中国非物质文化遗产代表作丛书：热贡艺术［M］．北京：文化艺术出版社，2012.
② 同上。

# 第四章　青海藏区民族文化旅游产业竞争力评价

## 第一节　青海藏区文化旅游产业发展现状

青海省是多民族聚集地，近年来，随着“青洽会”和环青海湖国际自行车赛的成功举办，加快并促进了青海对外开放的步伐，同时也吸引了大批省内外企业参与西部经济结构调整中，文化产业由于行业带动性强，被推上青海经济发展的战略层面，为青海各州县文化产业的发展打下了基础。

海北藏族自治州文化旅游资源丰富，原子城已成为全国爱国主义教育示范基地和花园式草原新城，是西部乃至全国的著名红色旅游区，极具文物考古价值的古城，以及少数民族文化已与旅游业融为一体。文化旅游资源类型丰富，加之政府对于文化旅游产业的关注与支持，海北藏族自治州文化旅游产业在起步时就在旅游竞争力方面有着较为明显的优势。目前，海北藏族自治州的文化旅游产业的发展业绩突出，有以下特点：

第一，制订出了明晰的产业发展规划。海北州以民族文化为核心，制订相应规划积极培育体验产业、观光产业、加工产业、餐饮产业、演艺产业、影视产业六条产业。除传统的产业链外，在演艺产业链中，规划排演大型民族歌舞，建设景区演艺场所；在影视产业链中，首次规划引入动漫产业创意，打造动画形象品牌。明晰产业发展方向并制订合理的规划，是该州文化旅游产业发展中业绩最为突出的一项。

第二，已有的文化旅游品牌创建了基础。海北州经过几年的打造，所举办的刚察观鱼放生节、祁连山草原风情文化旅游节、王洛宾音乐艺术节、门源油菜花文化旅游节等已形成了文化旅游品牌，并带动了相关产业的发展，为该地区文化旅游产业品牌的创建打下了基础。

第三，明确了差异性文化旅游产业发展的方向。海北州进行特色文化资源的整合利用，以红色、绿色、特色“三色”旅游为主体，建设原子城为核心的红色文化旅游区，以百里油菜花海、祁连山草原等为核心的绿色文化旅游区，以环湖自行车旅游业、乡村旅游业等为核心的特色文化旅游区建设，其“差异化”理念的提出①，是其文化旅游产业发展业绩中最为显著的一项。

第四，扩大了文化旅游产业的发展空间。海北州挖掘、整理、创编、研发非物质文化遗产产品、演艺节目，对凸显地方和民族文化特色的文化旅游商品进行深度再开发。在上述基础上培育了一批文化创意、文化娱乐、影视制作等领域的综合性文化旅游企业集团，在发展过程中，扩大该区域文化旅游产业发展空间，不仅发扬和传承了优秀藏民族传统文化，而且增强了旅游和文化创造的活力，更重要的是推动旅游与文化、体育等产业的融合发展。

总体而言，从产业竞争力方面考虑，海北州藏族自治州文化旅游产业在近几年的发展过程中，在政府层面上得到了一系列资金和政策的支持，该州在成为全国著名红色旅游区的基础上，其文化旅游产业发展有一定的成果，但调研中发现，海北藏族自治州文化旅游产业的发展过程中还存在诸如缺乏资金投入、旅游专业人才缺乏、服务意识不强、景点建设滞后、硬件实施薄弱等问题，制约着民族文化旅游产业的整体发展。

黄南藏族自治州是一个具有丰富文化底蕴和自然形胜的所在地，立足于自身丰厚的文化和自然资源，该州大力发展文化旅游产业。在这几年的发展中，该州凭借极具竞争力的热贡文化，在文化旅游产业方面取得了一定的业绩，无论是文化产业园区的建设还是文化旅游品牌的培育，较其他州而言，

① 海北州人民政府.加快文化与旅游融合发展［EB/OL］.http：//www.qhhb.gov.cn/html/22/110072.html，2013-09-24.

发展迅速。目前，黄南藏族自治州的文化旅游产业的发展业绩突出，有以下特点：

第一，制定出了适合该州的发展思路。黄南州政府依据该州的特色文化旅游资源，在青海省提出的相关文化旅游发展规划的基础上，提出了“围绕一个中心、依托两个区域、培育五大产业、实现两个突破”发展文化旅游产业的总体战略和“文化拉动旅游，旅游促进文化”的发展思路。第二，高质量地开发出了文化旅游产业群体。黄南州在文化产业园区建设方面，引进中铁、首旅等国有大型企业，进行文化旅游产业实验区建设；首次出台了热贡唐卡的地方标准，开展了文化旅游产业发展的相关建设。在此基础上，形成以唐卡、堆绣、藏戏、石刻技艺等为主体的文化旅游产业群体。第三，成功打造了热贡文化旅游品牌，并不断扩展与其相关的文化旅游产业。在文化旅游品牌培育方面，成功申报并设立国家级热贡文化生态保护实验区，经过发展已成为中国西部第一个鲜亮的民族文化品牌。目前黄南州还积极进行申遗工作，为文化旅游产业的发展做好了人员的准备。

总体而言，高价值的文化旅游资源和政府的支持力，使得黄南藏族自治州文化旅游产业已具有一定规模，并形成了品牌。但调研中发现，该州文化旅游产业的发展过程中存在旅游专业人才缺乏、服务意识不强、基础设施薄弱等问题。

海南藏族自治州凭借深厚的文化底蕴和丰富的旅游资源，近年来以打造“高原休闲养生度假区”为目标，广泛运用例如网络、节庆等营销手段，正逐渐进行文化旅游产业品牌的宣传和培育。其文化旅游产业业绩有两个突出特点：第一，将文化创意融合在文化旅游产业发展中。目前该地区文化创意园已全部完工并投入使用，标志性文化旅游演艺项目实景剧目也在积极开发；第二，注重并打造了文化创意品牌。海南藏族自治州文化产业发展中，打造了特色文化创意品牌，将传统的民族射箭、赛马等文化旅游资源，以民俗博物馆、体育赛事、展会展览等形式展现，并积极培育相关旅游品牌；在此基础上打造了文化创意企业品牌，遴选一批发展前景好、具有较强带动作用的文化创意公司作为重点发展对象，引导其他文化旅游企业丰富文化内涵，提升品牌价值，增强核心竞争力。

海西蒙古族藏族自治州文化旅游产业发展起步较晚，其他各州的发展为其提供了良好的经验，在该州文化旅游产业发展的过程中，突出的特点为发展路径的选择：重视与国内发达地区的交流与合作，政府与北京合作，推动全州文化深入交流；该州格尔木市、德令哈市、都兰县、乌兰县、天峻县政府分别已与邻近的甘肃、四川等地区签订旅游开发投资合作协议。虽然在调研中发现，该州文化旅游产业竞争力整理来说较弱，在特色规划、特色品牌等方面业绩不明显，但与邻近省份旅游合作项目的成功签约，为海西文化旅游产业后续发展注入强劲动力，对优化产业结构、转变发展方式、带动相关产业发展、提升现代服务水平将发挥积极作用。

果洛藏族自治州在其文化旅游产业发展过程中，文化旅游资源的竞争力优势明显。目前，在文化旅游产业发展方面，突出的特点为特色文化展示景点及景区的建设，如正在建设的文化展示园、古村落、地质公园等景区（景点）；除此之外，原生态民族歌舞、艺人说唱、藏戏、特色旅游商品生产等，都已成为果洛州文化旅游产业发展的特色。

玉树地处中国最为特殊的生态自然保护地区，是以康巴藏族文化为主体的历史文化集中表现区域。境内宗教、民俗、自然等旅游资源富集独特，具备世界级精品旅游区的潜质①，旅游产业竞争力及发展潜力巨大。在充分尊重和保护生态的基础上，综合考虑交通、气候、区位等多种不利因素，该州文化旅游产业发展重点为：以体验为主的特种旅游，开办旅游电子商务，提高重建后的旅游形象，规划艺术中心、博物馆、纪念馆、文化中心等文化重建项目，这些都为全面恢复玉树旅游市场打下了基础。

在调研中，海南州、果洛州、海西州都在文化旅游产业法中取得了一定的成果，例如发展规划的编制、特色产业发展思路的提出、特色品牌的创建等，但这三个州由于地理位置、经济发展水平的限制，在发展过程中，存在较多制约当地文化旅游产业发展的问题，玉树州虽然有着良好的旅游竞争力，但灾后重建其文化旅游产业的业绩不是很突出。

作为青海省省会城市，加之以塔尔寺为主的高价值文化旅游资源的影响

① 西宁晚报．文化旅游项目 9 月底竣工［EB/OL］．http：//www.xnwbw.com/html/2013-08/06/content_95959.htm，2013-08-07.

力，西宁市文化旅游产业的发展有着良好的条件，竞争力优势十分明显。该地区在文化旅游产业发展中，有以下突出特点：

第一，打造出精品剧目及大型情景秀，推进文化旅游产业发展。根据游客需求，融合本土特色文化资源，打造了文化旅游精品剧目及大型情景秀。同时，正在积极打造旅游剧目。通过精品民族文化剧目的打造和推出，不断丰富城市旅游产品的内容，达到延长游客停留的时间、增加旅游消费的目的，进而推进文化旅游产业的发展。

第二，以“非遗”进景区为着力点，扩展文化旅游产业发展空间。推出了与青海非物质文化遗产相关的文化旅游产业项目。将文化旅游产业链延伸至图书绘制、出版、发行，影视剧创作，以及网络游戏、动漫制作和动漫衍生产品开发、出版、销售等领域。

第三，以特色活动为切入点延长了文化旅游产业链。西宁市在现有文化旅游景点的基础上，举办城市体育赛事、特色美食、乡村旅游、自驾户外等系列特色旅游活动，给文化与旅游的融合注入了活力，营造了浓厚的文化旅游产业发展氛围。目前，西宁市正在构建“一核四带三中心”特色文化发展格局，发展影视传媒、工艺美术、演艺娱乐、节庆会展、文化旅游、文化创意“六大产业”。上述产业体系及文化产业园区，是西宁市乃至全省文化旅游产业发展的典范。

结合青海藏区各州文化旅游产业发展的特点，青海藏区目前有 4 种较为成功的运行模式，即民族文化歌舞剧模式、民族文化旅游村落模式、民族博物馆模式和节庆会展 + 赛事模式。

目前发展最好的是节庆 + 赛事模式。青海藏区各地每年从 5 月开始到 10 月止，风格迥异、主题鲜明的旅游节庆活动此起彼伏，尤其在青海贸易洽谈会和环青海湖国际自行车赛的助推下，现代旅游节庆活动内容不断丰富，拓宽了文化传播的途径，旅游经济、会展经济和赛事经济同时得到了发展，符合民族文化市场化规律，创造经济效益。这种模式从深度挖掘民族文化内涵的角度，更好地将民族文化从传统的、功能单一的潜在状态转化为可以进行市场销售的旅游产品，不断推陈出新，扩大了旅游影响力。

民族文化旅游村落模式发展也较好。近年在黄南同仁的年都乎村和上下吾屯村采取了这种模式，在保留村落完整性的同时，充分展示热贡文化的精髓[①]，促使民族文化的传承与保护，帮助民族地区扶贫开发，使旅游者领略真实的民族文化，产生审美感受。这种模式在开发时最大的制约因素是村落原生态民族文化的遗留、传承和保护问题，在青海藏区保存完整的原生态文化村落较少，几乎均被现代文明所渗透，当务之急是在民族文化相对丰富的地域中选择典型的民族文化村落，美化自然生态环境，保持当地居民自然的生活生产方式和合理利用原生态民族文化。

民族博物馆模式和民族文化歌舞剧模式发展不够理想，主要原因是这两种模式在运作上缺乏新意，功能单一，已不能完全满足游客的需要。民族博物馆在青海藏区分布广泛，基本上具有收集、典藏、教育、研究等功能，但整体上缺乏旅游功能的体现，很难吸引旅游者。

从目前在规模及运作发展方面来看发展较好的是藏医药博物馆和大型实景舞台剧《天域天堂》。国家4A景区藏医药文化博物馆，是展示发源于青藏高原地区的藏医药历史文化遗产、藏医药发展进程物证、珍贵文物和藏族文化艺术彩绘的综合性专业博物馆[②]。青海藏区民族博物馆强调教育国民、旅游休闲、科学研究的功能。

青海藏区民族文化歌舞剧模式中比较成功的，近年受到好评，并在形式和内容上有所创新的大型实景舞台剧《天域天堂》，通过运用大量现代化、高科技的多媒体舞台技术，将三江源、昆仑山等青海自然风光搬上舞台，在展示青藏高原神奇、静谧的自然景观的同时，将藏传佛教舞蹈与青海民族民间舞蹈相融合，展示独特的藏族文化魅力[③]。该模式将青海藏区独特的民族歌舞，如藏族的玉树歌舞、土族的文化娱乐和民间祭祀活动、撒拉族的花儿等与宗教仪式、民族服饰、民间技艺进行有机组合，编排成大型歌舞剧，利用舞台集中展示给观众，同时更好地展示了特色民族工艺，穿插特色民俗活动，让旅游者短时间内集中体验青海藏区丰富多彩的民族文化。

---

① 何梅青．民族文化旅游产业模式综合评价方法探析：以青海省藏区为例［J］．资源与产业，2011，2（13）：50.

② 同上。

③ 同上。

## 第二节　青海藏区文化旅游产业竞争力评价的必要性

前文所述，文化旅游产业已成为青海极具发展潜力的一个综合性产业，并且青海藏区凭借极具特色的旅游资源，成了发展文化旅游产业的重点区域，在实际调研中，该区域文化旅游产业的发展已取得了明显的成效，并且形成了 4 种发展模式。但在民族文化旅游产业化发展的过程中，仍需不断地完善，所以，选择科学方法进行文化旅游产业开发竞争力评价，在促进产业可持续发展中，就显得尤为重要。

第一，对区域内部建设而言，可以优化现有的区域资源，明确取优补劣的方向。

由于青海藏区文化旅游产业的发展具有明显的州、县域差异，因此需要进行文化旅游产业竞争力评价。

一方面，可通过竞争力评价，评估现有文化旅游产业的发展环境，构建区域文化旅游产业发展环境优劣势的比较系统，达到优化资源、资金和人力配置的目的；另一方面，可通过竞争力评价，评估现有文化旅游产业的发展潜力，构建区域文化旅游产业发展潜力强弱的比较系统，明确各州县发展的重点，达到防止同构的无序竞争，避免出现重复建设的现象。

第二，对区域整体发展而言，可以为区域提供非常重要且科学的决策依据。

通过文化旅游产业竞争力的评价，可以利用其相关数据建立统一的比较平台，为各区域明确自身文化旅游产业发展的比较优势，也对制定科学的发展战略和规划提供可靠切实的依据。

因此，研究拟通过对青海藏区文化旅游产业竞争力的定量评价分析，明确该区域文化旅游产业发展的各项竞争力，并明确该区域文化旅游产业中所存在的问题，依据此来制定符合自身实际情况的发展战略，使该区域中各州县实现更好的分工合作，促进青海藏区文化旅游业的健康可持续发展，带动青海省旅游产业较快地发展和腾飞。

综上所述，旅游产业竞争力是旅游目的地旅游产业可持续发展的动力源泉。通过对区域旅游产业竞争力的科学评价，可以清楚区域旅游发展的优势和不足，以便区域旅游管理部门针对优势和不足提出发展区域旅游业的具体战略①，最终提升文化旅游产业的盈利能力，扩大市场份额，增强竞争优势。

## 第三节　基于突变级数法的文化旅游产业竞争力评价指标体系

突变级数法是一种对评价目标进行多层次矛盾分解，进而利用突变理论与模糊数学相结合产生突变模糊隶属函数，再由归一公式进行综合量化运算，最后归一为一个参数，即求出总的隶属函数，从而对评价目标进行排序分析的一种综合评价方法。根据评价系统的目的，按评价系统的内在作用机理，在评价过程中突变级数法不需对评价指标赋以权重，避免了主观性较大的“权重”概念，因而更显简易和科学②，突变级数法在产业竞争力评价中的应用越来越受到学者的关注，因此研究选用突变级数法，以期取得较为科学的分析结果。

### 一、文化旅游产业开发竞争力评价的指导思想

评估一个产业的发展水平，有两个方面的内容可供选择，即：产业竞争绩效和产业竞争力。两者之间既有差别，又有联系。产业竞争绩效是产业竞争力的外部表现，是产业以自身的竞争优势和竞争资源为基础，在过去的市场竞争中所能取得的成果和它在现在的市场竞争中所处的地位。而产业竞争

① 赵婷.基于突变级数法的青海藏区文化旅游产业开发竞争力评价［J］.生态经济，2014，30(6)：153.

② 同上。

力并非只是一种外部的表现，它更多的关注点在于内部对外部的支撑作用，而往往这种内部支撑更为重要。具体到对文化旅游产业发展水平的评估，也有两种思路，其一是目标达成法，即对文化旅游产业的竞争绩效加以研究，通过产业目标的内容特征、产业目标的达成程度两个方面评估产业的发展；其二是因素分析法，就是在厘清因果关系的基础上，通过选择不同的变量对影响文化旅游产业开发竞争力的因素进行数值分析。

本课题对文化旅游产业开发竞争力进行测定与评价的最终目的是为了提高民族文化旅游产业的竞争能力，培养其竞争优势，制定出更好的竞争战略，因此，在行文过程中不仅对目前文化旅游产业的竞争绩效做了分析，还选取多个影响因素重点评估了民族地区文化旅游产业开发竞争力的高低。

## 二、文化旅游产业开发竞争力评价的原则

为了保证所得的文化旅游产业开发竞争力的评价结果科学、公正、客观、全面，在构建民族地区文化旅游产业开发竞争力评价指标体系的过程中，除了综合考虑民族文化旅游产业竞争力的影响因素之外，还应该遵循相关的原则，以确保所构建的指标体系具有一定的实用性。结合实际需要，本课题认为应遵循以下原则：

第一，科学性结合实用性。一方面，在对指标进行选择的过程中要始终坚持科学、准确的标准，确保所选指标能够在某一方面切实反映出文化旅游产业的竞争力情况，从而形成对文化旅游产业开发竞争力真实客观的评价；另一方面，我们构建文化旅游产业开发竞争力评价指标体系的目的，归根到底是为了将其用于对青海藏区各地区文化旅游产业开发竞争力进行定量评价，因此，指标体系的构建必须注重实用性，只有研究成果能为文化旅游产业提升竞争力所用，这项研究才真正有意义。

第二，系统性结合层次性。在对文化旅游产业开发竞争力评价指标进行选择时，不仅要对内部的影响因素加以重视，还应该全面考虑对整个系统影响力较大的外部因素；同时，选择指标时还应该注意它们之间的逻辑关系，做到各层次指标与整体竞争力之间的平衡，以及指标体系内部结构的平衡。

第三，动态性结合静态性。每个地区文化旅游产业开发竞争力都是不断

发展变化的，因此，在选择评价指标的时候应该客观、充分地反映出研究区域文化旅游产业竞争力的现状以及未来发展趋势。在进一步深入研究以及完善统计数据的过程中，应考虑到这种动态变化的特点，对指标进行合理的调整和变动。但是，过于频繁地调整和变动指标体系，会对研究结果的准确性产生消极的影响，也不利于研究的进一步开展。所以，在一定时期内应保持指标体系的相对稳定，做到动静结合。

第四，全面性结合代表性。评价指标体系是定量评估青海藏区各地区文化旅游产业竞争力的重要依据，在构建的过程中应该注重其全面性，尽可能地体现民族文化旅游产业竞争力各方面的影响因素，从而全方位、多角度地反映出待评价系统的特点和状况。但是，正如上文分析中提到的那样，影响民族地区文化旅游产业开发竞争力的因素众多，要想做到面面俱到是非常困难的，因此在选择具体指标的过程中，应该注重突出重点指标，使其具有高度代表性。

第五，灵活性结合可操作性。虽然衡量文化旅游产业开发竞争力的指标种类繁多，但有一些不同的指标反映的却是相同的问题，这类指标相互之间差别较小，甚至有些可以相互替代。因此，在研究中完全可以利用这一规律，对指标体系进行灵活的调整。这种指标体系的灵活性也关系到指标体系是否具备可操作性，所构建的指标体系能够获取相应的数据进行定量计算，是判断一个指标体系好坏与否的重要标准。

第六，针对性。在产业竞争力指标的选择过程必须针对所研究的对象，在调研中，要突出区域特色，如研究区域旅游资源的特点、发展的旅游产业包括旅游产业的文化性和综合性等特色。

第七，客观性与可操作性。筛选评价指标的过程，要避免主观因素产生的影响，客观分析所需指标的经济含义；同时，必须考虑到指标数据的可获得性和可操作性，尽可能采用有数据支撑的量化指标，对数据难以获取的指标要做适当的舍弃。

## 三、文化旅游产业开发竞争力评价影响因素

以波特“钻石模型”和相关研究为基础，结合产业自身的特点，本课题

通过研究认为，民族地区文化旅游产业开发竞争力的影响因素主要有以下四个方面：生产要素条件、需求状况条件、产业环境条件和企业自身条件。这些因素对民族地区文化旅游产业开发竞争力的形成具有重大的影响，能够在不同层面上影响民族文化旅游产业的竞争力。

1. 生产要素条件

生产要素条件是民族地区文化旅游产业开发竞争力形成的基础。而所谓生产要素条件，是指发展民族文化旅游产业所必须投入的各种要素。具体地说，包括旅游资源、人力资源、科技水平、资本投入等多方面内容。首先，旅游资源是旅游业发展的基础，是旅游产业竞争力最主要的表现形式。文化旅游资源的丰富程度在一定范围内限定了民族文化旅游产业的发展态势，绝无仅有的文化旅游资源恰恰是民族地区文化旅游产业开发竞争力的核心所在。其次，人力资源是旅游业发展的决定性力量，关系到旅游产业竞争力整体的提升。随着经济的不断发展，人才的竞争开始得到越来越多的重视，而作为一个各方面关联度极高的综合性产业，民族地区文化旅游产业开发竞争力的提升更是与人才素质密不可分。再次，科技水平是旅游业发展的风向标，主导着旅游产业竞争力的未来。科学技术的进步改变了人们开发利用旅游资源的传统方式，对于民族文化旅游产业而言，要想在竞争中占据优势，产业发展中的科技水平应该受到绝对的重视。最后，资本投入是旅游业发展的助推剂，是旅游产业竞争力得到保持的根本保障。民族文化旅游产业起步较晚，发展较为落后，而雄厚的资金可以改善产业所处的外部市场环境，弥补相对落后的劣势，从而提高民族文化旅游产业的竞争力。

2. 需求状况条件

需求状况条件是民族地区文化旅游产业开发竞争力重要的现实反映。所谓需求状况条件，是指消费者即来自客源市场的旅游者的消费能力，其对旅游目的地的偏好以及旅游的规模和结构等方面。它是影响民族地区文化旅游产业开发竞争力的重要因素，其直观表现是旅游收入的高低和游客量的多寡等，具体包括需求规模与需求结构两个层面：

一方面，需求规模越大，市场中的竞争主体就会越多，经营者的竞争意识就会越强，从而会对民族地区文化旅游产业开发竞争力的提升产生较强的促进作用。一般而言，需求规模由三个方面内容构成，包括市场份额、增长速度和饱和度。就民族文化旅游产业而言，某民族地区所占据的旅游市场份额越大，其竞争力也就越强；增长速度的快慢关系到产业创新能力能否得到提高，而创新是产业竞争力提升的重要推动力；饱和度过高则能够从另一个侧面推动民族文化旅游产业的创新。另一方面，需求结构是在需求规模扩大到一定程度时产生的，从一个侧面反映了需求的层次，可以依据需求结构模式制定提升民族地区文化旅游产业开发竞争力的策略。具体来说，需求结构是由游客的人均消费水平、平均滞留天数以及不同消费需求组成的。需求规模与需求结构共同构成了民族文化旅游产业的需求状况条件，而它又在很大程度上制约着民族文化旅游的供给状况。供求关系的成熟稳定发展使得竞争环境长期存在，这也就迫使旅游企业在竞争中成长起来，提升自身的素质，从而对民族地区文化旅游产业开发竞争力的提升起到促进作用。

3. 产业环境条件

产业环境条件是民族地区文化旅游产业开发竞争力实现的重要保证。所谓产业环境条件，是指能够对游客的旅游选择和旅游满意度产生影响的一切旅游目的地的客观环境，包括经济、社会和政治环境三个方面。经济环境是指旅游目的地的经济发展水平，它制约着当地的游客接待、旅游基础设施建设和旅游投资等多个方面的能力，从而影响旅游产业的竞争力。就民族地区而言，当地的经济发展水平越高，其民族文化旅游产业的竞争力自然也就越强；而社会环境则是游客旅游选择的重要参考因素，旅游目的地良好的社会治安条件，热情好客的原住居民，保护完好的自然生态环境，都能够对游客产生较大的吸引力，从而在一定程度上有助于民族地区文化旅游产业开发竞争力的提升；此外，政治环境涵盖了政策与制度两个方面的内容，有利于旅游产业发展的政策体系和宽松有效的制度保障，决定着旅游目的地旅游产业的快速发展，这样就从宏观调控的角度促进了旅游产业竞争力的提升。产业环境条件不仅对民族文化旅游产业当下的发展起着决定作用，也决定着其能否永葆竞争力从而实现长远的发展。

4. 企业自身条件

企业自身条件是民族地区文化旅游产业开发竞争力的微观表现。作为旅游产业的基本构成单位，旅游企业的战略、结构和竞争状况无一不影响着旅游产业竞争力的大小，尤其是同业内部的竞争状况，直接制约着旅游产业竞争力的提高。旅游企业的战略、结构从微观角度上体现了旅游资源的利用效率与旅游产业的发展方向，正确的战略措施与结构规模保证了资源的有效利用与企业的长远发展，也使得整个旅游产业竞争力的提升更具可能性。旅游企业之间的竞争、分工与合作对于旅游产业竞争力的提升具有非常重要的影响，旅游企业之间相互协作水平的提高完善了旅游资源的相互整合能力，实现了地区旅游产业的结构合理化要求，从而使得旅游产业实现更高、更快的发展，其竞争力也能够得到相应提升。

## 四、评价指标构建

在构建民族地区文化旅游产业竞争力评价指标时，除了遵循以上的原则外，综合考虑上述影响因素，本课题研究认为旅游活动具有综合性，且文化旅游产业竞争力是反映青海藏区文化旅游产业整体实力的标准，因此民族地区的旅游产业竞争力的评价指标应该相对完整，指标体系的构建应该尽量全面地反映旅游目的地旅游产业的发展现状、影响因素及后续发展的潜力。美国经济学家迈克尔·波特认为，生产要素、需求条件、企业战略与同业竞争、相关产业以及机会、政府角色等要素组成的钻石体系可以反映与评价一个区域或产业的竞争优势。

本课题在参考相关文献的基础上，结合青海藏区旅游产业的特征，兼顾资料的可得性与突变级数法的评价要求，争取相关专家意见，运用修正德尔菲法，分别从旅游产业竞争业绩、旅游产业竞争潜力、旅游产业竞争保障力和旅游产业竞争环境支持力 4 个方面选取 12 项指标，构建了青海文化旅游产业竞争力评价指标体系，如图 4–1 青海藏区旅游产业竞争力评价指标体系所示①。

首先，就青海藏区文化旅游产业竞争实力而言，它可以作为衡量民族地

① 赵婷.基于突变级数法的青海藏区文化旅游产业开发竞争力评价［J].生态经济，2014，30(6)：153.

区在特定时期文化旅游产业整体实力的标准，集中反映该地区文化旅游产业的产业规模与产业业绩。文化旅游产业的竞争业绩是探讨其综合竞争力的基础，若业绩不存在，综合竞争力的测评也就无从谈起，体现旅游产业规模的指标主要有：经济发展水平、旅游接待量；文化旅游产业的竞争潜力既能够体现产业的现状，又能够反映产业的发展前景，其测度指标主要包括四个方面：客源市场条件、旅游区位条件、文化旅游资源条件、旅游技术人才。

其次，就青海藏区文化旅游产业竞争保障力而言，它关系到民族地区的民族文化旅游产业能否实现快速发展。本课题认为主要包括三个方面内容，即旅游接待设施、旅游信息管理技术、城市基础设施建设。

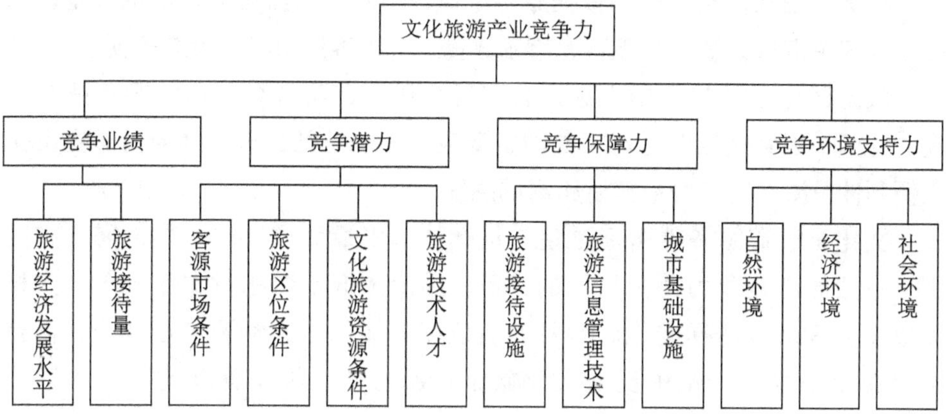


**图 4-1　青海藏区旅游产业竞争力评价指标体系**

再次，就青海藏区文化旅游产业竞争环境支持力而言，它是测度该地区文化旅游产业能否实现可持续发展的关键所在，是其综合竞争力的源泉。对竞争环境支持力的评价可以从该地区发展文化旅游产业的自然环境、社会环境、经济环境三个层面展开。

最后，就青海藏区文化旅游产业开发竞争力而言，它与上述四种力量紧密相关，不可分离。文化旅游产业竞争保障力制约着竞争潜力的发展，而竞争潜力是一个发展的概念，自然就受到竞争业绩的影响。这一竞争实力又在很大程度上决定着民族文化旅游产业的综合竞争力，因此，对四个准则层的各项指标分别评价之后，还应该对其进行综合全面的总体评价。

三级评价指标的得分由下一层的若干子指标（即基层指标）决定。根据影响旅游产业竞争力三级指标的主要因素，选定的基层指标如表 4–1 基层指标一览表所示。

三级指标共 12 项，在旅游经济发展指标中，将一般描述旅游经济发展水平的旅游外汇收入、国内旅游收入及旅游总收入因素，替换为旅游总收入、旅游收入增长率两个基层指标来描述。

旅游接待量指标中，用来描述的基层指标为旅游人数、旅游人数增长率，同样考虑青海藏区旅游业发展的实际情况，没有进行国内旅游者及入境旅游者的划分。

客源市场条件指标中，依据旅游学概论中对于旅游客源市场的界定，选择一级客源市场数量、二级客源市场数量、三级客源市场数量来说明。

旅游区位条件指标中，选择公路通车里程、与省会城市的距离两个因素，这两个因素选取时考虑了旅游资源吸引力的特征，即选择时着重突出交通便利性及游客对于舒适旅游距离的感知。

文化旅游资源条件指标是整个指标体系中最为重要的一项，需要有区别于一般旅游竞争力评价指标的特征，因此依据本课题对文化旅游产业相关概念的理解，选择文化旅游资源品位度、文化旅游资源丰富度、文化旅游资源密集度三个集中反映文化旅游资源价值、规模程度的基层指标来描述。

旅游技术人才指标中，结合搜集到的文献，选择由中等职业学院及以上院校数、旅游管理部门人员学历构成、文化旅游从业人员数三个基层指标组成。选择这三个基层指标，是为了更为详细地区分各地区在管理、经营、人才培养方面的优劣势。

旅游接待设施指标所反映的是一个地区从事旅游活动的基础，因此，选择的基层指标涵盖了构成旅游业的支柱行业，由于突变级数法的指标数量的限制，最终选取了星级酒店数、客房数、文化景区数、旅行社数。

表 4-1　基层指标一览表

| 三级指标[①] | 基层指标 |
|---|---|
| 旅游经济发展水平（a1） | 旅游总收入（u1）、旅游收入增长率（u2） |
| 旅游接待量（b1） | 旅游人数（u3）、旅游人数增长率（u4） |
| 客源市场条件（a2） | 一级客源市场数量（u5）、二级客源市场数量（u6）、三级客源市场数量（u7） |
| 旅游区位条件（b2） | 公路通车里程（u8）、与省会城市的距离（u9） |
| 文化旅游资源条件（c2） | 文化旅游资源品位度（u10）、文化旅游资源丰富度（u11）、文化旅游资源密集度（u12） |
| 旅游技术人才（d2） | 中等职业学院及以上院校数（u13）、旅游管理部门人员学历构成（u14）、旅游从业人员数（u15） |
| 旅游接待设施（a3） | 星级酒店数（u16）、客房数（u17）、文化旅游景点数（u18）、旅行社数（u19） |
| 旅游信息管理技术（b3） | 旅游网站数量（u20） |
| 城市基础设施（c3） | 年客运周转量（u21）、人均道路面积（u22） |
| 自然环境（a4） | 绿化覆盖率（u23）、人均绿地面积（u24） |
| 经济环境（b4） | 区域第三产业收入增长率（u25）、区域第三产业增加值（u26）、区域人均生产总值（u27） |
| 社会环境（c4） | 政府支持力度（u28）、文化旅游产业总投资（u29） |

旅游信息管理技术指标，着重反映各地区是否利用先进技术作为发展旅游的手段，结合青海藏区的实际发展情况，该指标选取的基层指标为文化旅游网站数量。

城市基础设施指标由年客运周转量、人均道路面积两个基层指标来说明，着重反映一个地区的交通设施的服务水平、交通基础设施的利用率。

环境支持力是区域旅游产业竞争力发挥的重要保障，自然环境是旅游产业发展的一个基础支持，经济和社会环境是旅游产业发展的重要影响因素。自然环境指标由绿化覆盖率、人均绿地面积两个基层指标说明，经济环境指

① 赵婷.基于突变级数法的青海藏区文化旅游产业开发竞争力评价［J］.生态经济，2014，30(6)：153.

标由区域第三产业收入增长率、区域第三产业增加值、区域人均生产总值三个基层指标说明。社会环境指标为体现文化产业的特色，由政府支持力度、文化旅游产业总投资两个基层指标说明。

## 第四节　突变理论基本思想及评价步骤

### 一、突变理论的基本思想

突变理论（Catastrophe Theory）是20世纪70年代发展起来的一门全新的数学学科，它主要由结构稳定的拓扑概念发展而来，并建立在拓扑动力学、奇点理论等数学理论的基础之上，其特点是过程连续而结果不连续。突变理论可以被用来认识和预测复杂的系统行为，可用于状态评价和变化趋势分析。按照突变理论，自然界和社会现象中的大量的不连续事件，可以由某些特定的几何形状来表示。托姆指出，发生在三维空间和一维空间的四个因子控制下的突变，有七种突变类型：折叠突变、尖顶突变、燕尾突变、蝴蝶突变、双曲脐突变、椭圆脐形突变以及抛物脐形突变。

英国数学家奇曼教授称突变理论是“数学界的一项智力革命——微积分后最重要的发现”。由突变理论中突变模型衍生出来的突变级数法被广泛应用于多准则决策问题，对目标的综合评价首先应对评价目标进行多层次矛盾分解，再用突变理论与模糊数学相结合产生的突变模糊隶属函数，由归一公式进行综合量化计算，最后归一为一个参数，即求出总的隶属函数，从而得出综合分析结果。突变级数法不需对评价指标赋以权重，避免了主观性较大的“权重”概念，因而更显简易和科学[①]。

① 赵婷.基于突变级数法的青海藏区文化旅游产业开发竞争力评价［J］.生态经济，2014，30（6）：153.

## 二、突变级数法的评价步骤

第一步：构建突变评价指标体系

突变级数法是一种对评价目标进行多层次矛盾分解，进而利用突变理论与模糊数学相结合产生突变模糊隶属函数，再由归一公式进行综合量化运算，最后归一为一个参数，即求出总的隶属函数，从而对评价目标进行排序分析的一种综合评价方法。根据评价系统的目的，按评价系统的内在作用机理，将系统分解为由若干个评价指标组成的多层系统，排列成倒立树状目标层次结构，由评价总指标到下层指标，逐渐分解到下层子指标，原始数据只需要确定最下层子指标的数据。一个指标进行分解是为了得到更具体的指标，以便进行量化，分解到一般可以计量的子指标时，分解就可以停止。由于一般突变系统某状态变量的控制变量不超过 4 个，所以相应的子指标也不能超过 4 个。

**表 4–2　突变理论模型及其相关内容**

| 类型 | 蝴蝶突变系统 | 燕尾突变系统 | 尖点突变系统 |
| --- | --- | --- | --- |
| 模型 | $F(x)=1/6x^6+1/4ax^4+1/3bx^3+1/2cx^2+dx$ | $F(x)=1/5x^5+1/3ax^3+1/2bx^2+cx$ | $F(x)=x^4+ax^2+bx$ |
| 变量 | a、b、c、d | a、b、c | a、b |
| 分歧点方程 | $a=-10x^2$；$b=20x^3$；$c=-15x^4$；$d=5x^5$ | $a=-6x^2$；$b=8x^3$；$c=-3x^4$ | $a=-6x^2$；$b=8x^3$ |
| 归一公式 | $x_a=\sqrt{a}$；$x_b=\sqrt[3]{b}$；$x_c=\sqrt[4]{c}$；$x_d=\sqrt[5]{d}$ | $x_a=\sqrt{a}$；$x_b=\sqrt[3]{b}$；$x_c=\sqrt[4]{c}$ | $x_a=\sqrt{a}$；$x_b=\sqrt[3]{b}$ |

第二步：确定指标体系各层次的突变系统模型

最为常见的突变理论系统类型总共有三个，即尖点突变系统、燕尾突变系统、蝴蝶突变系统。这些系统的特点及相关内容见表 4–2 突变理论模型及其相关内容。

上表中的 f（x）表示突变系统的一个状态变量 x 的势函数，状态变量 x 的系数 a、b、c、d 表示该状态变量的控制变量。系统势函数的状态变量和控制变量是矛盾着的两个方面。由表 4–2 中突变系统示意图可知，x 为状态变量，

a、b、c、d 为控制变量。在模型示意图中一般将主要控制变量写在前面，次要控制变量写在后面。如果一个指标仅分解为两个子指标，则可将该系统视为尖点突变系统；如果一个指标仅分解为三个子指标，则可将该系统视为燕尾突变系统；如果一个指标分解为四个子指标，则可将该系统视为蝴蝶突变系统。[①]

第三步：由突变系统的分歧方程导出归一公式

由表 4–2 中突变系统的分歧方程可推导出相应的归一公式：设突变系统的势函数为 f（x），根据突变理论它的所有临界点集合成平衡曲面，其方程通过对 f（x）求一阶导数而得，即 f′（x）= 0，它的奇点集通过对 f（x）求二阶导数而得，即 f″（x）= 0。由 f′（x）= 0 和 f″（x）=0，消去 x，则得到突变系统的分歧点集方程。分歧点集方程表明各控制变量满足此方程时，系统就会发生突变[②]。

通过分解形式的分歧点集合方程导出归一公式，由归一公式将系统内诸控制变量不同的质态化为同一质态，即化为状态变量表示的质态。它是利用突变理论进行综合分析评判的基本运算式。利用归一公式对系统进行量化递归运算，可求出表征系统状态特征的系统总突变隶属函数值。

在归一公式中，x 及各控制变量皆取 0~1 范围内的数值，称为突变级数。突变级数规定为 0~1 的数，因而它在初始取得而投入模型时，可取用概率、效用函数、模糊隶属函数等，获取方法也相似；初始突变级数的绝对值必须按照“越大越好”的原则投入准则模型方可用归一公式计算。对同一对象各控制变量（如 a、b、c、d），它们之间若不存在明显的相互关联作用，则称该对象各控制变量为“非互补”型，对应的 x 按“大中取小”的原则取值；同一对象各控制变量之间若存在着明显的相互关联作用，则称该对象各控制变量为“互补”型，对应的 x 按求平均值法取得。

第四步：用归一公式进行综合评价

根据多目标模糊决策理论，对同一方案在多种目标情况下，如设 $A_1$，

① 赵婷.基于突变级数法的青海藏区文化旅游产业开发竞争力评价［J］.生态经济，2014，30（6）：153.

② 同上。

$A_2$……$A_m$ 为模糊目标，则理想的策略为 $C=A_1\cap A_2\cap\cdots\cap A_m$，其隶属函数为 $\mu(x)=\mu A_1(x)\wedge\mu A_2(x)\wedge\cdots\wedge\mu(x)$，其中 $\mu A_i(x)$ 为 $A_i$ 的隶属函数。

对不同的方案 $C_1$，$C_2$，……，$C_m$，记方案 $C_i$ 的隶属函数为 $\mu c_i(x)$。由于初始突变级数均为"越大越好"型，因此总的隶属函数也越大越优。对方案 $C_i$ 和方案 $C_j$，若 $\mu c_i(x)>\mu c_j(x)$，则表示方案 $C_i$ 优于方案 $C_j$，对各评价对象按其总评价指标的得分大小进行优劣排序。[①]

## 第五节　青海藏区文化旅游产业开发竞争力分析

由于藏区文化旅游产业是在民族地区这一特殊区域发展起来的，是一种文化与自然旅游资源相互融合形成的旅游产业，因此对其进行评价时具有一定特殊性：即本课题所选择的评价民族文化旅游产业竞争力的指标，其具体数据无法判断和进行详细的划分，直接由统计信息而来。根据藏区旅游产业的特性，本课题在进行旅游产业方面相关统计时，假设所得到的统计数据绝大部分指向民族文化旅游产业。

### 一、原始数据及其无量纲化处理

依据突变理论，首先进行基层指标数据的搜集，具体数据从统计公报和实地调研中取得。其中，旅游经济发展水平、旅游接待量、旅游区位条件、旅游接待设施、城市基础设施、自然环境、经济环境、社会环境相关数据由相关统计公报获得；客源市场条件、文化旅游资源条件、旅游技术人才、旅游信息数据由实地调研，通过访问法获得，具体内容见附件二所示。

① 赵婷.基于突变级数法的青海藏区文化旅游产业开发竞争力评价［J］.生态经济，2014，30(6)：153.

**表 4–3 基层指标排序**①

| 三级指标 | 基层指标 | 海南 | 海西 | 海北 | 玉树 | 黄南 | 果洛 | 西宁 | 海东 |
|---|---|---|---|---|---|---|---|---|---|
| 旅游经济发展水平（$a_1$） | $u_1$ | 6 | 5 | 2 | 8 | 4 | 7 | 1 | 3 |
| | $u_2$ | 2 | 5 | 3 | 8 | 6 | 1 | 7 | 4 |
| 旅游接待量（$b_1$） | $u_3$ | 6 | 4 | 3 | 8 | 5 | 7 | 1 | 2 |
| | $u_4$ | 2 | 4 | 7 | 8 | 3 | 1 | 6 | 5 |
| 客源市场条件（$a_2$） | $u_5$ | 8 | 2 | 7 | 3 | 4 | 5 | 6 | 1 |
| | $u_6$ | 6 | 7 | 6 | 2 | 5 | 8 | 1 | 3 |
| | $u_7$ | 4 | 7 | 4 | 3 | 5 | 8 | 1 | 2 |
| 旅游区位条件（$b_2$） | $u_8$ | 3 | 7 | 1 | 2 | 8 | 5 | 6 | 4 |
| | $u_9$ | 4 | 3 | 7 | 8 | 5 | 6 | 1 | 2 |
| 文化旅游资源条件（$c_2$） | $u_{10}$ | 5 | 4 | 1 | 3 | 7 | 8 | 2 | 6 |
| | $u_{11}$ | 5 | 6 | 2 | 7 | 3 | 8 | 1 | 4 |
| | $u_{12}$ | 4 | 6 | 3 | 7 | 5 | 8 | 1 | 2 |
| 旅游技术人才（$d_2$） | $u_{13}$ | 4 | 4 | 4 | 5 | 5 | 3 | 1 | 2 |
| | $u_{14}$ | 3 | 5 | 4 | 6 | 7 | 8 | 1 | 2 |
| | $u_{15}$ | 4 | 2 | 3 | 5 | 5 | 6 | 7 | 1 |
| 旅游接待设施（$a_3$） | $u_{16}$ | 7 | 6 | 2 | 4 | 5 | 8 | 1 | 3 |
| | $u_{17}$ | 7 | 6 | 2 | 4 | 5 | 8 | 1 | 3 |
| | $u_{18}$ | 5 | 4 | 1 | 3 | 7 | 8 | 2 | 6 |
| | $u_{19}$ | 7 | 6 | 3 | 4 | 5 | 6 | 1 | 2 |
| 旅游信息管理技术（$b_3$） | $u_{20}$ | 2 | 4 | 3 | 2 | 4 | 2 | 1 | 2 |
| 城市基础设施（$c_3$） | $u_{21}$ | 3 | 7 | 4 | 5 | 8 | 6 | 1 | 2 |
| | $u_{22}$ | 3 | 2 | 1 | 5 | 6 | 7 | 8 | 4 |

① 赵婷.基于突变级数法的青海藏区文化旅游产业开发竞争力评价［J］.生态经济，2014，30(6)：153.

续表

| 三级指标 | 基层指标 | 海南 | 海西 | 海北 | 玉树 | 黄南 | 果洛 | 西宁 | 海东 |
|---|---|---|---|---|---|---|---|---|---|
| 自然环境（$a_4$） | $u_{23}$ | 4 | 5 | 6 | 8 | 3 | 7 | 1 | 2 |
| | $u_{24}$ | 5 | 6 | 2 | 7 | 4 | 8 | 1 | 3 |
| 经济环境（$b_4$） | $u_{25}$ | 5 | 3 | 1 | 8 | 4 | 7 | 2 | 6 |
| | $u_{26}$ | 4 | 5 | 3 | 8 | 6 | 7 | 1 | 2 |
| | $u_{27}$ | 7 | 3 | 4 | 1 | 2 | 8 | 5 | 6 |
| 社会环境（$c_4$） | $u_{28}$ | 4 | 6 | 3 | 5 | 7 | 8 | 1 | 2 |
| | $u_{29}$ | 8 | 3 | 4 | 2 | 5 | 6 | 7 | 1 |

其次，在收集到相关的数据后，对基层指标进行排序。访问法获得的数据由果洛藏族自治州、玉树藏族自治州、海南藏族自治州、黄南藏族自治州、海北藏族自治州、海西蒙古族藏族自治州六个地区旅游局提供排序，如表 4–3 基层指标排序所示。

指标中各州旅游总收入、星级酒店数（三星级以上）、客房数、旅行社数、文化旅游景点数量、中等职业学院及以上院校数、人均道路面积、年客运周转量、绿化覆盖率、人均绿地面积、区域第三产业收入增长率、区域第三产业增加值、区域人均生产总值、第三产业总投资、文化旅游产业总投资，从 2013 年青海省旅游局、2013 年青海省各州旅游网站统计专栏对旅游发展现状的专项统计中搜集整理获取；客源市场条件、文化旅游资源条件、旅游区位条件、旅游技术人才、旅游信息管理技术及社会环境，相关基层指标数据从实地调研中获得。

其中各州客源市场总数据由各州的实地调研，访问旅游局、旅行社中搜集整理；公路通车里程、与省会城市距离两个数据由实地调研获得，平均车速实际测算中搜集整理；文化旅游资源的品位度、文化旅游资源的丰富度、文化旅游资源的密集度，由所搜集到的旅游资源来统计，品位度为 3A 级以上文化景区数量，丰富度为藏区各州文化旅游资源类型数量，密集度为藏区各州文化旅游资源单体的数量，总数据取平均数。

以计算海南藏族自治州的三级指标旅游收入的得分为例，其旅游收入的两个基层指标 $u_1$、$u_2$ 的排序为 6、2，则其旅游经济发展水平得分为（0.375+0.875）/2=0.625，其余指标的计算得分依次类推，各州三级指标得分如表 4–4 无纲量化数据所示。

**表 4–4　无纲量化数据**①

| 地区 | 竞争业绩（a） | | | 竞争潜力（b） | | | 竞争保障力（c） | | | 竞争环境支持力（d） | | |
|---|---|---|---|---|---|---|---|---|---|---|---|---|
| | $a_1$ | $b_1$ | $a_2$ | $b_2$ | $c_2$ | $d_2$ | $a_3$ | $b_3$ | $c_3$ | $a_4$ | $b_4$ | $c_4$ |
| 海南 | 0.6250 | 0.6250 | 0.3750 | 0.6875 | 0.5417 | 0.6660 | 0.3125 | 0.8750 | 0.7500 | 0.5625 | 0.4583 | 0.3750 |
| 海西 | 0.5000 | 0.6250 | 0.4583 | 0.5000 | 0.4583 | 0.6667 | 0.4375 | 0.6250 | 0.5625 | 0.4375 | 0.6667 | 0.5625 |
| 海北 | 0.8125 | 0.5000 | 0.4167 | 0.6250 | 0.8750 | 0.6667 | 0.8750 | 0.7500 | 0.8125 | 0.6250 | 0.7917 | 0.6875 |
| 玉树 | 0.1250 | 0.1250 | 0.7917 | 0.5000 | 0.4167 | 0.4583 | 0.6563 | 0.8750 | 0.5000 | 0.1875 | 0.4167 | 0.6875 |
| 黄南 | 0.5000 | 0.6250 | 0.5417 | 0.3125 | 0.5000 | 0.4167 | 0.4375 | 0.6250 | 0.2500 | 0.6875 | 0.6250 | 0.3750 |
| 果洛 | 0.6250 | 0.6250 | 0.2500 | 0.4375 | 0.1250 | 0.4167 | 0.1875 | 0.8750 | 0.3125 | 0.1875 | 0.2083 | 0.2500 |
| 西宁 | 0.6250 | 0.6875 | 0.7917 | 0.6875 | 0.9583 | 0.7500 | 0.9688 | 1.0000 | 0.5625 | 1.0000 | 0.7917 | 0.6250 |
| 海东 | 0.6875 | 0.6875 | 0.8750 | 0.7500 | 0.6250 | 0.9167 | 0.6875 | 0.8750 | 0.7500 | 0.8125 | 0.5417 | 0.9375 |

## 二、突变综合评价

### （一）各项指标计算

选择海南藏族自治州为例，其各项指标计算过程及结果如下：

竞争业绩指标计算：依据突变级数法理论及所选取的竞争业绩指标类型，在评价时，选用模型为 $F(x)=x^4+ax^2+bx$，变量为 a、b，分歧点方程式为 $a=-6x^2$；$b=8x^3$，归一公式为 $x_a=\sqrt{a}$；$x_b=\sqrt[3]{b}$；将表 4–4 中无纲量化数据代入归一公式可得：

$$x_{a1}=\sqrt{a_1}=\sqrt{\mathbf{0.625}}；\ x_{b1}=\sqrt[3]{b_1}=\sqrt[3]{\mathbf{0.625}}$$

① 赵婷.基于突变级数法的青海藏区文化旅游产业开发竞争力评价［J］.生态经济，2014，30(6)：153.

按互补求平均值可得：$x_1=(x_{a1}+x_{b1})/2=0.82278$

竞争潜力指标计算：依据突变级数法理论及所选取的竞争业绩指标类型，在评价时，选用模型为 $F(x)=1/6x^6+1/4ax^4+1/3bx^3+1/2cx^2+dx$，变量为a、b、c、d，分歧点方程式为 $a=-6x^2$；$b=8x^3$；$c=-3x^4$；$d=5x^5$，归一公式为 $x_a=\sqrt{a}$；$x_b=\sqrt[3]{b}$；$x_c=\sqrt[4]{c}$；$x_d=\sqrt[5]{d}$；将表4–4中无纲量化数据代入归一公式可得：

$$x_{a2}=\sqrt{a_2}=\sqrt{\mathbf{0.375}}；x_{b2}=\sqrt[3]{b_2}=\sqrt[3]{\mathbf{0.6875}}；x_{c2}=\sqrt[4]{c_2}=\sqrt[4]{\mathbf{0.5417}}；x_{d2}=\sqrt[5]{d_2}=\sqrt[5]{\mathbf{0.666}}$$

按互补求平均值可得：$x_2=(x_{a2}+x_{b2}+x_{c2}+x_{d2})/4=0.81870$

竞争保障力指标计算：依据突变级数法理论及所选取的竞争业绩指标类型，在评价时，选用模型为 $F(x)=1/5x^5+1/3ax^3+1/2bx^2+cx$，变量为a、b、c，分歧点方程式为 $a=-6x^2$；$b=8x^3$；$c=-3x^4$，归一公式为 $x_a=\sqrt{a}$；$x_b=\sqrt[3]{b}$；$x_c=\sqrt[4]{c}$；将表4–4中无纲量化数据代入归一公式可得：

$$x_{a3}=\sqrt{a_3}=\sqrt{\mathbf{0.3125}}；x_{b3}=\sqrt[3]{b_3}=\sqrt[3]{\mathbf{0.875}}；x_{c3}=\sqrt[4]{c_3}=\sqrt[4]{\mathbf{0.75}}$$

按互补求平均值可得：$x_3=(x_{a3}+x_{b3}+x_{c3})/3=0.81536$

竞争环境支持力计算：依据突变级数法理论及所选取的竞争业绩指标类型，在评价时，选用模型为 $F(x)=1/5x^5+1/3ax^3+1/2bx^2+cx$，变量为a、b、c，分歧点方程式为 $a=-6x^2$；$b=8x^3$；$c=-3x^4$，归一公式为 $x_a=\sqrt{a}$；$x_b=\sqrt[3]{b}$；$x_c=\sqrt[4]{c}$；将表4–4中无纲量化数据代入归一公式可得：

$$x_{a4}=\sqrt{a_4}=\sqrt{\mathbf{0.5625}}；x_{b4}=\sqrt[3]{b_4}=\sqrt[3]{\mathbf{0.4583}}；x_{c4}=\sqrt[4]{c_4}=\sqrt[4]{\mathbf{0.375}}$$

按互补求平均值可得：$x_4=(x_{a4}+x_{b4}+x_{c4})/3=0.76784$

**（二）二层指标计算**

按上述计算步骤的阐述，二层指标经计算后可得：

$$x_a=\sqrt{x_1}=\sqrt{\mathbf{0.82278}}；x_b=\sqrt[3]{x_2}=\sqrt[3]{\mathbf{0.81870}}；$$

$$x_c=\sqrt[4]{x_3}=\sqrt[4]{\mathbf{0.81536}}；x_d=\sqrt[5]{x_4}=\sqrt[5]{\mathbf{0.76784}}$$

按上述方法，得出海南藏族自治州地区旅游产业竞争力总评价值为：

$$x_{海南}=(x_a+x_b+x_c+x_d)/4=0.92934$$

依上述方法，同理可得海北、海西、玉树、黄南、果洛以及西宁和海东市的竞争业绩指标分别为：0.84754、0.71835、0.42678、0.78105、0.52278、0.83658、0.85587；竞争潜力指标分别为：0.84745、0.80389、0.77327、0.83561、0.67329、0.92646、0.92897；竞争保障力指标分别为：0.83113、0.80118、0.71238、0.79415、0.76916、0.90541；0.90125；竞争环境支持力分别为：0.87542、0.80035、0.59763、0.82223、0.60684、0.93808、0.90019。

海北、海西、玉树、黄南、果洛以及西宁和海东市的文化旅游产业开发竞争力总评价值，分别为：0.95575、0.91851、0.87276、0.92282、0.89957、0.96602、0.96388。

## 第六节　青海藏区文化旅游产业开发竞争力评价

### 一、文化旅游产业开发竞争业绩评价

衡量青海藏区文化旅游产业开发竞争业绩的指标有两个，第一为旅游经济发展水平，包括旅游总收入、旅游收入增长率；第二为旅游接待量，包括旅游人数、旅游人数增长率。

**表 4–5　青海藏区文化旅游产业开发竞争业绩分值**

| 地区 | 海南 | 海北 | 海西 | 玉树 | 黄南 | 果洛 | 西宁 | 海东 |
|---|---|---|---|---|---|---|---|---|
| 分值 | 0.82278 | 0.84754 | 0.71835 | 0.42678 | 0.78105 | 0.52278 | 0.83658 | 0.85587 |

由以上突变级数法测评可知（表 4–5 青海藏区文化旅游产业开发竞争业绩分值，图 4–2 青海藏区文化旅游产业竞争业绩评价），在文化旅游产业竞争业绩方面，海北藏族自治州分值最高，竞争业绩优于其他各州，海南藏族自治州、黄南藏族自治州、海西蒙古族藏族自治州排在海北藏族自治州之

后，果洛藏族自治州、玉树藏族自治州排名较后[①]。说明现阶段，海北藏族自治州文化旅游产业综合发展水平较高，旅游经济发展水平、旅游接待量都在青海藏区发展较好，海南藏族自治州次之，其文化旅游产业发展综合实力略优于黄南藏族自治州与海西蒙古族藏族自治州，而果洛藏族自治州和玉树藏族自治州在文化旅游产业竞争业绩中表现不佳，总体排名为海北 > 海南 > 黄南 > 海西 > 果洛 > 玉树。

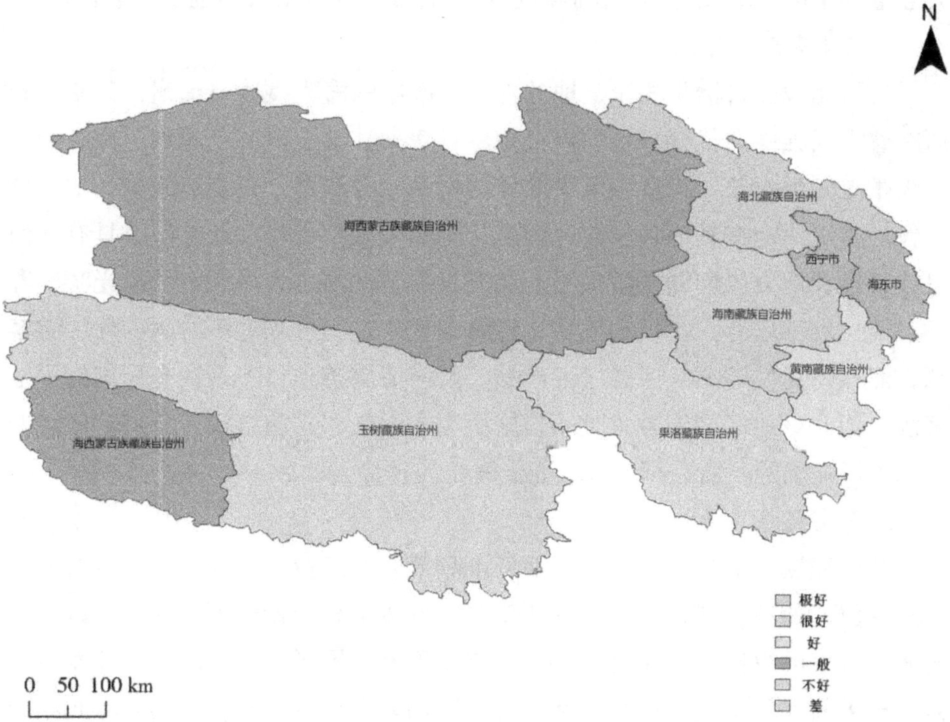


**图 4-2　青海藏区文化旅游产业竞争业绩评价**

1. 海北藏族自治州

海北藏族自治州与其他五个州相比，是全省 4A 级景区全覆盖的地区，成熟的“梦幻青海湖”“神秘原子城”“浪漫金银滩”“百里油菜花海”“圣湖

① 赵婷. 基于突变级数法的青海藏区文化旅游产业开发竞争力评价［J］. 生态经济，2014，30(6)：153.

仙女湾”“欢乐沙岛”等旅游产品，在国内旅游市场以及港澳台地区都产生了一定的影响力，海北旅游知名度提高，旅游收入逐年增加，客源市场进一步拓展。除此之外，该州陆续开发出了特色的蜂产品、鹿产品、祁连玉、剪纸、民族刺绣等系列产品和商品，在旅游商品开发中，保证了旅游产品和商品的有效供给，不仅延长了旅游产业链，更使得游客满意度增加，良好的口碑效应吸引了大量的游客前来旅游。因此，海北藏族自治州旅游人数、旅游人数增长率逐年增长的同时，旅游总收入与旅游收入增长率也不断增长。

2. 海南藏族自治州

与海北藏族自治州相比，地处青海湖南岸的海南藏族自治州，其旅游资源有着得天独厚的优势，目前以贵德、青海湖、恰卜恰三个地区所拥有的景区为重点发展对象，打造出风格迥异的精品旅游线路，在全省旅游业中独树一帜。其中，走在其他各州前列的是，海南藏族自治州已开发出了具有浓郁民族特色和地方风情的旅游项目，如温泉保健洗浴、青海湖自然风光游、赛马射箭、农家乐等。比较其他州，青海湖景区拥有愈来愈多的国内外旅游客源，而该州提供的温泉保健旅游产品、黄河清旅游项目更是拥有稳定的本地客源，因此该地区的旅游总收入、旅游收入增长率、旅游接待量随着旅游产品和景区建设的不断进行，有着稳步增长的态势。

3. 黄南藏族自治州

黄南藏族自治州地区民众长期从事热贡艺术产业，有着广泛深厚的群众基础和鲜明的地域特色。随着近几年对外宣传推介力量的不断加大，以热贡艺术为代表的少数民族文化旅游产品市场不断拓展延伸，旅游产品开发与群众脱贫致富互为促进的优势不断显现，市场前景十分广阔。但较之海北藏族自治州与海南藏族自治州，该区域依然封闭，开放格局仍未打开，交通运营效率不高，游客可进入性不强；旅游基础设施不够健全和完善，尤其是景区（点）接待、服务设施建设滞后，特色化水平不高，服务水平低下，景区管理人还有多头化管理等现象[①]。上述一些问题的存在，在一定程度上，势必会影响该地区的旅游经济发展水平及旅游接待量，在测算时，所得结果也反映

① 黄南商务预报．黄南文化旅游产业 SWOT 分析［EB/OL］.http：//cif.mofcom.gov.cn/site//html/qhhnz/html/2145403/2012/6/19/1340072459483.html，2012-06-19.

出该州的文化旅游产业开发竞争业绩较低。

4. 海西蒙古族藏族自治州

海西蒙古族藏族自治州深居高原内陆，与海北藏族自治州相比，其在旅游业发展中存在的问题较为明显，例如远离客源地、现有交通条件单一且便利性差、旅游服务接待设施数量少且书评较低。上述问题制约了旅游业发展，导致该地区吃、住、行、游、购、娱各环节尚未形成相互联动的产业链条，无法满足游客多样化、多层次的消费需求。同时，海西蒙古族藏族自治州旅游业发展中，还存在旅游收入结构单一的问题，例如目前游客的消费主要集中在长途交通和住宿，娱乐、购物消费明显较低。综合上述分析，海西蒙古族藏族自治州旅游业发展处于起步阶段，产业和产品市场竞争力与海北藏族自治州、海南藏族自治州比较相对较弱，因此在测算结果表现上，该地区在旅游总收入、旅游收入增长率；旅游人数、旅游人数增长率方面较为滞后。

5. 玉树藏族自治州

对于玉树藏族自治州而言，地震过后，该地区旅游业成为游客关注热点之一，经过近五年的灾后重建，该地区一些旅游重建项目建成并投入运营，基础配套服务设施得到了较大的提升。在首个国际高端旅游团进行“玉树震后之旅”活动后，青海省旅游部门将对玉树旅游景点和地震遗址线路在实践基础上优化组合，推动玉树旅游业全面恢复振兴。目前该地区也在积极培育其客源市场，发展势头强劲。

6. 果洛藏族自治州

果洛藏族自治州地处青南，生态环境脆弱，产业结构单一，大部分地区属于三江源生态建设核心区域[①]，因此在青海藏区中，果洛藏族自治州作为一个矛盾的存在——全区经济社会发展面临着保护与发展的矛盾，其旅游业的发展也相当受限，旅游产业的发展仍受到生态环境的牵制；同时，该地区基础设施薄弱，与经济快速发展相比较，社会综合服务能力相对较低。

① 赵婷.基于突变级数法的青海藏区文化旅游产业开发竞争力评价［J］.生态经济，2014，30(6)：153.

与其他各州相比，该地区优势产业链条尚未形成，产品附加值极低。在实地调研中发展目前该州正在进行大众观光、宗教民俗文化深度体验和户外高端旅游的规划建设，投入市场并形成稳定客源、开发潜在市场仍需要一段时间。因此较之海北藏族自治州、海南藏族自治州，该地区在旅游总收入、旅游收入增长率、旅游人数、旅游人数增长率方面正处于发展阶段，竞争优势小。

7. 西宁市和海东市

在测算中，西宁市和海东市的分值分别排列第二和第一位，其中西宁市与海北藏族自治州、海南藏族自治州、海东市差距不大，这个现象主要与西宁市作为游客来青海进行旅游活动的一个集散空间，即集散地有关。西宁市在交通方面的优势，多数游客首站会以西宁为中转地，因此游客数量每年都会有一个递增的发展；西宁市所拥有的知名景点——塔尔寺的游客数量也使得西宁市在游客数量上占有优势；但是与其他州县相比，西宁市旅游产品的数量和级别的竞争力较弱，城市建筑虽然近年来改变了许多，但是基础设施建设和大型公共活动场所还是比较落后的，交通、住宿、旅游商品开发等方面有待提高。因此，西宁市旅游业的发展还仅限于其作为集散空间的功能，辐射带动功能，作为省会城市，在游、购、娱这三个要素方面与其他邻近省会城市相比仍有很大的差距。在测算结果方面，西宁市虽然借着良好的交通优势分数略高，但旅游产品及其旅游吸引力方面还有很大提升空间，文化旅游产业开发竞争业绩和其他州对比，虽有优势，但不明显。海东市具有丰富的文化旅游资源，复杂的地理结构和气候差异形成了自然景观的多样性和独特性，各具特色的民族文化造就了海东市多彩的人文背景和浓郁的民族风情，也为旅游增添了深邃的文化内涵。作为青海的东大门，海东市的交通、通信、电力相对发达，并且海拔相对较低，气候相对温和，这使旅游业的发展具有了优越的先天条件[①]。近年来，在市各部门的积极配合下，海东市旅游业发展势头迅猛，并遥遥领先于全省平均水平。因此该市无论在旅游人数方面，还是在旅游收入方面，有着明显的优势，其文化旅游产业开发竞争业绩

① 华夏经纬网．海东市积极推进文化旅游融合发展［EB/OL］.http：//www.huaxia.com/ly/lyzx/2014/07/3978838.html，2014-07-15.

在青海藏区优势明显。

综上所述，结合实地调研与测算数据分析可知，海北藏族自治州与海南藏族自治州在旅游产业开发及发展方面依托自身的旅游资源禀赋，开发出富有特色的旅游产业，培育了各自的客源市场。因此两州在旅游总收入、旅游收入增长率、旅游人数、旅游人数增长率方面的数据及排名靠前。经综合计算，除西宁市和海东市外，海北藏族自治州与海南藏族自治州文化旅游产业开发竞争业绩分值列第一、第二位。黄南藏族自治州、海西蒙古族藏族自治州虽有其特色的旅游资源，但其产业正在规划及建设中，旅游总收入、旅游收入增长率及游客增长率、游客接待量平稳增长，排名分别为第三、第四位；除上述阐述的实际情况之外，玉树藏族自治州旅游总收入远远低于其他各州，尤其是玉树在重建期间，旅游人数增长率为负，因此测算结果为最低，相比而言果洛藏族自治州在旅游总收入，尤其是游客增长率方面较为突出，测算结果显示其优于玉树藏族自治州。

## 二、文化旅游产业开发竞争潜力评价

衡量青海藏区文化旅游产业开发竞争潜力的指标有四个，分别是客源市场条件、旅游区位条件、文化旅游资源条件、旅游技术人才；其中，旅游客源市场条件中包括一级客源市场数量、二级客源市场数量、三级客源市场数量；旅游区位条件包括公路通车里程、与省会城市的距离；文化旅游资源条件包括文化旅游资源的品位度、文化旅游资源的丰富度、文化旅游资源的密集度；旅游技术人才包括中等职业学院及以上院校数、旅游管理部门人员学历构成、旅游从业人员数。

**表 4–6 青海藏区文化旅游产业开发竞争潜力分值**

| 地区 | 海南 | 海北 | 海西 | 玉树 | 黄南 | 果洛 | 西宁 | 海东 |
|---|---|---|---|---|---|---|---|---|
| 分值 | 0.81870 | 0.84745 | 0.80389 | 0.77327 | 0.83561 | 0.67329 | 0.92646 | 0.92897 |

由以上突变级数法测评可知（表 4–6 青海藏区文化旅游产业开发竞争潜力分值，图 4–3 青海藏区民族文化旅游产业竞争潜力评价），在文化旅游产业开发竞争潜力方面，除西宁市和海东市外，海北藏族自治州分值最高，黄

南藏族自治州次之，但两者之间差别不大，海南藏族自治州与海西蒙古族藏族自治州竞争潜力优于玉树藏族自治州、果洛藏族自治州。说明现阶段，海北藏族自治州与黄南藏族自治州发展文化旅游产业的潜力较高，海南藏族自治州发展文化旅游产业的潜力略优于海西蒙古族藏族自治州，而果洛藏族自治州在文化旅游产业竞争潜力中表现不佳，总体排名为西宁 > 海东 > 海北 > 黄南 > 海南 > 海西 > 玉树 > 果洛。

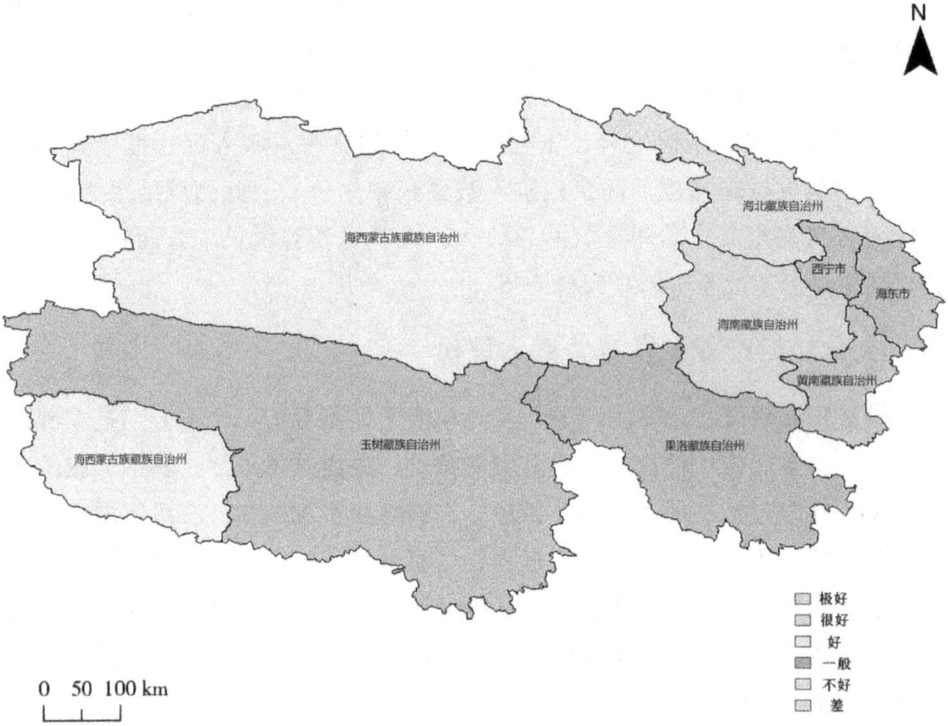


**图 4–3　青海藏区民族文化旅游产业竞争潜力评价**

1. 海北藏族自治州

在旅游区位条件中，海北藏族自治州位于青藏高原东北部的祁连山中段，东南与西宁市的大通县、海东市的互助、湟中、湟源县接壤；西与海西蒙古族藏族自大治州的天峻县毗连；南与海南藏族自治州的共和县隔湖相望；东北与甘肃省的天祝、山丹、民乐、永昌、张掖、肃南等市、县毗邻。州府西海镇离省会西宁100千米，是全省离西宁最近的自治州府，处于环西宁市百千米经济圈之内[①]。青藏铁路及国道315、227线和湟嘉公路横穿全境，正在建设的兰新铁路、西武高速公路穿境而过，是青海藏区人流、物流、信息流的重要枢纽地区之一。

在文化旅游资源条件中，海北藏族自治州凭借自身独特的资源优势和多民族的文化优势，其旅游资源的数量在青海藏区中占据优势，不仅有金银滩、原子城、湖滨藏城、门源百里油菜花海、仙米国家森林公园、祁连山牧场等丰富人文旅游资源，而且有以青海湖祭海、“两弹”文化、昆仑文化、王洛宾民族音乐艺术文化及藏族部落文化、草原风情等文化资源，催生出多种表现形式的旅游商品及民族特色的餐饮文化。海北藏族自治州多元文化使得该地区拥有的各资源表现形式各有差异，在所统计的青海藏区文化旅游资源基本类型中，海北藏族自治州拥有数量最多，在文化旅游资源丰富度方面占有明显的优势；在文化旅游资源密集度方面，海北藏族自治州数量最多，拥有384个单体；在文化旅游资源品位度方面，海北藏族自治州占有绝对优势，综合文化旅游景点级别和A级景点数，都排在前列。

在客源市场条件中，海北藏族自治州最先实行与省内外旅游市场的对接和区域合作，形成互利互惠的客源互送机制，其重点客源市场为北京、上海、广州、兰州、张掖、西安、成都及邻近省份，并与重庆、阿拉善、天水、敦煌、嘉峪关、宝鸡、青岛、济南等地区，达成客源、线路、资源共享等多项协议，通过“走出去”“请进来”等方式，使海北藏族自治州的知名度不断提升，客源市场不断拓展。除省内客源市场外，海北藏族自治州借助旅游说明会和国际重要的旅游交易会等平台，进行广泛宣传促销，与各大旅游企业广泛接触，积极培育东南亚、韩国、香港等旅游客源地。

在旅游技术人才条件中，海北藏族自治州旅游人才培养力度较其他各州高，通过行政部门人员挂职、旅游院校委托培养、企业实习交流等各种形式，培养旅游专业人才，其县级旅游行政部门在行政人员招聘实现了对口专业、本科人才的招聘，旅游管理部门人员学历构成、旅游从业人员数方面都

---

① 海北州人民政府.海北州州情概况［EB/OL］. http：//www.qhhb.gov.cn/html/2/82695.html，2015-7-28.

占有优势。

2. 黄南藏族自治州

在旅游区位条件中，黄南藏族自治州东南与甘肃省甘南藏族自治州夏河县、碌曲县、玛曲县和本省果洛州玛沁县为邻，西北与本省海南州同德县、贵德县和海东市的化隆、循化县接壤。地处西宁和“大九寨”旅游经济圈的过渡地带，州府所在地隆务镇距省会西宁市 182 千米。该地区近几年先后建成了隆（务）黄（乃亥）公路、隆（务）兰（采）公路、隆（务）加（吾）公路、马（克唐）措（周）公路、马（克唐）康（扬）公路、夏（德日）宁（秀）公路、夏（德日）和（日）公路、多福屯至恰力曲公路、多禾茂至大久塘公路、河南县城至宁木特以及一批乡村公路①，使黄南藏族自治州县、乡、村交通状况大为改善，除个别县乡公路外，州乡级道路基本实现等级化。省道阿赛公路解决黄南藏族自治州南部两县交通条件差的状况，而且使西宁至黄南藏族自治州四县的道路全部实现黑色化。黄南藏族自治州以阿赛公路为干线、辐射四县的公路网络正逐渐形成。

在文化旅游资源条件中，黄南藏族自治州地处九曲黄河第一弯，更是处在青海省东部黄河谷地民族风情旅游区和青海南部三江源藏文化生态旅游区的过渡带，文化旅游优势得天独厚，州府所在地同仁县民族文化旅游资源特征明显，是全省唯一的“历史文化名城”和热贡艺术的发祥地，其中，“热贡艺术”“热贡六月会”“和日石刻技艺”等先后被列入国家非遗保护项目名录，在 2009 年 9 月“热贡艺术”被联合国教科文组织正式批准列入人类非物质文化遗产名录。目前，该州拥有 6 位国家级非遗传承人、5 位国家级工艺美术大师、17 位省级工艺美术大师，是西北地区拥有艺术大师和非遗传承人最多的地区②；该州所拥有的坎布拉国家级森林公园、李家峡电站大坝和库区风光、同仁历史文化名城、收入吉尼斯世界纪录大全的大型卷轴画《中国藏族文化艺术彩绘大观》、藏传佛教寺院隆务寺、南宗尼姑寺、麦秀原始森林

① 黄南商务预报. 黄南州投资环境情况介绍［EB/OL］.http：//cif.mofcom.gov.cn/site//html/qhhnz/html/2145428/2013/2/20/1361323685513.html，2013-02-20.

② 青海日报. 热贡艺术 一朵奇葩［EB/OL］.http：//www.mzb.com.cn/html/report/389950-1.htm，2013-04-08.

风光、泽库和日石经墙、河南圣湖仙女洞及青南草原风光等更是最具旅游品牌形象的优势资源[①]，也是最能体现该地区民族文化的优势旅游资源。因此，在文化旅游资源密集度方面，黄南藏族自治州数量虽然不多，但文化旅游资源密集度高，拥有293个资源单体；在文化旅游资源品位度方面，热贡文化品牌效益突出，坎布拉国家森林公园、同仁历史文化名城、泽库“和日石刻技艺之乡”、河南“青海最美大草原”、隆务古镇、保安古城等文化旅游资源和“六月会”“正月法会”等民俗节庆旅游资源已成为独具黄南特色的文化旅游产品[②]，从文化旅游资源的品位度上来说，高于其他各州。

在客源市场条件中黄南藏族自治州充分利用州内独特的旅游资源，不断调整宣传促销策略和市场重点，不断培育新的客源增长点。该州积极参与省内外重大节庆活动，其主要的旅游客源市场集中在东部环渤海地区、长江三角洲以及珠江三角区等经济较发达地区；在境外，该地区的客源市场延伸至缅甸、韩国、巴基斯坦等国家和地区。

在旅游技术人才条件中，黄南藏族自治州对旅游从业人员的培训方面较海北藏族自治州而言，有自身特色。该州参加省、州业务和执法类培训，全州共有27名旅游管理人员取得了旅游执法检查和相关业务评定资格，弥补了旅游管理部门人员学历构成不高的缺陷；该地区还联合州劳动和社会保障局，聘请省内资深专业旅游培训教师，对坎布拉景区的110余名旅游从业人员进行培训，有效提升了坎布拉景区从业人员的整体素质；除此之外，该地区完善景区（点）的管理模式，采取外出考察、培训等形式，学习国内先进景区的经营模式和经验。对于黄南藏族自治州特色文化旅游资源热贡艺术，黄南藏族自治州热贡画院成立了以展览、研讨、培训、收藏为一体的综合性群众文化艺术团体，培养了专业的旅游技术人才。因此，在中等职业学院及以上院校数目、旅游从业人员数方面较其他各州优势明显。

---

① 张晓媛 . 神奇秀丽的黄南［EB/OL］.http：//www.xibeily.com/portal.php?mod=view&aid=4499，2015-01-20.

② 青海日报 . 黄南：以文化产业引领农牧民脱贫致富［EB/OL］.http：//epaper.tibet3.com/qhrb/html/2011-12/28/content_998952.htm，2011-12-28.

3. 海南藏族自治州

在旅游区位条件中，海南藏族自治州所拥有的唐蕃古道、黄河文明和草原文化、青海湖、日月山、龙羊峡是青海藏区最具地域特色、人文特色、民族特色的文化旅游资源；重点开发的贵德黄河文化及温泉洗浴度假旅游区、龙羊峡湖光山色旅游区、赛宗寺佛教文化区、塔拉滩生态旅游、恰卜恰民族文化馆、共和县藏传佛教和藏族民俗文化中心、倒淌河旅游购物中心、自驾车旅游营地和休闲度假区等都丰富了该地区文化旅游资源的类型。在统计的青海藏区文化旅游资源基本类型中，海南藏族自治州拥有数量在海北藏族自治州之后，在文化旅游资源丰富度方面较海北藏族自治州低，但仍有一定的优势；在文化旅游资源密集度方面，海南藏族自治州拥有 194 个资源单体；在文化旅游资源品位度方面，海南藏族自治州较海北藏族自治州、黄南藏族自治州低。

在旅游资源条件中，海南藏族自治州位于青海省东部，东与海东市和黄南藏族自治州毗连，西与海西蒙古族藏族自治州接壤，南与果洛藏族自治州为邻，北隔青海湖与海北藏族自治州相望。州府所在地恰卜恰镇距省会西宁 142 千米，国道为 109 线，214 线、省道西久线为主骨架，州、县地方道路为脉络，内同黄河两岸五县，迈 40 个乡镇的“四横”“三纵”公路网络基本形成。国道 109 线“西宁至倒淌河”一级公路，214 线“倒淌河至恰卜恰”二级公路全线贯通，旅游交通便利[①]。

在客源市场条件中，江苏省是国家发展和改革委确定的海南藏族自治州对口支援省，近年来，江苏省来青海海南旅游的游客数量逐年增加，成为海南藏族自治州旅游客源热点地区[②]。该地区在此优势上进一步加大旅游宣传促销力度，拓宽海南藏族自治州旅游客源市场，吸引江苏乃至长三角游客到海南旅游，与江苏省旅游部门建立长效合作机制。除此之外，海南藏族自治州在重庆、银川、合肥、武汉、长沙、贵阳等重等地成功举办了“大美青

① 海南藏族自治州政府网. 海南藏族自治州简介［EB/OL］.http：//www.qhhn.gov.cn/zjhn/，2014-02-01.

② 共和县人民政府. 江苏省对口支援青海省海南州纪实［EB/OL］.http：//www.qhhn.gov.cn/xwdt/tpxw/201501/t20150129_2881.html，2015-01-29.

海·圣洁海南”“天下黄河贵德清”旅游推介会，多角度、全方位、深层次地向江南水乡的观众展示了海南藏族自治州的旅游特色，将这些地区培养成重要的客源地①。

4. 海西蒙古族藏族自治州

在旅游区位条件中，海西蒙古族藏族自治州地处青藏高原北部，青海省西部，南通西藏，北达甘肃，西触新疆，是青甘新藏四省区交往的中心地带，州府驻地距省会西宁市 514 千米。由国道 109、315、215 及专用公路构成的骨干公路框架在州内构成环形公路交通网；青藏、青新、敦格等国道干线公路青藏铁路横贯州境 536 千米，格尔木目前和西宁一起担负着青海绝大部分的旅游及客货运输重担，陆地与航空立体成网。格尔木机场于 2004 年元旦复航，开辟有格尔木—西宁—西安—济南—青岛航线，形成了本区完整的陆、空立体交通网络。

在文化旅游资源条件中，海西蒙古族藏族自治州有全世界独一无二的特色文化——以都兰吐蕃古墓群为代表的吐谷浑文化资源，有独特考古价值的旅游资源——都兰县热水乡的吐蕃古墓群及其出土的珍贵文物。除此之外，该地区的宗教文化主要包括藏传佛教文化、伊斯兰教文化和昆仑道教文化，各宗教的寺院建筑和文化景观并存，独特的宗教文化为宗教旅游资源提供了基础。除上述资源之外，海西蒙古族藏族自治州是矿产资源富集地区，柴达木循环经济试验区也是全国面积最大的区域性产业园区，众多矿产工业旅游资源使得工业旅游资源的开发潜力巨大。海西境内拥有大量雪山、荒漠，许多无人区还存在大量未知情况，吸引了大批探险者，对他们而言这既是一种体力上的考验，也是一种精神上的追求②。因此，该地区还拥有观光体验、探险旅游等重要的文化旅游资源。在统计的青海藏区文化旅游资源基本类型中，海西蒙古族藏族自治州拥有 152 个资源单体，排在海南藏族自治州之后，在文化旅游资源丰富度方面排海南藏族自治州之后，除吐谷浑文化之外，其

① 共和县人民政府.江苏省对口支援青海省海南州纪实［EB/OL］.http：//www.qhhn.gov.cn/xwdt/tpxw/201501/t20150129_2881.html，2015-01-29.

② 邓琳.发展海西文化旅游的思考［EB/OL］.http：//www.qhnews.com/ll/system/2012/03/29/010721654.shtml，2012-05-07.

余文化旅游资源与其他州相比是有一定的发展空间和优势的。

在客源市场条件中，海西蒙古族藏族自治州在国内与兰州市旅游局达成资源共享、客源互送、信息互通、市场共建、利益双赢的合作协议，开启了西北旅游跨省区域营销的序幕。除甘肃省之外，浙江省对口支援地区青海省海西蒙古族藏族自治州，进行了旅游合作，打开了长三角旅游市场。

5. 玉树藏族自治州

在旅游区位条件中，玉树藏族自治州已形成以结古镇为中心，以 214 国道为主骨架，以县乡公路为辐射的公路交通网络。青藏公路境内 213 千米已基本黑色化，并可直达西宁、兰州，或进四川通成都、重庆。南及西部可直达州藏公路 213 线，北面同国道 109 线接通。结古镇是玉树藏族自治州首府所在地，也是玉树藏族自治州发展旅游条件最好的地方，已建成了玉树巴塘机场，勒巴沟环线景区都分布于结古镇附近，可进入性较强，旅行成本也相对较低，这些条件也使得玉树藏族自治州勒巴沟环线的旅游资源开发在玉树藏族自治州内更具优势①。

在文化旅游资源条件中，玉树藏族自治州具有先天的自然优势，拥有湛蓝的天空、广阔的草原、圣洁的雪山、神秘的可可西里、三江源头等众多形态各异的原生态旅游资源，该地区的历史文化资源丰富，曾经是“唐蕃古道”“茶马古道”以及文成公主进藏的必经之路，在历史上影响巨大，至今在玉树藏族自治州结古镇附近还保留着一些遗迹；玉树藏族自治州居民主要是藏族，勒巴沟环线地区以游牧业为主并且大部分都虔诚地信仰藏传佛教②，淳朴的民俗风情和坚定的宗教信仰是具有很强的吸引力的文化旅游资源；同时，玉树地区是有名的“虫草之乡”和“藏獒之乡”，这些国际知名特产也在一定程度上丰富了玉树地区的文化旅游资源。因此在统计的青海藏区文化旅游资源基本类型中，玉树藏族自治州拥有数量较少，在文化旅游资源丰富度方面排海西蒙古族藏族自治州之后；在文化旅游资源密集度方面，玉树藏

---

① 中国西部开发网．玉树藏族自治州［EB/OL］.http：//www.chxk.com/xb/city/city/117.html，2013-05-01.

② 李滨．玉树州勒巴沟环线旅游资源开发优势明显［EB/OL］.http：//www.qh.gov.cn/zwgk/system/2012/08/15/000066828.shtml，2012-08-15.

族自治州拥有195个资源单体；在文化旅游资源品位度方面，玉树藏族自治州所拥有的悠久历史文化，与其他州相比价值较高。

6. 果洛藏族自治州

在旅游区位条件中，从实地调研来看，果洛内部没有机场和铁路，主要以公路为主：214国道连接起西宁、果洛和玉树，101省道则从西宁一直往南，途经贵德，抵达大武镇①。此外还有一条205省道，连接起了花石峡和大武镇。果洛各个县城之间来往的班车数量较少，每天只有一班。与其他各州相比，区位条件劣势明显。

在文化旅游资源条件中，果洛藏族自治州地处三江源国家及自然保护区的核心区，是享誉藏区的格萨尔文化之乡，是母亲河——黄河的源头之一。以格萨尔说唱为代表的高原原生态文化底蕴，质朴原始的民风民俗，是该地区极具吸引力的文化旅游资源；除此之外，年保玉则国家地质公园、阿尼玛沁雪山、黄河源牛头碑等也是该地区主要的文化旅游资源②。但从统计结果来看，相比其他各州，果洛藏族自治州的文化旅游资源丰富度最低，在统计的青海藏区文化旅游资源基本类型中，所占数量少；在文化旅游资源密集度方面，果洛藏族自治州也只有146个；在文化旅游资源品位度方面，果洛藏族自治州所拥有的高质量品位度文化旅游资源较少，劣势明显。

在客源市场条件中，通过实地勘察、踩点，座谈交流，果洛藏族自治州交通成本高、通达性差、高寒缺氧、基础设施少等因素制约了旅游客源市场规模的进一步扩大，决定了果洛旅游只能是小众化、中高端群体以自然森林生态、户外探险、科考科普、文化探秘、自驾体验为主题的特种市场定位。该地区的客源市场除省内之外，省外的客源市场面向北京、上海、广州等城市，目前正在积极培育中。

在调研中发现，海南藏族自治州、海西蒙古族藏族自治州、玉树藏族自治州，尤其是果洛藏族自治州，在发展旅游的人才支撑方面储备不足。海西

① 搜狐.果洛，无人打扰的神之领域［EB/OL］.http：//travel.sohu.com/20141030/n405615183.shtml，2014-10-30.

② 班玛县人民政府.上半年果洛旅游业发展势头强劲［EB/OL］.http：//www.banma.gov.cn/html/937/158487.html，2011-08-15.

蒙古族藏族自治州在旅游产业人才培养方面，较之其他产业投入较低，多数旅游项目的开发和管理多为政府行为；而玉树州、果洛州旅游局管理人员也提出该地区的旅游业从业人员队伍整体素质低、经验不足，高素质人才严重短缺，民俗旅游、文化旅游等特色旅游作为未来旅游的重点发展方向。

7. 西宁市及海东市

实地调研与测算数据分析同时分析了西宁市及海东市，与其他典型藏区相比，海东市在文化旅游资源条件中优势较为明显，该地区史称“河湟间”或“河湟地区”，此外还有“海藏咽喉”之称，是全国唯一一处中原文明、印度文明、阿拉伯文明的地理交接点，伊斯兰教、藏传佛教寺院林立，人文景观十分特殊，其中瞿昙寺因其朱元璋御题寺名匾、珍藏壁画闻名，佑宁寺以其属寺众多而受藏传佛教信徒膜拜，循化街子清真大寺因寺内珍藏撒拉族祖先东迁时带来的手抄本《古兰经》而魅力独具，柳湾原始社会墓地和“东方庞贝古城”喇家史前灾难遗址，更是见证着早期人类在海东活动的历史。目前，海东已初步勘查发现的人文景观资源有1000多处[①]；并且海东市正在积极构筑文化古城旅游区、工业文化景观旅游区、现代农业观光旅游区、民俗宗教旅游区、自然风景旅游区的旅游发展格局；着力打造互助民俗风情旅游区、循化民俗宗教旅游区、化隆黄河风情旅游区、乐都文化体验旅游区、民和生态休闲旅游区、平安乡村休闲度假区[②]；形成了以土族、撒拉族为代表的民俗旅游，以互助北山、循化孟达天池、民和七里寺为代表的生态旅游，以佑宁寺、瞿昙寺、夏琼寺、班禅故居为代表的宗教旅游，以柳湾彩陶、喇家遗址为代表的人类古文化旅游和以李家峡、公伯峡、积石峡为代表的黄河风情旅游“五大品牌”。立足地处西宁、兰州两大省会城市之间的区位优势，推出了七条“精品线路”[③]。总体来说，海东市在文化旅游资源丰富度、文化旅游资源密集度方面占优势，文化旅游资源品位度方面，海东市与其他藏族

① 青海新闻网.文化底蕴凸显气质［EB/OL］.http：//www.62669.com/news/dc62r1x50703n416129471.html，2015-07-03.

② 海东时报.海东特色旅游将大有作为［EB/OL］.http：//www.qhnews.com/newscenter/system/2014/05/20/011402775.shtml，2014-05-20.

③ 青海日报社数字报刊.海东强力打造生态乡村旅游业［EB/OL］.http：//epaper.tibet3.com/qhrb/html/2013-08/02/content_28320.htm，2013-08-02.

地区相比，略有优势，但就综合文化旅游景点级别和 A 级景点数、景点建设的成熟度方面来说，都排在前列。

在旅游区位条件中海东地处黄河上游及其重要支流湟水之间，是青海省开发较早、文化历史悠久的城市，是青海省的东大门，地处甘肃省会兰州市和青海省省会西宁市两大城市中间，全区交通、通信便捷。109 国道、甘青高速公路及青藏铁路全线贯通，西宁曹家堡机场距海东行署所在地平安镇仅 7.5 千米。海东地处环中国夏都西宁旅游圈、青藏铁路世界屋脊旅游带、黄河水上明珠旅游带和青藏铁路线，又是河湟文化的发祥地，在全省“四区两带一线”战略布局中占有突出的地位。区内交通、通信、电力等基础条件相对优越。在客源市场条件中，海东市定位明确，一级目标市场以省内、西宁市、兰州市及新疆、宁夏、陕西、四川等省（区）为主；二级目标市场以经济发达的长江三角洲、珠江三角洲、环渤海湾地区的城市群落为主；三级目标市场以新、马、泰、港、澳、台等国家和地区为重点逐步向日本、韩国、欧美及全世界许多国家和地区发展[①]。

在旅游技术人才条件中，虽然专业的旅游方面的人才比较欠缺，但在海东市的旅游发展规划中，已经将旅游规划人员、旅游行政管理人员、酒店服务人员、旅游从业人员、农家乐从业人员等五支人才队伍的培养纳入其中，旅游教育培训、各景区旅游专业人才相对其他藏区优势明显，这一优势也使得海东市在竞争潜力测算中，分值以明显的优势高于其他各州。

而相比于海东市，西宁是青藏高原的东门户，自西汉以后逐渐成为湟水流域的政治中心、军事重镇、商贸通衢和交通枢纽，是古代东西往来的“丝绸南路”和“唐蕃古道”的重镇。现在又有兰青、青藏铁路贯穿东西，青藏、青新、宁张、宁久公路四通八达，承担着承东启西南接北连的作用。西宁是青藏铁路的起始点，也是国内高原生态旅游目的地、西北大旅游圈的重要城市和省内旅游客流的集散地[②]。但就此项测算而言，作为全省旅游业的

---

① 海东市人民政府.海东市“十二五”旅游发展规划［EB/OL］.http：//www.haidong.gov.cn/read.asp?nid=61863，2012-06-26.

② 西宁晚报.这是一次避暑盛会更是一个夏都盛典［EB/OL］.http：//www.xnwbw.com/html/2012-06/26/content_53267.htm，2012-06-26.

中心，虽然在旅游人才、旅游交通区位方面占有优势，但在文化旅游资源方面，其丰富度、品位度都略有不足，因此在测算结果上，较其他州县高，但是与海东市相比，分值较低。

结合上述分析，在测算时，海北藏族自治州在旅游区位、旅游资源、旅游技术人才方面占有优势，结果显示为最高；黄南藏族自治州虽然拥有品位度高的文化旅游资源，有较好的客源市场，与其他各州相比旅游区位优势较好，但文化旅游资源的丰富度和密集度较为欠缺，因此测算结果位于海北藏族自治州之后；海南藏族自治州虽然在旅游区位、文化旅游资源丰富度及密集度上比黄南藏族自治州占优势，但文化旅游资源的品位度较黄南藏族自治州低，因此测算结果排在海北藏族自治州与黄南藏族自治州之后。

## 三、文化旅游产业开发竞争保障力评价

衡量青海藏区文化旅游产业开发竞争保障力的指标有三个，分别由旅游接待设施、旅游信息管理技术指标、城市基础设施指标构成。其中，旅游接待设施包含星级酒店数、客房数、文化景区数、旅行社数三个基层指标；旅游信息管理技术指标以文化旅游网站数来说明；城市基础设施指标包含年客运周转量、人均道路面积两个基层指标。

**表 4–7　青海藏区文化旅游产业开发竞争保障力分值**

| 地区 | 海南 | 海北 | 海西 | 玉树 | 黄南 | 果洛 | 西宁 | 海东 |
| --- | --- | --- | --- | --- | --- | --- | --- | --- |
| 分值 | 0.81536 | 0.83113 | 0.80118 | 0.71238 | 0.79415 | 0.76916 | 0.90541 | 0.90125 |

由突变级数法测评可知（表 4–7 青海藏区文化旅游产业开发竞争保障力分值，图 4–4 青海藏区民族文化旅游产业竞争保障力评价），在文化旅游产业开发竞争保障力方面，除西宁市及海东市外，海北藏族自治州分值最高，海南藏族自治州次之，海西蒙古族藏族自治州、黄南藏族自治州两者之间差别不大，果洛藏族自治州竞争保障力优于玉树藏族自治州。说明现阶段，海北藏族自治州与海南藏族自治州发展文化旅游产业的保障力较高，黄南藏族自治州与海西蒙古族藏族自治州发展文化旅游产业的保障力次之，而玉树藏族自治州的文化旅游产业保障力不佳，总体排名为西宁＞海东＞海北＞海南

＞海西＞黄南＞果洛＞玉树。

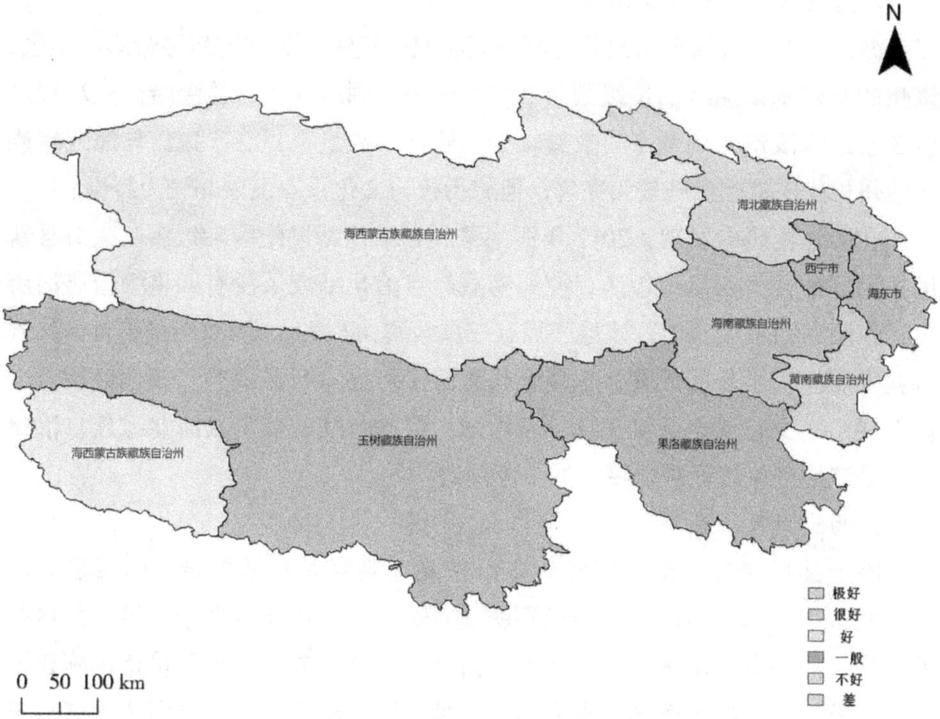


**图 4–4 青海藏区民族文化旅游产业竞争保障力评价**

1. 海北藏族自治州

该州在建设高原旅游名州总体目标的指导下，进一步加大旅游基础配套设施建设，建设了海北宾馆、旭恒假日酒店、浩云宾馆、祁连宾馆等多家星级宾馆；2013 年正常营业的 45 户农（牧）家乐中，已通过星级评定的农（牧）家乐有 29 家；集餐饮、住宿、娱乐为一体的金银滩藏家风情苑，为旅游者提供了吃、住、娱服务[①]。实地调研中发现，该地区文化旅游景点数量较多，相比该地区旅游产业的发展速度，海北藏族自治州海晏、刚察、门源、祁连的客房数不到 200 间，旅行社数量也是比较少的，呈现出需求与供给不

① 海北州文明网 . 加强基础设施建设，打造高原旅游景区［EB/OL］.http：//qhhb.wenming.cn/wmcj/201301/t20130116_490876.html，2013–01–01.

平衡、基础设施建设滞后的状态。

2. 海西蒙古族藏族自治州

海西蒙古族藏族自治州是青海藏区各州中星级酒店和客房数最多的地区，该州的格尔木市拥有四星级酒店 2 家，三星级酒店 9 家，德令哈市三星级酒店 3 家；但该州文化景点的数量较少，旅行社数量也只有 5 家。与海北藏族自治州相比，基础设施较为完善，但旅行社与文化景点发展却较为缓慢。

在实地调研中发现，2013 年海南藏族自治州新世纪国际饭店、兴海县新世纪大厦被评为四星级饭店，使海南藏族自治州结束了没有四星级饭店的历史；除两家四星级宾馆，该地区拥有三星级宾馆 6 家①，为海南藏族自治州旅游业发展注入了新的元素，也使全州旅游接待能力明显提升。该地区旅游产业发展中，文化景点数量正在不断增加，但旅行社的数量较海北藏族自治州少，是该地区旅游竞争保障力的一个制约。

3. 西宁市及海东市

除上述区域外，西宁市和海东市在此项测算时，结果显示出明显的优势，西宁市和海东市略有差距但不明显。这主要是由于这两个区域，自然条件较好，经济发展水平较高，在旅游信息管理技术方面和旅游接待设施建设方面，发展水平要远远高于省内其他区域，因此测算结果中这两个区域与藏区之间相比，分值差距是比较大的。

4. 特别说明

旅游接待设施建设方面，黄南藏族自治州的星级酒店多集中在同仁县，共有 4 家，但均不是涉外宾馆，由上述分析可知热贡文化拥有境外客源市场，呈现出需求与供给不平衡的状态；玉树藏族自治州重建修建一家五星级宾馆，基本上能够满足游客的需要，而果洛藏族自治州地区无论从星级酒店数量，还是文化旅游景点的数量都在青海藏区中不占有优势。

在旅游信息管理技术指标方面，海北藏族自治州、黄南藏族自治州较为出色，不仅有州、县级旅游行政部门制作的完善的旅游网站，黄南藏族自治州还有热贡文化宣传及介绍的相关网站；海西藏族自治州旅游网站的制作，

---

① 青海旅游 . 海南州星级酒店达到 30 家［EB/OL］.http：//www.57qh.com/news/lvyouxinwen_6497.html，2014-09-20.

近年来愈来愈受到重视，数量为由 2011 年的 1 个增加到 2013 年的 3 个，在实地调研通过访谈得知，随着该州旅游业的发展，该地区旅游行政管理部门拟增加“吐谷浑文化”“柴达木工业旅游”等专题旅游网站；玉树藏族自治州和果洛藏族自治州在旅游网站的数量上与其他州相比较少，但随着这两个地区旅游业的发展和旅游产业的建设，其旅游信息技术将日渐完善。

在城市基础设施指标方面，海南藏族自治州、海西蒙古族藏族自治州、海北藏族自治州的数据相差不大；玉树藏族自治州与果洛藏族自治州之间的数据相差不大；黄南藏族自治州也处于平均水平。在这一衡量指标上，各州有明显的优势—中间—滞后的排序。

综上所述，结合实地调研与测算数据分析可知，除去西宁市和海东市这两个地区外，海南藏族自治州、海西蒙古族藏族自治州在旅游接待设施方面较其余 3 州占有优势，在测算时结果显示为排在前列；黄南藏族自治州虽然在旅游信息管理技术方面表现较好，但受到城市基础设施、旅游接待设施的影响，测算结果排名在海西蒙古族藏族自治州之后；玉树藏族自治州在重建中，经济、文化、社会发展得到了各级政府的高度重视，所以其城市基础设施、旅游基础建设与其他各州相比有后发优势；果洛藏族自治州在文化旅游产业开发竞争保障力中劣势明显。

## 四、文化旅游产业开发竞争环境支持力评价

衡量青海藏区文化旅游产业开发竞争环境支持力的指标有三个，分别是自然环境指标、经济环境指标、社会环境指标。其中，自然环境基层指标由绿化覆盖率、人均绿地面积两个指标基层说明；经济环境基层指标由区域第三产业收入增长率、区域第三产业增加值、区域人均生产总值三个基层指标说明；社会环境基层指标为体现文化产业的特色，由政府支持力度、文化旅游产业总投资两个基层指标说明。

表 4–8　青海藏区文化旅游产业开发竞争环境支持力分值

| 地区 | 海南 | 海北 | 海西 | 玉树 | 黄南 | 果洛 | 西宁 | 海东 |
| --- | --- | --- | --- | --- | --- | --- | --- | --- |
| 分值 | 0.76783 | 0.87542 | 0.80035 | 0.59763 | 0.82223 | 0.60684 | 0.93808 | 0.90019 |

由突变级数法测评可知（表 4–8 青海藏区文化旅游产业开发竞争环境支持力分值），在文化旅游产业开发竞争环境支持力方面，除西宁市及海东市外，海北藏族自治州分值最高，黄南藏族自治州次之，海西蒙古族藏族自治州排名第三，海南藏族自治州排名第四。玉树藏族自治州、果洛藏族自治州仍然排名靠后。说明现阶段，海北藏族自治州与黄南藏族自治州发展文化旅游产业的环境支持力较好，海南藏族自治州与海西蒙古族藏族自治州发展文化旅游产业的保障力次之，而玉树藏族自治州在文化旅游产业竞争潜力中表现不佳，果洛藏族自治州竞争保障力略优于玉树藏族自治州。总体排名为西宁 > 海东 > 海北 > 黄南 > 海西 > 海南 > 果洛 > 玉树。

1. 海北藏族自治州

在青海藏区中海北藏族自治州对于自然环境的投资最多，从 2012 年以来投资近 5.5 亿元，对州境内 315 国道、宁张公路、岗木公路、俄祁公路、湟嘉公路、环湖西路及各县重点旅游景区沿线和城镇周边地区的行政村进行村容村貌整治，绿化项目覆盖全州四县 86% 的乡镇和 43% 的行政村 [①]。相比海南州绿化与文化旅游产业化相互链接的特色，该地区将重点放在了文化旅游形象的打造上，为该地区发展文化旅游产业提供了一个相对较好的自然环境。

海北藏族自治州位于全省旅游业“一圈三线”核心区域，处于全省“四区二带一线”发展战略的重要位置，是全省旅游业发展的重要地区。因此，该地区率先在全省设立旅游发展基金，使该州在景区（点）开发、旅游人才培养、旅游宣传促销、基础设施建设贷款贴息等方面发挥了积极作用；同时政府政策保障了旅游业发展的良好环境，完善了旅游发展规划及规划的执行力度，并且该区域按照人性化、品牌化、标准化、信息化的要求，进行旅游软环境建设，将旅游咨询服务、旅游信息提示、旅游紧急救援、旅游集散中心（游客中心）、自驾车露营基地、旅游厕所、景区标示标牌等公共服务设施建设，该地区政府还率先以 12301 游客服务电话为平台，完善旅游公共信息服务，不断提高海北藏族自治州的旅游服务质量。

① 海东环保局 . 海北：五亿余元整治村容村貌［EB/OL］.http：//www.qhepb.gov.cn/pub/myxhbj/syzwlm/xwzz/201310/t20131016_177241.html，2012–05–16.

2. 海南藏族自治州

海南藏族自治州北接青海湖草原，南接三江源草原，黄河纵贯全境，是青海省六大藏族自治州之一，环湖牧业区的重要组成部分，对此区域生态保护至关重要。该地区实现了109国道及西久公路沿线的绿化，贵南、兴海、同德等重点城镇的造林绿化。在改善该地区自然环境的同时，海南藏族自治州还在青海省藏区率先实现了枸杞、核桃万亩基地项目的建设，2013年在共和、贵南、同德县营造枸杞经济林5.67平方千米，在贵德、共和县营造核桃经济林2.33平方千米①，拓宽了该地区文化旅游产业的发展空间。这一条件也使得海南藏族自治州在自然环境方面在青海藏区中优势最为明显。

海南藏族自治州对于该区域的旅游投入及旅游宣传力度，在青海藏区中最为突出，2013年计划实施旅游项目25项，投资4970万元的中华福运轮项目已全面完成，投资950万元的黄河漂流项目已开始试运行；投资2534万元的拉脊山游牧文化体验区项目即将启动实施，投资1.5亿元的中央休闲度假区建设项目正在报批，投资1.5亿元的贵德古城保护开发项目已完成基础工程；除对旅游景区的投入外，海南藏族自治州率先实施“星级酒店扩容提质”和“乡村旅游上档升级”工程建设。目前，投资7680万元的黄河逸园四星级酒店、银龙三星级酒店正在实施基础工程，启动实施投资5500万元的100户二代农家院新建项目和70户现有农家院升级改造项目，全力提升贵德农家乐品牌形象；制定印发《旅游厕所实行星级管理的通知》《旅游星级厕所管理制度》，全面提升了旅游服务水平；以“大美青海·圣洁海南”主题形象为重点，在西安、南京、苏州、无锡、镇江等地成功举办“大美青海·圣洁海南”“天下黄河贵德清”旅游推介会，制作《海南藏地之旅》深度旅游特刊，在央视网广告位、北京西客站LED显示屏上循环播出贵德旅游形象广告，港中旅已投入启动资金300万元启动了国家级旅游休闲度假区、国家5A级旅游景区、七彩峰丛世界自然遗产和世界地质公园四大标志性品

① 青海新闻网．青海海南州春季造林绿化实现六大新突破［EB/OL］.http：//www.qhnews.com/newscenter/system/2012/06/04/010787326.shtml，2012-06-04.

牌的申报工作[①]。

3. 黄南藏族自治州

黄南藏族自治州处在三江源生态保护试验区的核心区域，保护区内的麦秀林场和官秀林场被列为三江源自然保护区18个核心保护区中，生态环境保护工作至关重要。在实地调研中发现在黄南藏族自治州原生态景观破碎化现象比较严重，国道两边存在植被荒漠化的现象。与政府工作人员访谈中得知，通过国家天然林保护工程、三北防护林工程、三江源自然保护区、退耕还林工程、生态移民、退牧还草等工程，天然草地生态压力被逐渐减轻，大面积的草地退化[②]正逐步得到治理。

为推动黄南文化发展，打造文化基地，黄南藏族自治州政府对于该地区的旅游宣传力度逐年增大，并利用各类媒体，宣传黄南、推介黄南。与中央广播电视总台共同录制了《欢乐中国行——魅力黄南》专题片，黄南藏族自治州民族歌舞团编排的《黄河情韵》在人民大会堂成功上演，并参加青洽会、环湖赛和天津等地的大型风情歌舞演出，有力地提高了文化黄南的对外影响力；国家文化部首次在黄南藏族自治州召开国家级文化生态保护区建设现场经验交流会，高度肯定并在全国推广黄南文化生态整体性保护与开发利用的成功做法[③]。

4. 海西蒙古族藏族自治州

相比以上地区，青海藏区中的海西蒙古族藏族自治州生态环境脆弱，多以荒漠土壤为主，其中柴达木盆地沙漠是我国八大沙漠之一，柴达木盆地沙漠化土地总面积11.11万平方千米，占全省沙漠总面积的95.53%（占全国沙漠总面积的6.48%），是青海省沙化面积最多、治理难度最大、保护任务最艰巨的地区。2011年以来，海西蒙古族藏族自治州把滴灌技术引进柴达木盆地进行试验推广。在调研中发现，旱柳、柽柳和榆树等沙生林木对穿越盆地

---

① 海南州人民政府.海南州动态［EB/OL］.http：//www.qh.xinhuanet.com/misc/2012-07/10/content_25483336.htm，2012-07-10.

② 青海网络广播电视台.黄南：生态工程扎实推进人居环境明显改善［EB/OL］.http：//www.qhbtv.com/toutiaotupian/2015-04-26/147410.html，2015-04-26.

③ 西宁晚报数字报刊.黄南州开启文化名州建设全力打造全国一流藏文化基地［EB/OL］.http：//www.xnwbw.com/html/2012-01/17/content_36198.htm，2012-01-17.

的青藏公路和青藏铁路沿线的环境有明显改善。在数据采集中发现，海西蒙古族藏族自治州的自然环境是在青海藏区中处于劣势的，对于其发展文化旅游产业有一定的影响。

5. 玉树藏族自治州

在实地调研中本课题调研组获取了玉树藏族自治州州政府制订的《新玉树绿化亮化净化美化工程实施方案》，该地区结合灾后重建启动实施了结古地区造林绿化工程，完成了1.20平方千米绿化造林任务，正在进行赛马场、新寨两个重点片区的工程造林，并且开展了214国道机场路沿线、通天河至结古道路沿线和省道308扎西科段的造林绿化工作；称多、囊谦县实施好进出县城主干道两侧的林荫道建设。在玉树的灾后重建中，政府对该地区景区旅游公路和城区可视范围内进行绿化工作，“绿色街道、绿色社区、绿色单位、绿色庭院、绿色寺院、绿色营区、绿色村庄、绿色公园”成了玉树藏族自治州的一大特色，为玉树藏族自治州发展文化旅游、积极创造利于发展的自然环境方面提高了一些优势。

6. 果洛藏族自治州

在实地调研和访谈中，本课题调研组获取了果洛藏族自治州建设“花卉生态文化宣传教育基地”和菌类种植试验基地的资料，还了解到果洛地区拟在条件适宜地区试点开展对山杏、藏茶、花椒、沙棘等经济树种的种植工作。除此之外，该地区还规划以三江源自然保护区生态保护与建设为中心，以黄河、长江主要干支流沿岸，扎陵湖、鄂陵湖周边、阿尼玛卿雪山、年保玉则山（一江一河，两湖两山）为主的五个生态功能区为依托，以保护生态、美化人居环境、发展生态经济、培育生态文化为主要内容，积极开发森林文化、湿地文化、高原特色野生动物观赏文化；还在计划积极争取建设湿地公园、森林公园等文化旅游项目，着力发展生态文化旅游产业[①]。因此，虽然在调研中获取的有关数据资料反映出该地区自然环境方面相对其他州滞后，但该地区今后在自然环境方面，有着与海南藏族自治州相同的生态文化产业的计划与规划，果洛藏族自治州的自然环境，将会有很大的提升空间。

① 达日县人民政府.关于全州林业工作情况的报告［EB/OL］.http：//www.dari.gov.cn/html/932/176494.html，2012-09-03.

7. 西宁市及海东市

在此项测算中，西宁市和海东市在自然环境方面、经济环境方面、社会环境方面的综合分值仍是排名在首位。在自然环境方面，西宁市地处湟水流域，四面环山，三川汇聚，城乡绿化建设在全省乃至“世界屋脊”起着样板示范和带动作用，大南山绿色屏障工程荣获“中国人居环境范例奖”，成为西宁改善环境、建设美丽家园的典型示范，各绿化区、国营林场和乡村累计完成治理面积4.67平方千米，初步形成了森林景观效果。在经济环境方面，西宁市在“十五”期间累计完成国债和政府旅游投资5亿元，建成了塔尔寺广场、湟中旅游景区垃圾处理场、湟中县佛光路、日月山景区旅游道路、南山旅游道路、旅游景区卫生设施等；吸引私营及民间投资达1.96亿元，建成了夏都旅游商品精品城、九眼泉风景区基础设施、赛纳德滑雪场、赞普林卡、塔尔寺旅游商品市场等项目；初步形成了国家和地方政府投入，外资和民营资本参与，金融机构积极支持的多元投资渠道。在社会环境方面，西宁市在发展旅游业时，为鼓励旅行社不断开拓客源，招徕游客，支持西宁市各景区、宾馆按照相关标准进行提升改造，吸引省内外客商来西宁市投资开发建设景区、星级宾馆，提高西宁市饭店、景区服务质量和满意度，西宁市旅游部门制定了《西宁市旅游业奖励暂行办法》；除此之外，结合西宁旅游发展需要，市政府成立了西宁市旅游发展领导小组，设立了旅游发展基金，从2011年开始增加到2000万元①；编制了《西宁市“十二五”旅游产业发展规划》、出台了《进一步加快发展旅游业的意见》，明确了西宁市今后一个时期旅游业发展的目标、措施和工作重点，建立和完善了旅游业规范发展的长效机制；自2012年以来，西宁市连续三年精心打造“夏游西宁”旅游活动品牌，通过举办特色文化活动、高端体育赛事、精品旅游节会，吸引了大批国内外游客，中国日报、中国国家地理杂志等国内各大媒体也纷纷对西宁予以关注和报道，通过各类活动的举办，全面展示和宣传了“夏都西宁”旅游形象，有效助推了“夏游西宁”旅游城市品牌的知名度和美誉度；同时，西宁还加强了区域联盟发展营销，协调整合环夏都西宁旅游圈内25个景区捆

① 中国旅游新闻网.西宁出台政策旅游企业业绩好有奖［EB/OL］.http：//www.cntour2.com/viewnews/2013/05/07/JBeI3k1HCsPYNWwpyZNl0.shtml，2013-05-07.

绑营销，制作了“环夏都旅游圈自驾游护照”，并加强与宁夏、陕西、甘肃等“丝绸之路”沿线旅游城市的互动与交流，实现西宁与主要客源地各媒体互动，宣传片互播，互推旅游线路，形成资源共享、市场共建、客源互送的合作共赢机制[①]。

海东市在改善自然环境方面，推进“山水园林城市”建设进程，并且投资800万元实施109国道海东市工业园区段和宁互公路1.33平方千米绿化，打造青海窗口风景线[②]；另外，海东市加大村庄绿化力度，其中与高原美丽乡村相结合的有38个村。在经济环境方面，喇家国家考古遗址公园目前完成投资1260万元，完成了建设区征地，考古发掘工作和三个保护棚、博物馆设计方案以及环评、可研、运营策划方案设计等工作。瞿昙寺景区文化旅游开发项目目前完成投资2000万元，已开工瞿昙镇垃圾处理厂、瞿昙镇供水工程、瞿昙寺消防通道等项目。文物陈列管理中心、壁画保护修复、文物保护修缮、经卷抢救性修复等项目正在按程序立项和设计方案报批，创建5A级景区工作进展顺利，互助土族故土园创建5A级景区目前总投资3亿元的互助古城度假村项目完成投资2.39亿元，分式度假酒店主体已完工，星级酒店正在主体施工中；总投资6亿元的互助梦幻谷游乐城项目已完成投资5亿元；总投资1.2亿元的互助县游客接待中心项目今年计划开建。在社会环境方面，海东旅游积极加大宣传营销，扩大品牌影响、拓展客源市场。先后组团参加了2013中国国内旅游交易会，成功组织了旅游大篷车赴陕甘宁推介活动、百辆自驾车游海东、首届中国旅游媒体记者联盟海东行活动、赴北京、大连、沈阳等对口友好城市推介和对接活动等，巩固了省内市场，扩大了周边客源，拓展了华中和沿海市场[③]，彩虹故乡互助县的土族群众大力发展“农家乐”、茶园经济，把土族风情、民族歌舞推向了省内外旅游市场。始建于2008年7月的互助国家级农业示范园区更是发展迅速，随着周边道路建设和

---

① 青海日报数字版.西宁，世界凉爽城市新成员［EB/OL］.http：//www.qhnews.com/newscenter/system/2014/07/03/011441472.shtml，2014-07-03.

② 海外网.海东市全力打造“山水园林城市”［EB/OL］.http：//www.qh.xinhuanet.com/2015-05/26/c_1115403162.htm，2014-05-26.

③ 海东市人民政府.我市旅游总收入超4亿［EB/OL］.http：//www.haidong.gov.cn/read.asp?nid=112143，2014-05-01.

交通基础设施的完善，试验展示、招商引资等环境得到进一步优化[①]。

8. 特别说明

人均生产总值、第三产业增加值、第三产业收入增长率等方面的数据描述了青海藏区中各州的经济发展情况。从整理出的数据中发现，青海藏区各地区经济发展水平差别很大，发展水平最高的海西蒙古藏族自治州是发展水平最低的玉树州的9倍，并且远远高于青海藏区其他各州经济的增长速度。海西蒙古族藏族自治州交通条件比较优越，青藏铁路、青藏公路都穿越本区，加强了地区与内地的经济交流和联系，为该地区经济的发展带来了活力。青藏铁路已成为开发青海柴达木盆地及推动区域经济发展的主要交通线路，它促进了青海钾肥厂、锡铁山铅锌矿、青海油田、格尔木炼油厂、茫崖石棉矿等一大批大中型项目的建设和发展，为海西经济发展提供更广阔的空间。柴达木盆地自然资源种类多、数量大、质量好开采价值极高，丰厚的自然资源储量为发展循环经济奠定了物质基础，为海西地区经济的腾飞提供了保障，柴达木循环经济试验区两个循环工业园区的建设更是带动了当地经济的发展。

而青海省历来秉承生态立省的原则，注重三江源地区的生态环境保护，本着生态保护大于经济发展的原则建设三江源地区，自然环境、资源条件、经济基础、技术条件、交通、市场和政策倾向等客观条件的不同，客观上决定了黄南、玉树、果洛地区经济发展中以生态保护为主，相应地，玉树、果洛地区经济发展速度落后于青海省其他地区[②]。

相比以上地区，环青海湖的海北藏族自治州、海南藏族自治州，本身拥有丰富的资源，受社会变革和外部条件变化的影响，区域经济开始呈现较快的增长。

在社会环境方面：玉树藏族自治州重建中，政府支持力度从各面中都可以得到体现，例如酒店建设及景区服务设施的完善；海西蒙古族藏族自治州近几年开始重视并发展旅游业，将工业旅游作为了重点，相比其他各地

① 中华人民共和国交通运输部．青海海东：交通助圆城市梦［EB/OL］.http：//www.moc.gov.cn/zhuantizhuanlan/qita/zoujinzgjtb/jinridianji/201312/t20131216_1529053.html，2013-12-6.

② 王涛，王小梅．青海省区域经济差异分析［J］．现代物业，2011，10（7）：36-39.

区，起步较为缓慢。果洛藏族自治州州委州政府对于该地区旅游的发展从完善旅游硬软件设施和旅游宣传入手。目前，全州重要旅游景点规划和修建性详规全面完成并逐步实施，准四星级宾馆维斯特酒店已开工建设，年保玉则国家地质公园整体建设规划付诸实施，阿尼玛沁雪山、黄河源牛头碑高等级公路建设项目正在衔接落实，规划实行强化高原医疗保障、旅游车辆与马匹租赁、旅游装备租售、车辆救援与维修等具有较强针对性的旅游服务体系建设①。

综上所述，结合实地调研与测算数据分析可知，西宁市和海东市凭借良好的区位优势，获得了较好的社会及自然经济环境，因此在文化旅游产业开发竞争环境支持力上的分值最高。而海西蒙古族藏族自治州在经济环境方面占有优势，但文化旅游产业总投资较其余各州较低，因此综合测算时结果显示为排在中间位置；海南藏族自治州虽然在自然环境方面表现较好，但受到经济发展基础的影响，测算结果排名在海西蒙古族藏族自治州之后。果洛藏族自治州在自然环境方面优势较玉树藏族自治州明显，但玉树藏族自治州在政府支持力度方面优于其他各州，所以综合测算结果显示两州分值差别不明显。

## 五、文化旅游产业开发竞争力总体评价

由以上突变级数法测评可知（表 4–9 青海藏区文化旅游产业开发竞争力总分值，图 4–5 青海藏区民族文化旅游产业开发竞争力总体评价），在文化旅游产业开发总体竞争力评价中，海北藏族自治州分值最高，海南藏族自治州、黄南藏族自治州、海西蒙古族藏族自治州次之，但这三州之间差距并不是很明显，果洛藏族自治州分值略高于玉树藏族自治州。说明现阶段，除西宁市及海东市外，海北藏族自治州开发文化旅游产业的竞争力在青海藏区中最高，海南藏族自治州次之，黄南藏族自治州开发文化旅游产业的竞争力与海南藏族自治州相比差距不大，而玉树在重建过程中，按目前的数据测算结果表明，果洛藏族自治州文化旅游产业开发竞争力优于玉树藏族自治州，总

① 班玛县政府.半年果洛旅游业发展势头强劲［EB/OL］.http：//www.banma.gov.cn/html/937/158487.html，2011–08–05.

体排名为西宁 > 海东 > 海北 > 海南 > 黄南 > 海西 > 果洛 > 玉树。

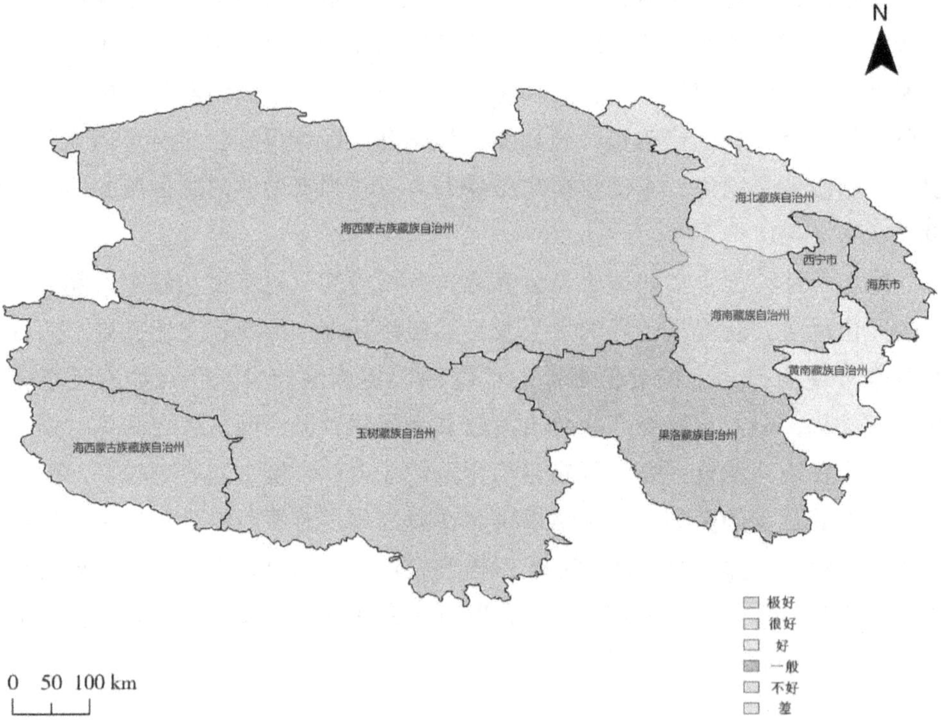


图 4-5　青海藏区民族文化旅游产业开发竞争力总体评价

表 4-9　青海藏区文化旅游产业开发竞争力总分值

| 地区 | 海南 | 海北 | 海西 | 玉树 | 黄南 | 果洛 | 西宁 | 海东 |
|---|---|---|---|---|---|---|---|---|
| 分值 | 0.92934 | 0.95575 | 0.91851 | 0.87276 | 0.92282 | 0.89957 | 0.96602 | 0.96388 |

1. 海北藏族自治州

海北藏族自治州开发出富有特色的旅游产业，客源市场培育数量在青海藏区中排序靠前，在旅游总收入、旅游收入增长率、旅游收入增长率、旅游人数、旅游人数增长率方面占有优势，发展文化旅游产业的竞争业绩在青海藏区中排序第一；在文化旅游资源条件中，海北藏族自治州旅游资源的数量在青海藏区中占据优势，但旅游资源品位度略低于黄南藏族自治州，因此其文化旅游产业开发竞争保障力高于其他区域，但黄南藏族自治州与海北藏族自治州相比差别很小；海北藏族自治州在旅游管理部门人员学历构成、旅游从业人员数方面都占有优势，但基础设施建设滞后的状态，文化旅游产业开发竞争潜力虽然排序第一，但与海南藏族自治州、海西蒙古族藏族自治州相比差距不大；海北藏族自治州在青海藏区中该地区率先实行旅游景区沿线和城镇周边地区的行政村进行村容村貌整治，和在全省设立旅游发展基金，其文化旅游产业开发竞争环境支持力排序第一。

2. 海南藏族自治州

海南藏族自治州中青海湖景区拥有愈来愈多的旅游客源，温泉保健旅游产品、黄河清旅游项目更是拥有稳定的本地客源，该地区的旅游总收入、旅游收入增长率、旅游接待量随着旅游产品和景区建设的不断进行，有着稳步增长的态势，发展文化旅游产业的竞争业绩在青海藏区中排序第二。海南藏族自治州所拥有唐蕃古道、黄河文明和草原文化、青海湖、日月山、龙羊峡是青海藏区最具地域特色、人文特色、民族特色的文化旅游资源，虽然在文化旅游资源丰富度方面较海北藏族自治州较低，但仍有一定的优势。

在文化旅游资源品位度方面，海南藏族自治州较海北藏族自治州、黄南藏族自治州较低，因此其文化旅游产业开发竞争保障力与黄南藏族自治州与海北藏族自治州相比差别很小；海南藏族自治州的两家四星级宾馆，使全州旅游接待能力明显提升，但该地区旅游产业发展中，旅行社的数量较海北州少，是该地区旅游竞争保障力的一个制约；海南藏族自治州在自然环境方面在青海藏区中优势最为明显，受社会变革和外部条件变化的影响，区域经济开始呈现较快的增长，海南藏族自治州率先实施“星级酒店扩容提质”和“乡村旅游上档升级”工程建设，其文化旅游产业开发竞争环境支持力排序第二，与海北藏族自治州相差不大。综合上述分析与测算数据分析可知，青海藏区中，海南藏族自治州文化旅游产业开发竞争力最高。

3. 黄南藏族自治州

黄南藏族自治州地区民众长期从事热贡艺术产业，有着广泛深厚的群众基础和鲜明的地域特色，但景区（点）接待、服务设施建设滞后，特色化水平不高，服务水平低下，在一定程度上影响该地区的旅游经济发展水平及旅游接待量。除此之外，虽然在文化旅游资源品位度方面，热贡文化品牌效益突出，但黄南藏族自治州文化旅游资源相对比较单一，对文化旅游产业开发竞争力有一定的影响。综合上述分析与测算数据分析可知，青海藏区中，黄南藏族自治州虽然拥有高品位度的文化旅游资源，但是由于其虽然拥有品位度高的文化旅游资源，但文化旅游资源丰富度、文化旅游资源密集度、旅游接待设施、城市基础设施、经济环境方面稍低于海南藏族自治州，得分较海南藏族自治州低，其文化旅游产业开发竞争力排在了海南藏族自治州之后。

4. 海西蒙古族藏族自治州

海西蒙古族藏族自治州虽然在经济环境方面占有优势，但受到旅游区位以及文化旅游产业总投资的影响，其测算结果较海南藏族自治州低，因此综合测算时结果显示为排黄南州之后。

5. 玉树及果洛藏族自治州

总体来说，玉树藏族自治州在文化旅游产业开发中的竞争潜力和竞争环境保障力指标较高，但竞争业绩与竞争环境支持力指标得分较低，再加上地震等自然灾害的影响，玉树地区在民族文化旅游产业开发中所面临的问题较多；果洛地区则面临着客源市场狭小、文化旅游资源品味度不高、旅游接待设施落后、技术人才不足，以及来自自然环境、经济环境和社会环境等方面的诸多问题。在测算时，果洛藏族自治州在自然环境方面优势较玉树藏族自治州明显，但玉树藏族自治州在政府支持力度方面又优于其他各州，所以综合测算结果显示两州分值差别不明显，但与其他各州相比，这两个州的旅游产业开发竞争力还有明显的弱势。

6. 特别说明

青海省在文化旅游产业开发中除海南等六藏区之外，还有西宁市和海东市两个地区，这些区域共同组成了青海省文化旅游产业体，而西宁市和海东市因其经济较六藏区发达，两区域在文化旅游产业发展的过程中总体形势较好。在文化旅游产业发展的过程中，一方面，两区的产业开发总体竞争力均高于海西等六藏区，在青海省文化旅游产业整体的发展过程中，海南藏族自治州等六区面临着西宁市和海东市的竞争压力，如何协调好各地区文化产业的发展，是推动青海省文化旅游产业长远发展的重要问题。此外，如何构建适合青海藏区的民族特色文化旅游产业化发展模式，进而实现民族特色文化的有效开发、利用、保护和传承，实现青海旅游业的可持续发展和促进青海藏区产业经济的协调发展，也是摆在青海省旅游业长远发展上的一个重要问题①。另一方面，青海藏区在文化产业开发中存在突破口，虽然西宁市和海东市的产业开发总体竞争力高于海西等六藏区，但并不是每项指标都优于六藏区，其中，就竞争业绩方面而言，海西蒙古族藏族自治州要高于西宁市；在竞争保障力方面，六藏区均优于西宁市等。这说明相比较西宁市和海东市而言，青海各藏区在旅游接待量、接待设施、基础设施等方面优势明显，在今后的产业开发中，青海藏区可以充分利用自身优势，增强竞争力，推动本区文化旅游产业的发展②。

---

① 赵婷.基于突变级数法的青海藏区文化旅游产业开发竞争力评价［J］.生态经济，2014，30(6)：153.

② 同上。

# 第五章　青海藏区民族文化产业发展总体思路

## 第一节　旅游产业空间运行研究综述

对传统产业空间运行的研究，学者们通常都是运用区位理论的观点对区域经济地理学展开研究。事实上，区位理论的根本目的在于揭示人类社会活动的空间规律。正如艾萨德在《区位与空间经济》一书中提到，“凡是有生命的事物都需要选择正确的区位。当然，一个经营得好的企业，建设一座城市，以及能够得到发展的集聚区，也需要选择正确的区位。不仅如此，事物一旦处于正确的地点，也就会生产法则”。[①]19 世纪，在资本主义经济发展的强劲推动下，西方经济迅速发展，产业的空间结构研究开始增加。杜能（Von Thunen，1826）在关于城市周围农业土地使用的理论，最早涉及产业空间结构的问题。他设想了一个孤立的城市，并假设市场在空间上的分布不均匀，人口（需求）相对集中于内部城市；他提出在运输成本的作用下，经济活动将在空间上表现出差异性。农民间的竞争将会使地租呈梯度状分布，城市周边土地的利用类型以及农业集约化程度随着距离的增加呈带状变化，最终将围绕城市形成一系列同心圆，从而形成著名的“杜能环”理论。[②]韦伯（Weber，1909）利用厂商区位模型分析了厂商最优区位，在某种程度上解释了产业空间结构的影响因素，为后来新经济地理学和区位选择理论的研究奠

① ［美］艾萨德．区位与空间经济［M］．杨开忠，等，译．北京：北京大学出版社，2011.

② ［德］杜能．孤立国同农业和国民经济的关系［M］．吴衡康，译．北京：商务印书馆，1993.

定了基础。[①]德国地理学家克里斯塔勒（Christaller，1933）在杜能和韦伯建立的基础上首先系统表明了中心地理理论，提出了“中心地学说”，中心地区的主要任务是给周围地区提供商品和服务，生产者为获取最大收益都要选择最优区位，而最优区位的选择要满足两个原则：一是最低需求限度原则，也就是说厂商选择的区位必须有一个最小需求，能够使厂商得到正常的经营利润；二是最大市场范围原则，这个原则是说消费者愿意走着去购买商品或服务有一个最远距离，超出了这个距离消费者就会转而购买其他厂商的产品。在上述两个原则的基础上，克里斯塔勒勾画了一种六边形的中心市场结构，他认为生产者不管人类经济活动的地理单元小到何种程度，它总是处于不均衡状态，在空间分布上永远存在中心地和外围区的差异[②]。勒施（Losch，1940）把工业区位分析推广到多种产业的情况，认为生产的空间集中是由规模经济的差异和最终产品运输费用的差别所引起的[③]。事实上区位理论将产业经济发展的分析框架从局部均衡扩展到一般均衡，并认识到地区间均衡发展的重要性。

在我国，有关产业空间运行的研究始于大规模的全国性产业区划研究和实践中，尤其是在自然及经济区划的实践中，学者就将研究的重点放在了空间结构的合理配置及其效应的研究方面，在经济区划中尤其注重产业空间结构的合理配置及效应研究，并在研究中大量引入了西方区域发展战略方面的理论，如发展极理论、点轴理论、梯度推移理论、反梯度推移理论等。这些理论重点揭示通过区域中的某些区域优先或随后发展所产生的区域关系，及整个区域发展的内部结构的演变以及作用机理[④]。随着旅游业的兴起，在各个地区的旅游规划实践中，空间运行的理论在旅游业发展中的地位越来越受到学者的重视，在区域旅游业的规划、开发方面的研究结果斐然。郭来喜（1997年）专门设计了国家自然科学基金“九五”重点课题，全面研究中国旅游业可持续发展问题，旅游业空间成长模式和区域关系协调及其区域发展

① ［德］韦伯．工业区位论［M］．李刚剑，等，译．北京：商务印书馆，1997.

② ［德］克里斯泰勒．德国南部中心地［M］．北京：商务印书馆，2000.

③ ［德］勒施．经济空间秩序［M］．王守礼，译．北京：商务印书馆，1995.

④ 许春晓，董明辉．旅游业空间结构理论研究概况及近期动向［J］．常德师范学院学报：社会科学版，2000，3（25）.

规划[①]。陈传康（1997年）就旅游业与区域发展关系进行了多年研究的系统总结[②]。

在这些研究中不难发现，旅游业的空间结构优化有利于旅游资源的合理整合和利用，同时，通过旅游业在一定区域内的合理配置，可以达到对区域内全局利益的最大化保障。假设在一定区域内，旅游资源整体相似度较高而且市场容量一定的情况下，那么这一区域的旅游资源和旅游企业都是竞争的主体，区域旅游业竞争客观存在，伴随着矛盾也存在，所以通过空间运行的合理分配就显得意义重大。如何有效地协调区域矛盾是旅游业可持续发展的一个至关重要的方面；另一方面，区域范围内客观上就存在经济的多边合作，但是文化产生所依赖的不同背景，注定文化的差异性，所以为实现区域经济整体协调发展就需要合理整合各类资源在区域内的优化配置和合理利用；合理分配生产要素，促进分工与合作，最终达到经济结构的合理及优化。

## 第二节　青海藏区旅游产业空间运行系统模型构建

学界对旅游业的定义是以满足旅游市场需要为目标，为开展各种旅游活动创造条件，向旅游者提供所需产品和服务的综合性产业[③]。随着青海民族文化旅游业的发展，旅游产业的边界越来越模糊，形成了旅游 + 的概念，旅游 + 不仅是一种旅游产业融合，在某种程度上也是一种旅游产业集聚。在旅游的发展中，不同产业以及同一产业内部不同行业之间相互交差渗透，原有的产业边界逐步模糊甚至消失，然后不断出现新的产业形态；产业要素大量积聚并且有效集中，在此基础上形成了由旅游产业的各种业态集聚的旅游空间。假设将这个旅游空间投射在青海，在这个旅游空间中，民族文化旅游资

① 郭来喜. 中国旅游业可持续发展理论与实践研究：国家自然科学基金“九五”重点旅游课题浅释［J］. 人文地理，1996（增刊）：18-25.

② 陈传康. 区域持续发展与行业开发［J］. 地理学报，1997（6）：518-527.

③ 谢彦君. 基础旅游学［M］. 2 版. 北京：中国旅游出版社，2004.

源、旅游产品、旅游活动这三个要素共同构成了青海民族文化旅游产业的空间运行系统，三者之间存在着相互依赖的互助关系。其中，民族文化旅游资源是青海民族文化旅游产业空间运行的基础；民族文化旅游产品是青海民族文化旅游产业空间运行的核心；民族文化旅游活动是青海民族文化旅游产业空间运行形成的直接效应。本章将从理论上阐述青海民族文化旅游产业空间运行系统中的民族文化旅游资源、民族文化旅游产品和民族文化旅游活动之间的内在关联并建立其关系模型。

## 一、民族文化旅游资源

从概念上理解，旅游资源是先于旅游而客观存在于一定空间内的可供旅游产业以开发利用的具有潜在价值，对旅游者而言有体验价值的资源类型[①]。按照谢彦君（2004）对旅游资源的分类，民族文化旅游资源是人文旅游资源的一种类型。在青海民族文化旅游业的空间运行中，民族文化旅游资源是空间运行的基础，通过有效的开发利用和规划形成区域内的特色文化旅游资源。民族文化旅游资源的质量、类型和数量是区域旅游产业发展的基础，它将会影响到旅游业的发展水平，特别是民族文化旅游资源的质量是影响市场规模的重要因素；同时，民族文化旅游资源也会影响产业结构，青海民族文化旅游资源的条件会影响到青海产业结构的形成，并通过行业结构和产品结构影响这一区域内产业结构的形成。事实证明，青海旅游产业的发展依赖于这一区域内的民族文化旅游资源的丰富度、品位、质量以及对资源的开发水平和开发深度上。当然特色文化旅游资源必须转变成一定的民族文化旅游产品，才能参与到整个产业空间运行系统中。如何提炼形成区域特色文化旅游资源是转化成产品的前提。

在提炼形成区域内特色文化旅游资源方面，政府在宏观方面的主导作用起着十分重要的地位。政府需要树立新的发展理念，全面系统地梳理和整合文化旅游资源，制定指导规划和发展目标，加快相关行政管理机构的改革工作，为民族文化旅游产业的发展提供高效服务，并在此基础上建立民族文化

① 谢彦君．基础旅游学［M］．2 版．北京：中国旅游出版社，2004.

旅游产业发展的产业政策与法规，加强执法监督，形成良好的法制环境。在微观方面，旅游企业作为执行主体应以政府关于旅游产业发展的政策法规和发展规划为指导。

除此之外，社区居民作为重要的旅游产业参与者也起着非常重要的作用。从某种程度上说，社区居民是民族文化的直接创造者和拥有者，把社区作为旅游产业发展的主体纳入旅游规划、旅游开发中才能让民族地区文化旅游资源的文化价值得以充分体现，同时旅游发展所带来的一部分经济收益也会成为文化保护的资金支持；社区居民在参与旅游业的过程中获得经济上的收益，从而使得民族传统文化的保护在一定程度有了经济基础而不是一句空谈。

## 二、民族文化旅游产品

旅游产品是在一定地域中开发出来的用于满足旅游者各种需求和销售的物象和劳务总和[①]。根据我国学者谢彦君的分类，在完全依托旅游资源的基础上开发出的旅游产品属于资源依托型的旅游产品；不依赖于旅游资源而是通过对人力、物力和财力资源的重新组合，经过加工生产制造出来的旅游产品属于资源脱离型的旅游产品。[②]从青海目前旅游业的发展来看，资源依托型的旅游产品占据主导地位，依托的主要资源类型就是民族文化资源，那么依托民族文化资源的旅游产品就是民族文化旅游产品。就目前青海的旅游产品类型来说，民族文化旅游产品是青海最重要的旅游产品。就具体的旅游产品而言，用以满足体验需求为主，以景观、娱乐设施等形式存在的核心旅游产品是青海主要的民族文化旅游产品；缺少能够满足旅游者的多种旅游需求，集中了餐饮、娱乐、购物、休闲、饭店、交通等多个产业集聚的组合旅游产品。在青海旅游产业的空间运行中，必须通过设计、制造、宣传和营销打造核心旅游产品，并且推动组合旅游产品的发展。民族文化旅游产品是青海旅游业的空间运行的核心，对于旅游产业的市场主体来讲，一方面，民族文化旅游产品必须依托实力型的旅游企业而产生；另一方面通过积极培育旅游消费主体，让旅游者的需求拉动旅游产业各个要素的形成。

---

① 谢彦君．基础旅游学［M］．2 版．北京：中国旅游出版社，2004.

② 同上。

民族文化作为资源型产业本身就具有双重内涵，一方面民族文化是旅游产业所依赖的主要内容，民族文化资源的整合挖掘并融入旅游产业中，能有效提高青海旅游的层次水平，是青海旅游发展的灵魂，同时能够充分挖掘地区民族文化的文化价值，并将其转化为经济价值和社会价值。另一方面民族文化作为资源又具有其特殊性，它不直接具备发展产业所要求的生产性、商品性、利益最大化和社会组织性，所以青海的河湟文化、昆仑文化、藏文化在进行旅游产业化发展的过程中必须依托实力型的旅游企业以及具体的项目和产品才能真正具备形成民族文化旅游资源的产业化发展的条件。

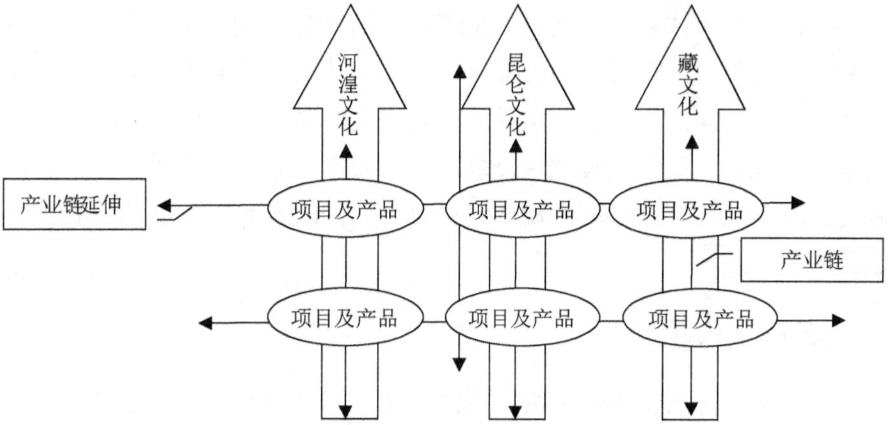


**图 5-1　青海民族文化旅游资源产业化发展**

如图 5-1 青海民族文化旅游资源产业化发展所示可以看出，青海民族文化旅游产业链是以旅游产品和具体的项目为纽带实现链接的，是在纵向上形成的产业和横向上以项目和旅游产品为纽带形成的产业延伸，纵横交错形成了青海民族文化旅游产业化的集聚，由此产生规模效应并带来的整体辐射力，在同一地域内，在明确地域特色的前提下，相互关联的旅游企业紧紧围绕某一特定的文化进行产品的生产和经营活动形成规模经营的集群优势；然后进一步围绕某一种或某一类文化主导产品发展关联的其他产业，从而拉长产业链，开发新产品，拓宽市场规模，每一个节点以具体的项目和产品为支撑，成为汇集成本、技术、人才、信息等产业诸要素的核心，并在藏文化、河湟文化、昆仑文化这三种不同的文化序列中形成资源的优势互补。

## 三、民族文化旅游活动

通俗地讲，旅游活动就是指人们出于体验、休闲、娱乐为目的的旅游活动，所以就这个意义而言，旅游者是旅游活动的主体。在青海民族文化旅游产业的空间运行中，民族文化旅游活动的主体也是旅游者，旅游者通过消费和体验完成对旅游产品的使用。民族文化旅游活动中的旅游者通过观赏、交往、消费甚至模仿的方式追求旅游审美的体验；旅游者的消费是一种特殊的商品消费，消费者是通过支付货币获得一种暂时的使用权利，并不是某件旅游商品的直接拥有者，所以这种消费注重消费者心理体验的过程，消费的效果也存在极大的个体差异。随着旅游产业的信息化发展，旅游者的消费模式和体验过程也随之发生着重要的变化，互联网的发展使旅游者的消费方式多元化发展，在传统的以旅行社主导的消费模式的基础上出现了以旅游者为主导的消费模式；体验的过程也从传统的实景转向虚拟。但不管怎样，满足旅游者的需求是民族文化旅游活动的终极目标，同时也是民族文化旅游产业空间运行的动力。

## 四、关系模型构建

通过以上的分析，我们了解了民族文化旅游产业空间运行系统的三个重要的要素分别是：在一定区域内由民族文化旅游资源的开发、规划、利用，民族文化旅游产品的设计、制造、宣传、营销和民族文化旅游的体验、消费活动。这一开放系统中主导资源的社区居民、政府和主导旅游产品的旅游企业以及主导旅游活动的旅游者构成了系统中的参与系统，其中民族文化旅游资源是系统中的基础，产品是核心，旅游活动同时也是旅游需求是这一系统中的动力（如图 5-2 青海民族文化旅游产业空间运行系统所示）。

综上所述我们有以下假设：其一，民族文化旅游资源、民族文化旅游产品、民族文化旅游活动三者共同构成了青海民族文化旅游产业运动空间体系。其二，社区居民、政府、旅游企业以及旅游者共同构成了青海民族文化旅游产业运动的参与体系。其三，他们之间的互动完成了青海一定区域内的特色文化提炼到核心旅游产品的打造以及大力推动了组合旅游产品的发展，最终实现旅游者需求的经济空间体系。有了这些基本假设，我们可以进一步讨论旅游产业的区域合作问题。

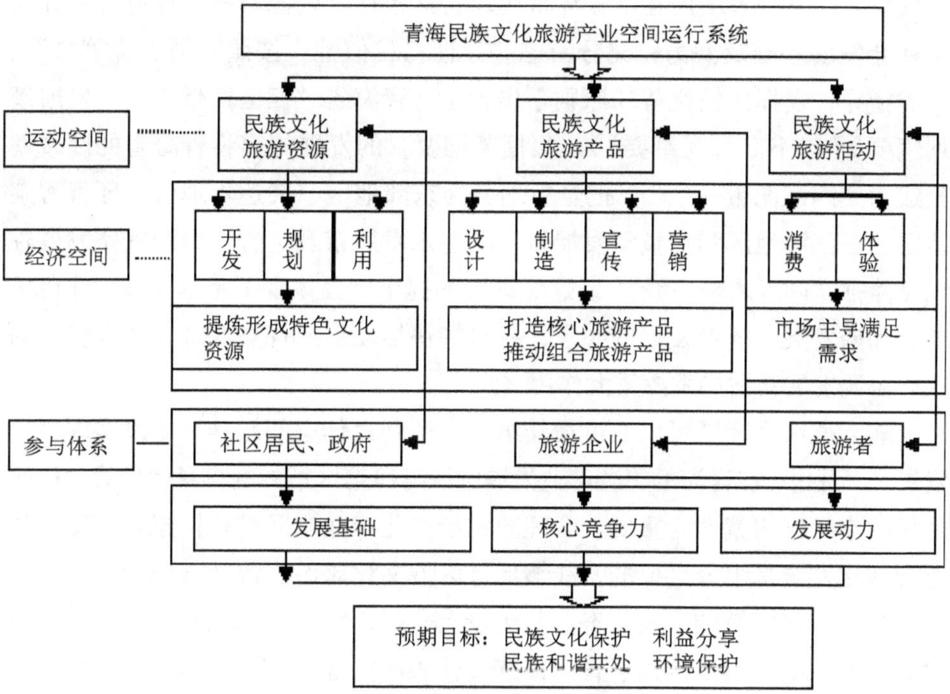


**图 5–2　青海民族文化旅游产业空间运行系统**

## 第三节　青海民族文化旅游产业总体开发思路

青海省在推动本省文化发展方面出台了很多政策，在关于青海文化产业发展问题的思考中，在充分考虑到青海文化资源的基础上，提出将着力建设打造的七大民族文化产业基地为：藏毯和民族服饰产业基地、以黄南热贡艺术为龙头的唐卡产业基地、以格尔木为龙头的昆仑玉产业基地，还有民族刺绣产业基地、现代工艺礼品生产基地、河湟民间艺术品生产基地和奇石产业基地[①]。此外，青海还将着力发展工艺美术、民族歌舞演出、民族出版产业、印刷发行产业、艺术培训五大特色产业。为进一步探索具有青海特点的科学发展模式，省委省政府在综合评价区域自然条件、资源禀赋、环境容量和经济社会发展基础及潜力，充分考虑差异性与相似性，按照有利于统筹协调、分类指导、发挥比较优势的原则下出台了《青海省“四区两带一线”发展规划纲要》(以下简称《纲要》)，根据《纲要》的发展内容将青海省的区域划分成为“四区两带一线”，把全省划分为东部地区、柴达木地区、环青海湖地区、三江源地区和沿黄河发展带、沿湟水发展带及兰青—青藏铁路发展轴线（简称“四区两带一线”）。这一纲要的提出充分体现了跨越发展、绿色发展、和谐发展、统筹发展的要求；将对加快推动形成优势互补、各具特色的区域协调发展新格局发挥重大作用[②]。

陆大道认为区域可以通过最佳组织，达到最佳空间结构，最终实现最佳发展[③]，因此，在青海的旅游产业发展中认清所辖区域内的自身优劣势，构建最优的空间结构就尤为重要。合理的旅游文化产业空间结构构建对于旅游产业合理化发展是十分必要的，能够促进区域文化旅游资源及其配套设施实现最佳配置，达到最佳发展状态。基于以上分析，结合青海民族文化旅游产业发展实际状况，初步构建了青海民族文化旅游产业两核、三区、三轴组成的空间结构体系。根据青海民族文化旅游产业空间运行系统，通过空间分析从整体到局部对青海民族文化旅游产业实力差异进行分析并初步尝试构建产业空间区划，这一产业空间的建构有助于各个区域认清自身优势，进而提升区域旅游文化产业实力，对制定相应的区域旅游文化产业发展战略和引导区域旅游文化产业协同发展具有重要意义。

“一核”即一个核心旅游服务区——西宁。西宁具有优越的区位条件、社会经济条件，并且旅游产业发展水平高、区位优势明显，具有良好的交通条

---

① 白玛. 关于青海文化产业发展问题的思考［EB/OL］.http：//epaper.tibet3.com/qhrb/html/2010-10/10/content_728482.htm，2010-10-10.

② 青海省人民政府. 青海省“四区两带一线”发展规划纲要. 百度百科［EB/OL］.http：//wenku.baidu.com/view/ef0b2f8acc22bcd126ff0ce3.html，2011-09-20.

③ 陆大道. 论区域的最佳结构与最佳发展：提出“点轴系统”和“T”型结构以来的回顾与再分析［J］. 地理学报，2001，56（2）：127-135.

件，无论是国际游客还是国内游客都必须经西宁进行中转，是来青游客的重要集散地。而且青海省的旅游资源大部分集中分布在西宁市、海东市，青海省的旅游资源在分布上还有鲜明的环城市和交通道分布的特点，仅西宁市辖区范围内就共有景区景点 165 处，现已开发并纳入区域内旅游线路的有 30 处左右，全省优势景区景点聚集在以旅游集散中心地西宁市周边方圆 200 千米范围内。这些资源包括青海湖、互助北山森林公园等著名的自然旅游资源，还有塔尔寺、柳湾彩陶博物馆、互助土族民俗风情园等人文旅游资源，所以无论在旅游资源密集度还是交通便利度都具有省内核心的地位。因此要充分发挥西宁重要的旅游接待地优势，着力提升西宁市的服务接待能力和水平，真正发挥旅游核心地的作用。

“一核”即一个核心景区——青海湖景区。从旅游者的旅游动机来说，区域内最著名最重要的旅游吸引物是首要的选择，其次是交通的便利程度。青海湖景区在旅游核心城市西宁 200 千米交通范围内，交通便利。青海湖景区是青海的名片，在游客中的知名度较高，早在 1992 年，青海湖被列入国际重要湿地名录，是《拉姆萨湿地保护公约》中著名的湿地保护区；1997 年经国务院批准为国家级自然保护区，名列我国八大鸟类自然保护区之一；2005 年 10 月被《中国国家地理》杂志评为“中国最美的五大湖泊”之首；2006 年被建设部列入国家自然遗产名录；2007 年初又被国家旅游局评为 4A 级旅游风景区，同年在 2007 博鳌国际论坛上，青海湖景区被授予“国家旅游名片”称号；2010 年获批 5A 级旅游风景区。青海湖景区因其比较丰富的旅游资源，近几年发展较快；目前旅游景区的建设水平、接待能力、接待设施都较其他省内景区高。可以说青海湖景区是青海最重要的旅游吸引物，要充分发挥其在资源方面的独特优势，着力打造“环青海湖”旅游产业基地。

“三区”即三大民族文化旅游产业区。依据旅游资源禀赋提炼形成的特色文化资源、区位和交通等条件形成三大民族文化旅游产业区：环湖旅游产业区、海北节事旅游产业区和黄南热贡文化产业区。要充分利用海北的门源县、祁连县，黄南的同仁县三个中心城市和青海湖景区作为青海民族文化旅游产业的绝对增长极，带动其余区域民族文化旅游产业发展并在省内产生一定的辐射效应。就目前青海省的民族文化旅游产业发展情况来看，这些地区的增长极效应非常明显。今后的发展是将这些城市作为区域民族文化旅游产业发展中心，积极寻找自身优势，充分利用这些城市产业发展的溢出效应，促进整个藏区旅游产业迅猛发展。

青海众多旅游吸引物由于受到距离衰减的影响因素，很难整合在一起进行开发，比如果洛、玉树以及格尔木距离西宁直线距离较远，很难在有限的时间内组织旅游者进行跨区域流动，这也是制约青海西南部民族文化旅游产业化发展的瓶颈。通过黄南热贡文化产业区与果洛、玉树地区的有效互动，环湖旅游产业区与海西的有效联系，构成“旅游产业区—旅游吸引物—旅游产业项目”之间的共生关系就显得尤为重要，通过空间区域内较近距离的有效整合，加强与产业区的密切协作，发挥各自优势、互惠互利，最终形成整个青海相互联系、相互促进的大尺度民族文化旅游产业发展的体系。

“三轴”即三级民族文化旅游产业发展轴线。结合各城市旅游文化产业实力、城市辐射能力、旅游交通组织系统和文化旅游资源禀赋状况，将青海划分为三级“旅游城市—民族文化旅游—产业共生”发展轴线，即西宁—门源、西宁—同仁、西宁—青海湖景区作为一级发展轴线；湟中—湟源、共和—贵德、同仁县—尖扎县、门源县—祁连县作为二级发展轴线；循化县—化隆县—民和县，乐都县—平安县—互助县、玉树—称多—治多、甘德—玛多—班玛作为三级发展轴线。

青海民族文化旅游产业发展程度受制于资源禀赋、区位、社会经济发展水平和基础设施等条件影响而呈现不均衡发展状态，但是通过有效的资源整合和产业发展规划打造出区域内特色的民族文化旅游资源、民族文化旅游产品，并通过有效组织延长旅游线路；通过核心旅游服务区、核心旅游景区、民族文化产业区的打造，充分发挥其增长极的效应，带动其他地区民族文化旅游产业的发展；通过重点打造特色民族文化旅游精品，推动其他组合旅游产品的设计，能够让旅游者得到深度的旅游体验，最终增强青海民族文化旅游产业空间运行系统的生命力，实现区域旅游产业的可持续和谐发展，这是本文所做的一个初步尝试。

# 第六章　青海藏区民族文化旅游产业化发展模式

## 第一节　概念界定

### 一、旅游产业

世界旅游组织认为旅游产业是“为旅游者提供产品和服务的行业（旅游业），以及其他对旅游消费者活动有较大依赖的行业（辅助行业）”[①]，有别于传统旅游产业的界定，旅游产业在之前六要素（食、住、行、游、购、娱）的基础上增加到十二个要素，即“食、住、行、游、购、娱、体、会（会议）、养（养生）、媒（媒体广告）、组（组织）、配（配套）”。这个名副其实的综合性绿色产业所涉及的行业或者部门已经很难用一个具体的数字描述，由此可见由旅游产业拉动消费并对相关行业或部门的贡献之大。在前人的研究基础上，结合青海藏区民族文化旅游产业的特点，本研究认为的旅游产业行业结构图如图 6–1 所示。

① 张巧英 . 基于产业链的西安旅游产业集群构建研究［D］. 西安：西安科技大学，2008：7–11.

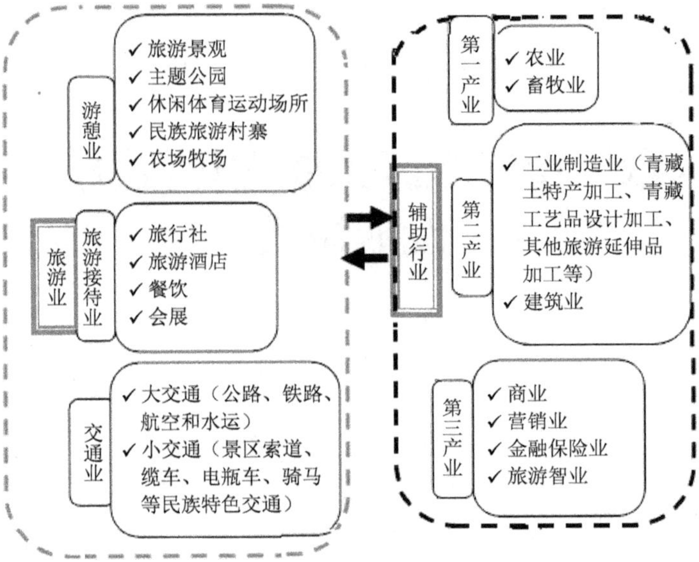


**图 6-1　旅游产业结构图**

## 二、产业化与民族文化旅游产业化

“产业化是从产业发展而来”，而产业是“属微观经济的细胞与宏观经济的单位之间的一个集合，是具有某种同一属性的企业或者组织的集合，是国民经济以某一标准划分的部分的总和”。而“产业化”就是“某种产业在市场经济条件下，以行业需求为导向，以实现效益为目标，依靠专业服务和质量管理，形成的系列化和品牌化的经营方式和组织形式”[①]。从字面意思看，所谓的“产业化”就是把某种“非产业”的行业转向为“产业”，使之成为国民经济的一个组成部分，形成具有某种同一属性的企业或组织的集合。

根据上述关于产业化的界定，所谓民族文化旅游产业化是指以民族文化旅游需求为导向，以实现社会效益、生态效益和经济效益为目标，一方面将原始粗放的民族文化，经过系统的挖掘、梳理和评估，应用适当的发展模式，将之转化为民族文化旅游相关的产品或服务；另一方面，已经初步旅游产业化的民族文化，需要将其传统、粗放的民族文化旅游产业，通过更新发

① 张巧英．基于产业链的西安旅游产业集群构建研究［D］．西安：西安科技大学，2008：7–11.

展理念、转变发展模式、优化产业结构以及创新组织形式，实现现代的民族文化旅游新业态①。简而言之，民族文化旅游产业化就是将民族文化旅游资源（景观）转化为民族文化旅游相关的产品或服务的过程。本研究课题认为，民族文化旅游产业化目标的实现、过程的完善需要做好两方面的工作，即民族文化产业链的接通与延伸。

## 三、产业链与旅游产业链

伴随着社会分工越来越细，科技越来越发达，任何产品或服务的生产（提供）都不是由某一个企业或组织独立完成，而是需要与该产品或服务相关的企业，通过相互配合、合理分工共同来完成，往往是该产品或服务相关的上游企业、下游企业以及该企业间的通力配合，由此形成所谓的产业链，简单来说就是一种产品或服务的"生产—流通—消费"全过程中涉及的所有相关环节以及与之对应的企业或组织构成的网络状结构，而"市场前景比较好，产品关联度比较强的优势企业或龙头企业"②则是这个网状结构中的链核，由它上下连接、前后联系，使产业链向更完善更宽广的方向发展。

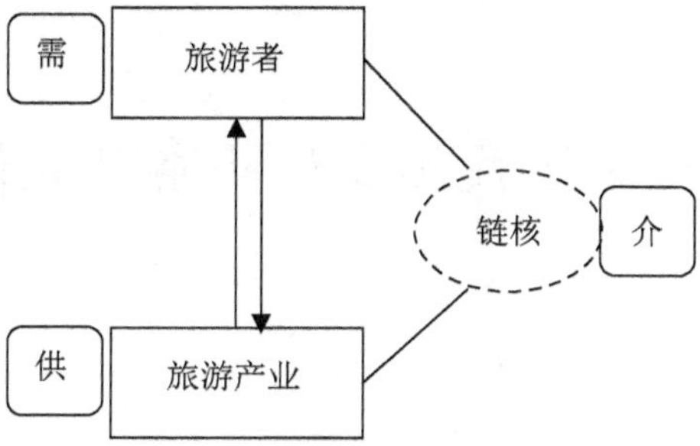


**图 6-2　旅游产业链模型图**

王起静（2005）认为"旅游产业链是指为满足旅游者的旅游需求，以旅游产业中具有竞争力或竞争潜力的企业为链核，通过包价或零售方式将旅游产品间接或直接销售给旅游者以助其完成客源地与日的地之间的旅行和游

---

① 汪俊芳 . 广西民族文化旅游产业化开发研究［D］. 南宁：广西大学，2008：12-13.

② 俞飞 . 基于旅游产业链的婺源旅游经济研究［D］. 南昌：江西师范大学，2012：13.

览，从而在旅行社、饭店、餐饮、旅游景区、旅游交通、旅游商店、娱乐业等行业之间形成的相互依赖、相互制约的关系”[①]。据此界定，首先“满足旅游者需求”是旅游产业链的首要功能；其次，旅游产业链的构成要素是能为旅游者提供旅游产品或服务的各产业，主要包含图 6-1 旅游产业结构图中所有涉及的产业；再次，旅游产业链的模式有两种，即无中介环节的旅游者与旅游产业中各环节的直接链接和需要链核为介体的模式，其中，这一链核除了传统的旅游中间商或代理商如旅行社外，还包括各类起链接作用的相关服务企业或组织，如在线旅行社（OTA）、携程、去哪儿、去啊等。

根据上述旅游产业链模型结构图以及前文对旅游产业行业结构的界定，本研究中所谓旅游产业链的结构分为旅游产业核心层与辅助行业支撑层，内涵与旅游产业行业结构图一致。

根据本课题研究特点，我们认为旅游产业链的优化升级需要从两方面着手：第一，是研究旅游产业链的延伸，即产业节点有多少、可延伸度有多大，往往整个链条有多少个步骤就存在多少个节点；第二，是研究旅游产业链的拓宽，主要由横向上的关联性决定。

## 第二节　青海藏区民族文化旅游产业化发展理念

### 一、可持续发展理念

#### （一）青海藏区民族文化产业化可持续发展的必要性与目标

青海藏区民族文化旅游产业化需秉承可持续发展观，这是实现“跨越发展、绿色发展、和谐发展和统筹发展”，尤其是“绿色发展”的有效路径。此外，2015 年 1 月《青海省生态文明建设促进条例》出台，预示着青海生态文明建设有了突破性的进展，本研究认为“生态”应包含两层含义，即自然

① 王起静．旅游产业链的两种模式及未来趋势［J］．经济管理，2005（22）：76.

生态和文化生态。而在此背景下探讨青海藏区民族文化旅游产业化的问题，需要关注的问题就是文化生态，因此在文化产业化过程中必须秉承可持续发展观。

民族文化资源、文化景观与旅游产业化相互作用和影响，将民族文化旅游产业化发展建立在生态自然、文化环境承受能力之上，最终目的是力求民族文化与藏区旅游民族环境协调发展，提高青海藏区农牧民的收入水平和生活质量，提供给旅游者高质量的民族文化旅游体验，维护青海藏区农牧民和旅游者赖以生活的环境质量。

### （二）青海藏区民族文化产业化可持续发展的原则与方针

可持续发展理论主张，经济增长必须以无损于生态环境为前提，以可持续性为特征，以提高人们的生活质量为目标，旨在寻求经济与人口、资源、环境、社会之间的有序协调发展。青海藏区民族文化旅游产业化的可持续发展原则就是建立在可持续发展理论和旅游可持续发展理论基础上，以藏区民族文化生态保护、藏区民族文化发扬传承为原则，以“文化生态—社区经济—社区社会”协调运行为方针，进行绿色发展文明发展。

### （三）青海藏区民族文化产业化可持续发展的实践过程

可持续理念下的青海藏区民族文化旅游产业化发展主要包括青海藏区民族文化的自然环境可持续和藏区民族文化本身的可持续，可持续是民族文化旅游产业化发展过程中满足现阶段（包括现实和潜在）旅游者和旅游地区的需要，同时保护和增加未来一段时间内的需要，是建立在保护好当地民族文化“魂”的基础上的科学、合理、适度的产业化发展。产业化过程中，严格尊重民族文化，保护民族文化，实现经济效益、社会效益和环境效益的优化和持续。

## 二、智慧化发展理念

泛在化的旅游信息服务正以某种方式影响到越来越多的旅游者，在国家智慧城市、智慧旅游大发展的背景下，青海藏区民族文化旅游产业化发展更是需要坚持智慧发展理念。这就需要通过“大数据”“物联网”“云计算”“人工智能”“移动互联网”等泛在化的技术支撑，实现青海藏区民族文化旅游产业化过程中的智慧化服务、智慧化管理和智慧化营销，使旅游业和相关辅助行业插上智慧的翅膀，实现与时代的对接。

第一，“大数据”具有非结构化、关联属性复杂、时空分布广、快速且具有价值等特点。通过“旅游供应链大数据中心”，为旅游企业（旅行社、景区、酒店等）、旅游管理部门，提供旅游供应链的实时需求信息，解决供应链的可视化障碍，构建数据资源池。通过数据层快速、有效、全面的数据抓取，旅游服务供应商便可获取旅游者潜在的旅游需求并提供有针对性的营销与服务，同时通过旅游者游记分享来开发新的旅游线路，不断丰富和更新旅游产品。

第二，通过“物联网”技术，可以实现青海藏区民族文化旅游的导游导览、民族文化旅游商品的溯源以及购买凭证（如景区门票、酒店房卡等）等多项便捷服务。

第三，“人工智能”可在图像识别、语音识别、语义分析以及人脸识别等方面，更好地丰富旅游者在青海藏区的旅游体验，更重要的是便于科研部门、管理部门及时收集相关信息，及时了解其需求与体验后的满意程度，以便日后提供更加周到全面的服务。

第四，“移动互联网”是目前在旅游信息服务中使用较为宽泛的一种技术，通常表现是研发相应的手机旅游类应用、电子地图以及 LBS（Location Based Service，即基于位置的服务）。综合现有手机已开发出的旅游应用来看，基本将上述服务全部包含在内，此外还有更多服务，如预订、攻略、导游、导航、点评、翻译、分享、推荐等。因此，在进行青海藏族民族文化旅游产业化发展过程需要结合众多已有旅游类手机应用的优点，开发出适合旅游者在青海藏区旅游过程中的手机应用，突出藏区民族文化特色。

第五，“云计算”是实现大数据同步与交换的关键技术，通过旅游行政管理部门，搭建旅游信息云中心，各级地方旅游行政管理部门通过旅游信息云计算中心集中上传数据，实现数据的同步与交换。

## 三、联动发展理念

### （一）“产业联动”发展理念

“产业联动”发展理念，即“延伸”和“拓宽”产业链。旅游业是边缘性行业，涉及范围广，就旅游业本身而言涉及游憩业、旅游接待业、交通业，而其辅助行业几乎包含了一产、二产和三产中的所有行业。青海藏区文化旅游产业化其实就是将所涉及的行业进行系统梳理、精心设计，形成一整套网络结构合理、产业链条全面的旅游产业体系，推动旅游景区、主题公园、休闲体育运动场所、民族旅游村寨、农场牧场、旅行社、旅游酒店、餐饮、会展、购物和各类交通的行业联动，同时结合青海藏区特色农业畜牧业文化、工业制造业文化、藏医药文化、建筑文化、商业文化及旅游人才培养等，实现全面发展与产业联动，将青海藏区民族文化旅游产业化的产业链延伸、拓宽。

### （二）“区域联动”发展理念

青海藏区与周边毗邻省区的藏区（如西藏、甘肃藏区、四川阿坝藏区以及新疆部分地区）在文化、资源等领域非常相似。作为丝绸之路线和青藏线的重要结点省份，在进行民族文化旅游产业化过程中有必要涉入“区域联动”发展的理念。由于诸多原因（如区域合作不理想），大部分来青旅游者只是将青海作为旅游过程中的一个中转站，而非旅游目的地。但如果依托丝绸之路、河西走廊和入藏旅游黄金通道，与西藏、甘肃、新疆、四川形成“区域大联动”，建构旅游大通道，青海藏区民族文化产业化发展的进程将会大大加快。因此，在青海藏区民族文化旅游景观开发、民族文化旅游线路产品的设计组合、民族文化产业客源市场拓展等方面，必须注重横向区域间的联合，做到优势互补、串联成线，与周边省（区）及其州、市、县共同构建成相应的地域旅游网络，使各旅游区在民族文化旅游项目和特色上可以自成一体又能互补，实现双赢，拓宽与共享旅游市场，尤其是青藏线、唐蕃古道、丝绸之路、青海湖—格尔木—嘉峪关—敦煌、青海湖—果洛—九寨沟、青海湖—循化—临夏、夏河—九寨沟等线网开发。

## 第三节　青海藏区民族文化旅游产业化发展的“SODM”模式

结合前人关于民族文化旅游产业化发展的研究、青海民族文化“两核三轴三区”开发思路，以及基于“需求—中介—供给”的旅游产业链模型，课题组成员进行了多次关于如何将青海藏区民族文化旅游产业化落地的研讨，最终方案锁定在旅游产业化过程中的主体和客体如何做，即青海藏区民族文化旅游产业化的主体发展模式和客体发展模式，英文为 Subject-Object Development Mode，简称为“SODM”。

### 一、青海藏区民族文化旅游产业化发展的“SDM”模式

SDM（Subject Development Mode），即主体发展模式。课题组认为青海藏区民族文化地域覆盖范围广，基本涵盖了青海全省；类型多样分散，且多元交错存在；涉及管理部门多，如林业部门、国土资源部门、城乡建设部门、文物部门、宗教部门、园林部门、规划部门等。这些特征使得本就分散交错的青海藏区民族文化在旅游产业化过程中很难集中发展，需要一定的管理部门能够将其统一管理，并统一发展目标。鉴于此，我们提出了成立“青海民族文化旅游产业化发展委员会”（简称“文旅委”）的方案。

该方案认为凡是涉及青海藏区民族文化旅游产业化发展的所有企事业单位均是成员单位，参考青海省省直各厅局单位，我们认为成员单位主要有：省委办公室、省人大办公室、省政府办公室、省政协办公室、省委组织部、省委宣传部、省委政法委、省（市）经济开发区管委会、省农牧厅、省科技厅、省发改委、省财政厅、省林业厅、省公安厅、省商务厅、省住房和城乡建设厅、省交通运输厅、省国土资源厅、省广电局、省民族宗教事务委员会、省教育厅、省环保厅、省商务厅、省卫生厅、省统计局、省安监局、省

质量技术监督局、省食品药品监督管理局、省人力资源和社会保障厅、省文化和新闻出版厅、省金融办、省扶贫开发局、省工商局、省旅游局、省体育局、青海湖景区保护管理局，以及各类旅游企业（旅行社、旅游酒店、旅游景区等）。

在人力资源方面，青海民族文化旅游产业化发展委员会需要如下专业领域的人才：经济、法律、规划、质量安全、公共事业管理和行政管理等领域。

青海民族文化旅游产业化发展委员会在青海藏区民族文化旅游产业化发展中的主要职责如下：（1）组织、协调各部门在民族文化旅游产业化的工作。（2）起草青海藏区民族文化发展方面的地方性法规、草案，组织实施并指导监督；依法对全省民族文化旅游产业化市场环境进行管理，指导查处违法违规行为；规范市场，优化环境，保证青海藏区民族文化旅游产业化健康有序进行。（3）配套青海旅游发展战略，制定青海藏区民族文化旅游产业化发展战略，并组织实施。（4）成立关于挖掘、梳理、保护青海省藏区民族文化以及如何旅游产业化的研究基金项目。（5）协调促进青海藏区民族文化旅游产业化项目及产品（服务）的开发、销售、维护升级等。（6）组织青海藏族民族文化形象符号的设计、宣传推广活动；开展对外交流。（7）定期组织青海藏民民族文化资源的普查、统计和分析工作。（8）制订青海省民族文化艺人（或技艺）教育培训规划；指导、协调民族文化类各种教育培训工作。（9）与青海藏区民族文化旅游产业化相关的其他工作。

## 二、青海藏区民族文化旅游产业化发展的“ODM”模式

ODM（Object Development Mode），即客体发展模式。青海藏区民族文化旅游产业化的发展，除了推动者主体的革新式发展外，还需要内容的发展，即客体发展，这一发展往往指青海藏区民族文化在产业化进程中借旅游平台更好更多地转化为相应的产品或服务。而这一目标的实现往往是通过产业链的延伸和拓宽来实现的，因此，课题组认为青海民族文化旅游产业化发展过程最需要关注的就是旅游产业链的问题，即青海民族文化在旅游产业化过程中的产业链的延伸或拓宽。

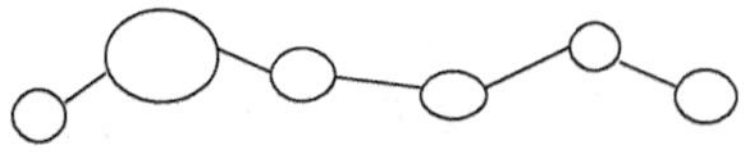

图 6-3　简单线型结构

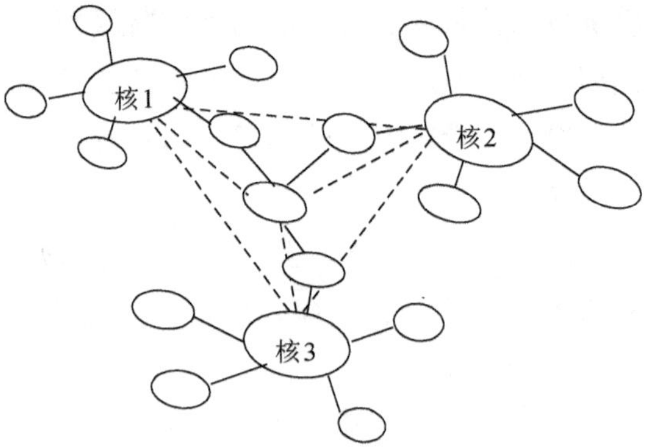


图 6-4　多中心型结构

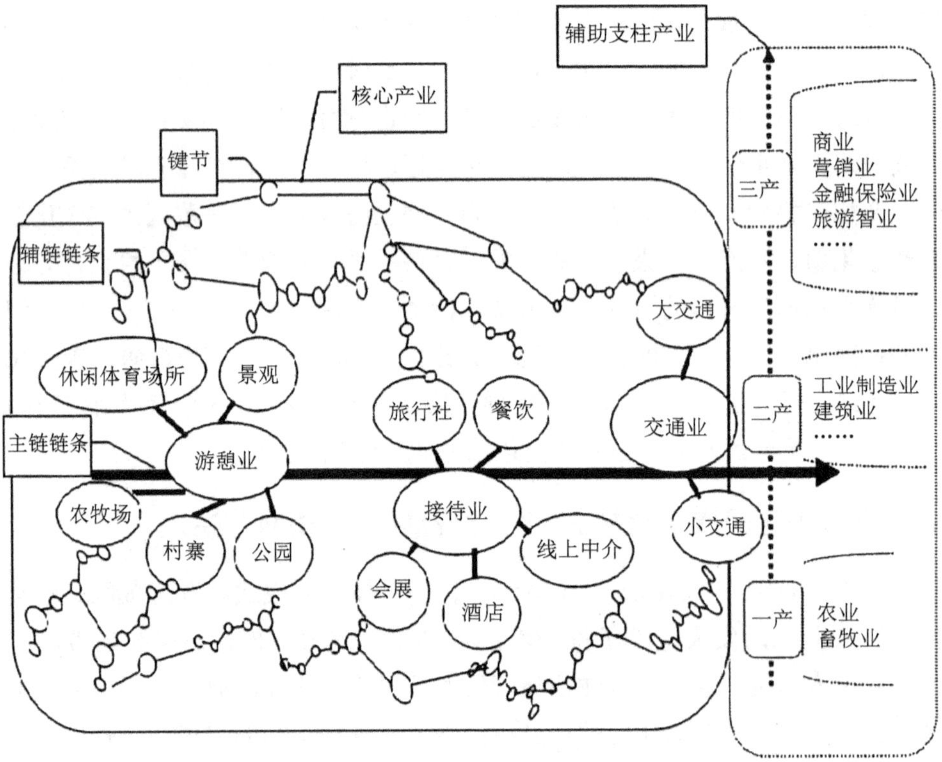


图 6-5　类网络型结构

在旅游产业链研究的基础上，结合前文对青海民族文化产业开发“两核三轴三区”思路以及“需求—中介—供给”的旅游产业链模型，课题组提出了基于产业内部的产业链延伸模式，即“简单线型”模式，跨空间与跨行业部门的“多中心型”模式和“类网络型”模式。

**（一）简单线型结构产业链模式的实现路径**

简单线型结构模式是指在青海藏区民族文化旅游产业化过程中涉及旅游核心产业各要素其内部各部门间相对简单的链条模式，该链条上往往以某一环节或者核心产品为链核。该模式一般在民族文化产业化初期使用较多，处于旅游核心产业的某个要素层面或者某企业内部层面，覆盖面较窄。

1. 以青海藏区民族文化为纽带的延伸

（1）以核心藏文化为纽带的延伸。就青海藏区核心文化的藏文化而言，从灿烂的古文化、羌人文化、吐蕃文化、吐谷浑文化、佛教文化到今天具有新生命的当地特色藏文化发展过程中，从物质文化、精神文化到综合性文化，无不承载着藏民族的聪明与才智，体现着他们坚毅刚强的品质和硬朗爽直、粗犷豪放的民族性格。在藏文化旅游产业化初期，简单线型结构模式是可选择尝试的模式之一。例如“行”（旅游交通产业）产业链简单线型延伸方面：在旅游产业的“行”元素中，主要包含“大交通”（公路、铁路、航空和水运）和“小交通”（景区索道、缆车、电瓶车、骑马等民族特色交通）两方面。一般而言，关于“行”的简单线型产业链模式可遵循“投融资、规划设计、专项定制、人员招聘培训管理、交通营销、面向旅游者服务、医疗、保险以及其他”等多项展开。

如藏文化中的骑马文化，可在适合的景区或交通路段选择一定距离的“骑马”式交通，而此时设计的产业链环节参见图 6-6 藏区骑行产业链：

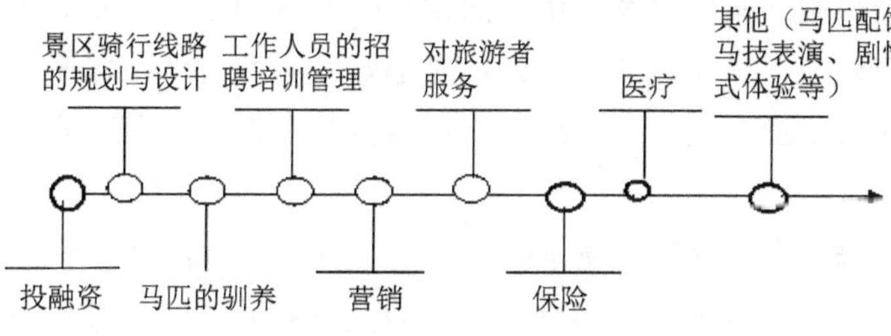


**图 6-6　藏区骑行产业链**

上述产业链节中除投融资和保险外，所有的节点均是藏文化的产业化。如骑行路线的规划与设计上，结合藏传佛教中从左至右、绕塔转山环水等文化进行设计；在马匹的驯养方面，结合汉朝驯养汗血宝马之文化，也可让游客参与体验马匹养殖文化；在马匹配饰、马技表演等方面，结合青海藏文化中服饰文化、宗教文化、节庆文化等进行。

（2）以昆仑文化为纽带的延伸。昆仑文化之昆仑神话在中国妇孺皆知，无论是语文课本、连环画、漫画或是动画片，很容易就能找到诸如“大禹治水”“女娲补天”“愚公移山”“精卫填海”“夸父追日”“八仙过海”等内容的昆仑神话。在昆仑文化旅游产业化过程中，简单线型产业链模式的实现主要体现在“娱”“购”“游”和“住”四个核心要素产业内部产业链如何以昆仑文化为纽带进行链接。例如在“娱”产业内紧紧围绕昆仑文化，通过“昆仑文化创意＋虚拟实景＋项目市场化运营”的模式来延伸产业链。该模式的基本思路是将昆仑文化核心和相关旅游元素进行整合，通过创新策划，设计包装成文化内涵深厚，震撼力、冲击力和感染力极强的文化艺术项目，以青海藏区昆仑文化景观或者虚拟的昆仑文化景观为依托进行表演，该项目可以参考市场化运营的方式进行；另外，以项目管理的方式培育其发展壮大，最终实现项目的经济价值和社会价值。在这种模式中，运用高科技、互联网技术进行模拟创新，丰富项目的内容和更新项目的表现形式是常用的手段，主要通过声、光、电、多媒体、数字化仿真模拟及三维动画合成等高科技，将一些重大历史事件、重要神话传说与一些特色的景观元素、文化等巧妙融合，塑造出各种场景，再通过项目包装和市场化运营，全面推向旅游市场，推动民族文化旅游产业化的进程。在此过程中，从前期投融资、设计到中期出品、营销到后期的销售以及衍生品的设计生产营销销售，可形成无限延伸的简单线型产业链，具体延伸路线如：投融资—项目设计规划—项目人员招聘培训管理—服装道具设计生产加工—项目推广营销—项目延伸品的设计生产销售。

（3）以河湟文化为纽带的延伸。河湟文化是青海典型多元文化的集合，而河湟谷地就是各民族迁徙的走廊。在河湟文化旅游产业化过程中，简单线型产业链模式的实现主要体现在“食”“游”“娱”“购”“住”五个核心要素产业内部产业链如何以河湟文化为纽带进行链接。例如“食”（旅游餐饮产业）产业链简单线型延伸而言，目前入青旅游者在青的餐饮较少涉及当地文化特色，聚集在景区、旅游集散地以及中转地的餐饮企业。因此，结合青海河湟地区的多元文化进行“食”产业链的延伸，主要从“原料的高原特色种植（养殖）—采摘（宰杀）—粗加工—青海民族菜式研发—营销推广—对客服务（就餐软硬环境营造）—食品饮品加工制作—食品饮品包装—物流—检测—批发—零售”等环节展开，每一环节都能融入青海藏区多元文化内涵。

2. *以旅游产品为视角的延伸*

民族文化旅游产业化最简单的表达就是将民族文化旅游商品化（旅游服务化），将民族文化最终转换成旅游产品（服务）。如以休闲体育运动类旅游产品为主，可结合青海藏区民族文化中的骑射文化、摔跤文化、转山转水文化以及歌舞文化等进行产业链的延伸。以生态观光旅游产品为核心，可结合青海藏区草原畜牧文化、农业农耕文化和高原林业文化进行产业链的延伸。

### （二）多中心型结构产业链模式的实现路径

多中心型结构模式是在简单线型产业链模式基础上发展而来，主要是指在青海藏区民族文化旅游产业化过程中从“核心景区”（青海湖景区）、“核心旅游集散地”（省会西宁）和“核心中转城市”（格尔木）出发构建产业链。该模式的旅游产业链突破了区域限制，这些区域中可以实现多部门与多行业的跨越式合作，影响范围大，覆盖面积相对更广，如图 6–4 多中心型结构所示的结构模式图。

需要指出的是“多中心”并不局限于“核心景区”（青海湖景区）、“核心旅游集散地”（省会西宁）和“核心中转城市”（格尔木）。只要条件符合，还可继续延伸，如增加集自然文化、宗教文化、历史文化、艺术文化和民俗文化等于一体的“热贡文化”中心——青海省黄南州热贡地区，以羌文化、吐蕃文化、吐谷浑文化、藏传佛教文化、民俗文化歌舞文化等为显著特征的青海高原藏文化重要集中区域——青海省玉树地区，因此延伸后的多中心型产业链模式参见图 6–4（1）多中心型结构。

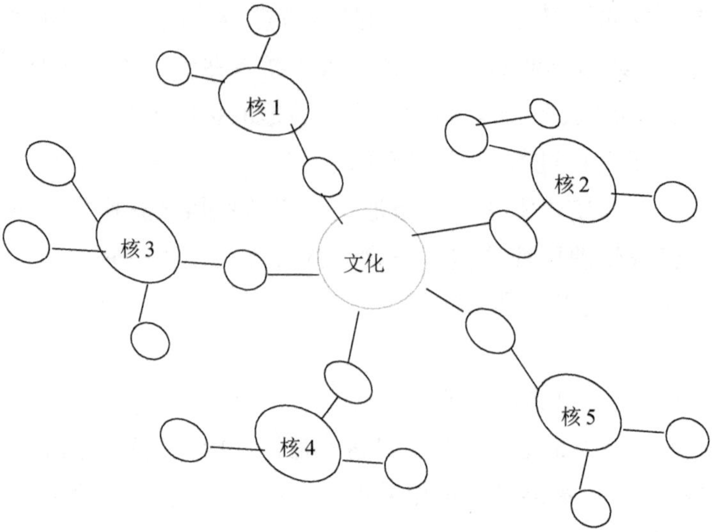


图 6–4（1） 多中心型结构

综上，以“五核”为中心，以藏区民族文化为依托，以旅游为手段，实现产业链的延伸拓宽，主要路径如下：

1. 以格尔木为“核心中转城市”，激活青海民族文化

依托“丝路”“天路”，结合文化创意，激活青海民族文化，尤其是昆仑文化和藏文化，凸显核心中转城市格尔木的重要纽带作用。随着“一带一路”国家倡议的实施，甘、青、新三省区围绕丝绸之路都在努力创新优化自己的旅游产业结构。丝绸之路青海段的旅游线路主要有“西宁—青海湖—茶卡—格尔木—花土沟—新疆若羌”“西宁—青海湖—金银滩原子城—门源—祁连—甘肃张掖”等不同形式的线路组合。而青藏线系列旅游线路产品基本都是以格尔木为主要中转地。

因此，强化突出格尔木在两条重要线路上的纽带作用，是以区域为链核进行旅游产业链延伸的重要突破口。从西宁出发至格尔木，可以尝试旅游循环经济产业链模式。该模式主要是西宁至格尔木沿线节点丰富的农业土特产品（枸杞、油菜）和盐湖工业资源，在各自种植、生产加工过程中，通过手工艺制作、工业加工等程序制作成高原特色食品、用品和旅游商品，而在此过程中产生的农业废弃物通过沼气池再次利用做燃料或发电，而沼气池中废

水等亦可作为肥料被利用；盐湖化工类废弃物可参照目前格尔木循环经济工业模式进行废物再利用[①]，具体产业链模式参见图6-7以格尔木为中心旅游循环经济产业链模式（农牧业）和图6-8以格尔木为中心旅游循环经济产业链模式（工业制造业）。

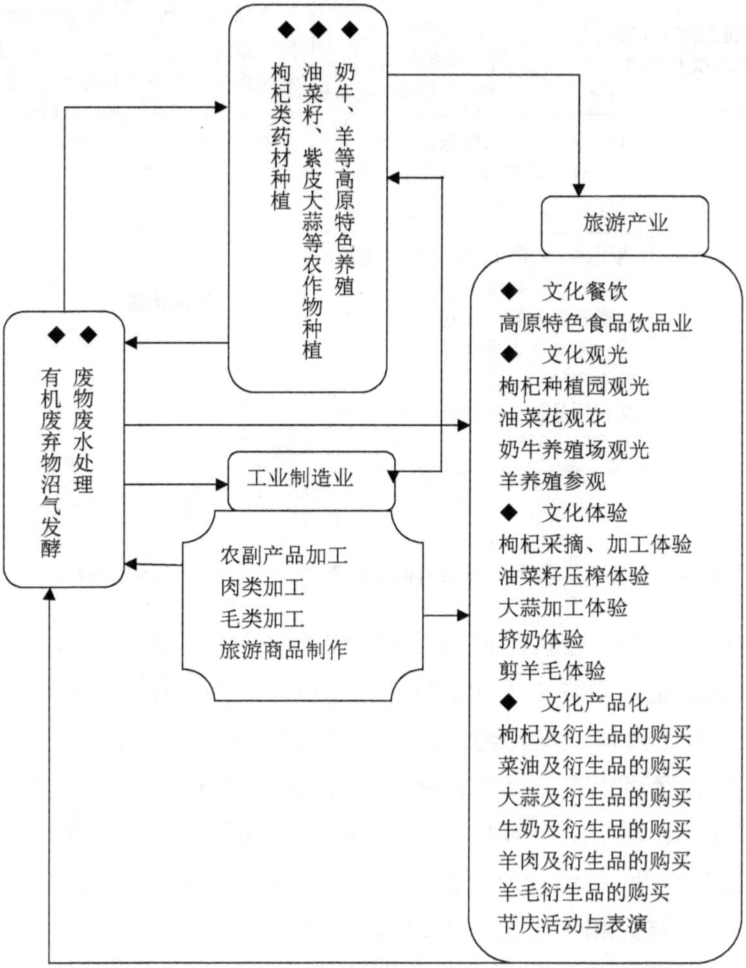


图6-7　以格尔木为中心旅游循环经济产业链模式（农牧业）

① 朱培峰．工业旅游商品开发及其文化影响［D］．济南：山东大学，2008.

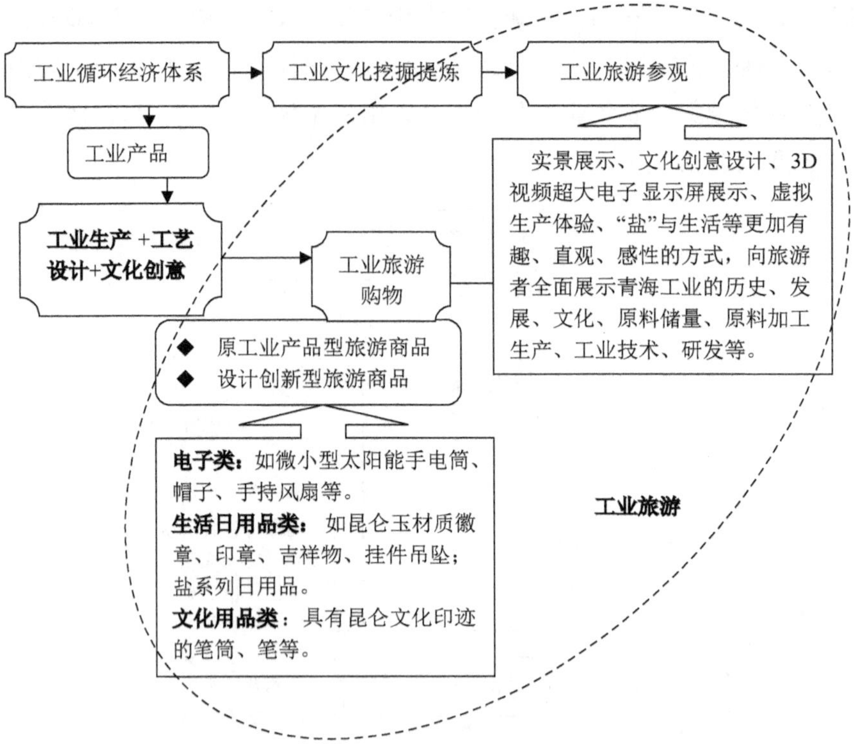


图 6-8　以格尔木为中心旅游循环经济产业链模式（工业制造业）

结合格尔木循环经济工业园区的建设，可设计以循环经济为核心，增设不同系列类型参观景点（如盐湖化工系列、石油天然气系列和金属冶金系列等），近距离体验循环经济工业，了解更多关于“盐”的文化科普知识。其实现路径可以是通过实景展示、文化创意设计、3D 三维视频超大电子显示屏展示、虚拟生产体验、“盐”与生活等更加有趣、直观、感性的方式，向旅游者全面展示青海“盐”的历史、文化、储量、生产、技术、研发等。同时，与此相平行的还有通过“工业生产 + 工艺设计 + 文化创意”的方式制作更多有吸引力的工业旅游商品，这些工业旅游商品一般有两种类型，一是“由原工业产品直接转化而来，如日用品、电子产品等”，二是“专门设计的工业旅游商品，是企业主导性产品的副产品，是企业文化的延伸。"①

2. 以西宁为"核心旅游集散地"，促进产业化进程

依托青藏高原游客集散中心西宁之优势，促进青海藏区民族文化产业化进程。青藏高原游客集散中心西宁市，地处黄土高原与青藏高原交界处，夏季气候凉爽，因此也被称为"夏都"。近年来随着西宁市政治、经济、交通以及科教文卫等全面飞速发展，来西宁的旅游人次数逐年迅速攀升，增速由10%~25%不等（参见下图6-9西宁市自十一五以来旅游人次数折线图）。青海藏区地域面积广阔，文化类型丰富，文化景观等各类文化依托相对分散。凭借西宁市"游客集散中心＋核心旅游区"的功能优势，来促进青海藏区民族文化产业化的进程。主要促进措施如下：

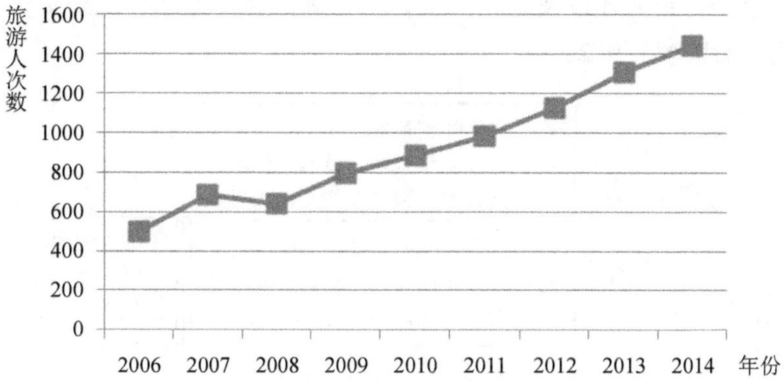


**图 6–9　西宁市自十一五以来旅游人次数折线图**

数据来源：西宁市统计信息网，2006—2014 年度西宁市国民经济发展公报。

（1）政策上扶持。结合西宁市是青海省政治经济中心之优势，各级政府管理部门及相关机构需出台各类有利政策，加强文化体制革新，支持在丝绸之路沿线之甘、青、藏、新四省区的文化企业跨地区、跨行业经营；支持龙头文化企业、重点文化项目以文化创新创意产业化为动力，不断提高研发设计生产和市场拓展能力；同时，通过目前国家对小微企业各种利好政策，各级各部门积极促进其成为创新、创业的主力军。例如，设立专项基金，支持

① 朱培峰．工业旅游商品开发及其文化影响［D］．济南：山东大学，2008.

从民间和市内各高校选拔优秀的文化创新创业项目对其进行引导、帮扶，促进文化产业化发展，一是扩大就业，发展青海经济，二是深入民族文化产业化的研究。

（2）科技上支持。结合西宁市是各类科技组织和人才相对聚集之地，设立文化专项基金，鼓励高校及相关部门科研人员积极探索青海藏区民族文化挖掘、文化产业化、文化创意、文化保护等领域，为青海藏区民族文化产业化发展提供智力支撑。

（3）人力上保障。结合西宁市是青海人才培养培训体系相对完善、人才相对聚集之地的优势，鼓励高等院校或相关机构培养文化产业化过程中需求的各种类型人才，如文化创意产业人才、文化金融人才、文化市场管理人才、文化市场营销人才以及文化信息化人才等，为青海藏区民族文化产业化发展提供人力资源的保障。

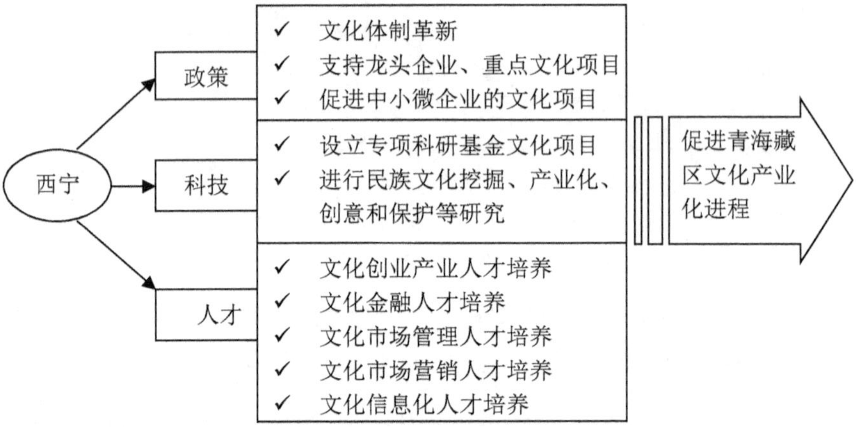


**图 6-10　依托西宁之优势，促进青海藏区民族文化产业化进程**

3. 以青海湖为“核心景区”，优化现有民族文化产业结构

依托高原明珠青海湖，优化现有民族文化产业结构。高原明珠青海湖是青海民族文化产业化发展思路中“两核”之“核心”景区，根据其龙头企业的带动作用及现阶段民族文化产业发展实际，课题组认为，依托青海湖景区优化现有民族文化产业结构的主要措施就是进行环青海湖区域内民族文化资

源整合，主要包括空间结构、市场结构和产品结构三方面的优化与整合，具体参见下图 6–11。因涉及篇章内容较多，具体整合措施见《第七章　实证研究之一——资源整合篇》的具体内容。

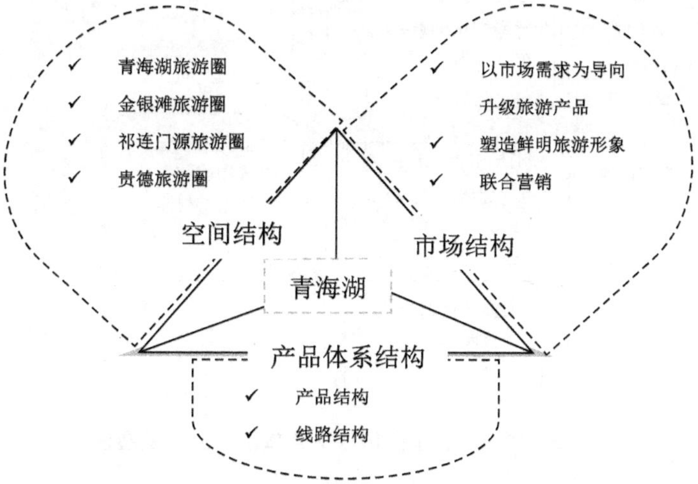


**图 6–11　依托核心景区青海湖，优化产业结构**

4. 以青海藏文化为“核心区”的民族文化产业化发展

第一，在该产业链的实现途径中，课题组认为，根据青海藏区民族文化特征、青海“生态立省”“绿色发展”战略，对于藏文化相对集中，自然生态环境、文化生态环境相对脆弱的青海玉树地区的文化产业化放在“保护为主，暂不产业化开发”范畴。

第二，产业化程度相对较高、自然和文化承载环境相对较成熟的青海热贡地区，在进行民族文化旅游产业化发展实践中，需要从“大型文化创意 + 实景 + 市场化运营项目”“大型民族文化生态博物馆和文化遗产旅游村落”“大型文化遗产主题公园”和“文化遗产品牌吸引”四个方面进行，而每个方面的都有相应的建设内容（如图 6–12 青海热贡地区民族文化旅游产业化发展模式）。青海热贡地区民族文化旅游产业化重点实证分析，具体参见《第八章实证分析之二：开发模式篇》的内容。

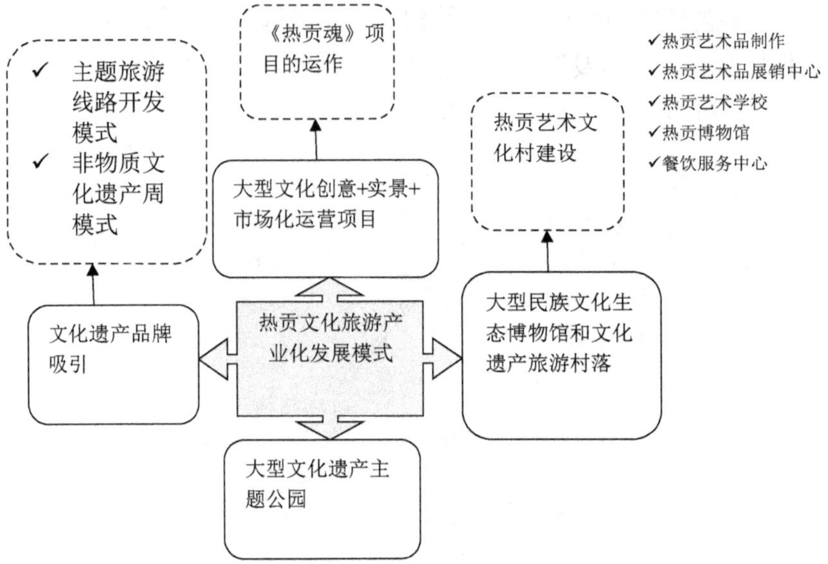


**图 6-12 青海热贡地区民族文化旅游产业化发展模式**

### （三）类网络型结构产业链模式的实现路径

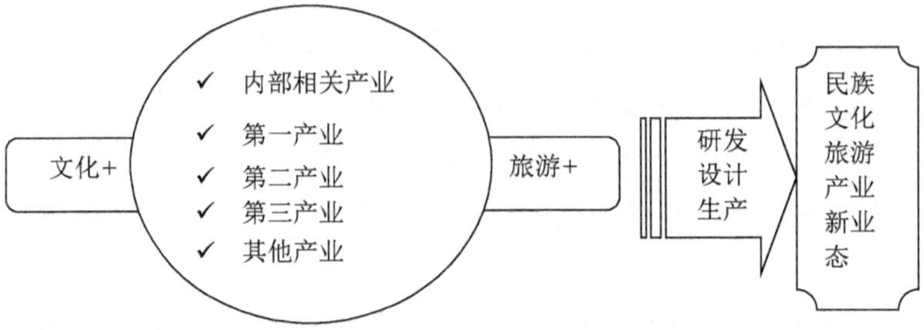


**图 6-13 类网络型结构产业链模式的实现**

类网络型结构是从旅游全产业链的角度出发，以“旅游”和“文化”为基础，构建适合青海藏区民族文化发展的产业链网。实现类网络型结构产业链模式的实现主要是在“跨界联营”的思路下，使“旅游 +”[①]、“文

① 旅游+：指充分发挥旅游业的拉动力、融合能力，及催化、集成作用，为相关产业和领域发展提供旅游平台，插上“旅游”翅膀，形成新业态，提供其发展水平和综合价值。该信息来自李金早．李金早署名诠释“旅游 +”解读中国旅游大格局［J/OL］. http：//www.china.com.cn/travel/txt/2015-08/19/content_36346686.htm，2015-08-19。中国网，旅游中国．

化＋”[①]与其他相关产业的融合。

1. 产业内部联营，实现民族文化旅游产业化

以青海民族文化为核心，通过与旅游六要素的不同组合，经过加工、设计和再生产，最终实现民族文化实物化、虚拟化和方案化三种表现形式不同的业态。其中，实物化业态主要有两种不同的消费方式，即旅游者实地体验式消费和购买消费，如民族特色饮食结合民族文化的禀赋，形成具有民族文化特色的食品或饮品，供旅游者品尝体验；同时，也可以将此类产品通过文化创意型包装后供旅游者购买。

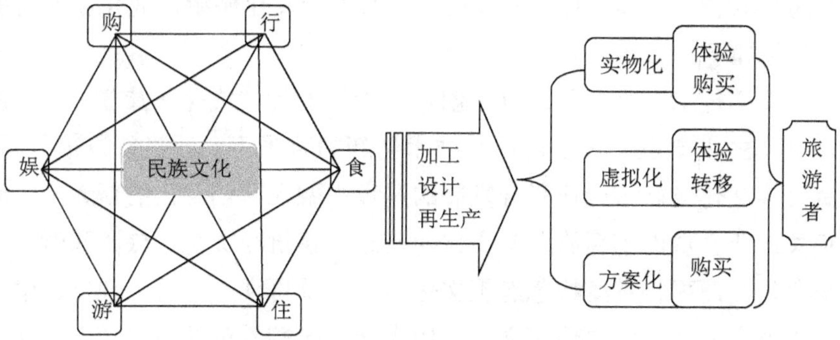


图 6–14　旅游六要素与文化内部联营

虚拟化业态主要是民族文化与旅游六要素结合的过程中通过现代信息技术手段，将文化再现来丰富旅游者的旅游体验或者将体验过程通过信息转移的方式“购买”后带走，旅游者返回客源地后再次回放的过程。方案化业态是通过挖掘青海民族文化，并赋予旅游六要素，再次经过灵活设计，为旅游者量身定制，设计出符合其要求的各种旅游文案，并最终销售。

在上述路径中，任何一种方式的实现都需要相关产业的涉猎，并最终形成新的业态，从而达到文化旅游产业化过程中产业链的网络型结构。通过旅游产业与民族文化产业内部联营而形成的新的业态，通过“实物化”“虚拟化”和“方案化”处理后，实现其“体验”“购买”和“转移”的功能，最

① 文化+：课题组认为，所谓文化+就是以文化为基础，充分发挥文化各项功能作用，与相关产业融合发展，形成新的业态。

终成果体现为：新的旅游线路（如民族饮食文化、建筑文化、交通文化、景观文化、娱乐节庆文化等各类旅游线路产品）、新的旅游购品（如旅游纪念品、土特产品、日用品等）、新的旅游体验（民族交通体验、节庆活动体验、饮食加工制作体验等）。

2. 跨界联营，打造“文化＋旅游＋”的民族文化旅游产业化新业态

关于旅游与其他产业跨界联合发展的诸多研究中，前人总结出旅游与多种产业联合（融合）发展主要模式有：以“技术”“资源”“功能”“市场”“业务”“空间”等为手段的发展模式。借鉴前人研究成果，本课题认为，在跨界联营，打造“旅游＋文化＋”的民族文化旅游产业化新业态的实现路径主要如下：

（1）以“技术”为手段，以“创意”为目的的“文化＋旅游＋”的发展模式。该模式主要是在技术使用与技术创新的背景下，通过“技术”手段，将青海民族文化与旅游产业联合发展的过程中融入“创意”的新元素，联合其他相关产业，从而创新旅游与文化的业态。建筑与文化、旅游联营，通过创意与科技，便可将青海特色建筑文化通过实景再现，也可在现代新建建筑中融入青海高原藏区的古建筑文化，构成现代旅游景观的组成部分；在工业制造业与文化、旅游的联营中，主要展现的就是青海藏区文化。如特色藏区手工艺品的加工制作、日常生活用品通过创意后的再现等。

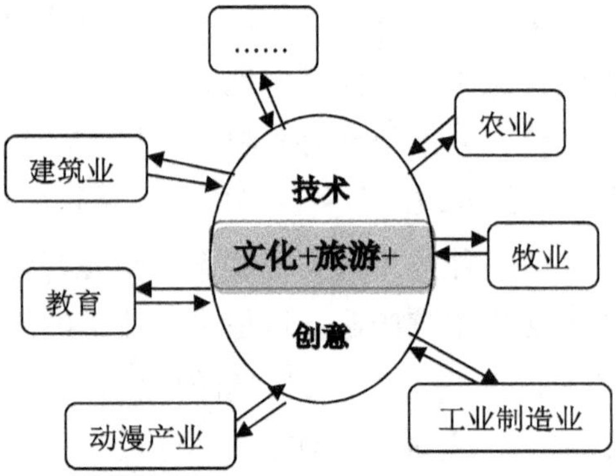


图 6–15　“文化＋旅游＋”在技术与创意背景下的联营发展

以“文化＋旅游＋农业”为例，通过技术和创意，三者联营发展，最终

展现新的业态有高原农业科技园、高原农业创意园、DIY（自己动手做，Do It Yourself）高原农业作坊以及其他（如婚庆、摄影、会展等）等四个方面（参见图 6–16 创意与科技催生下的“文化 + 旅游 + 农业”发展模式）：

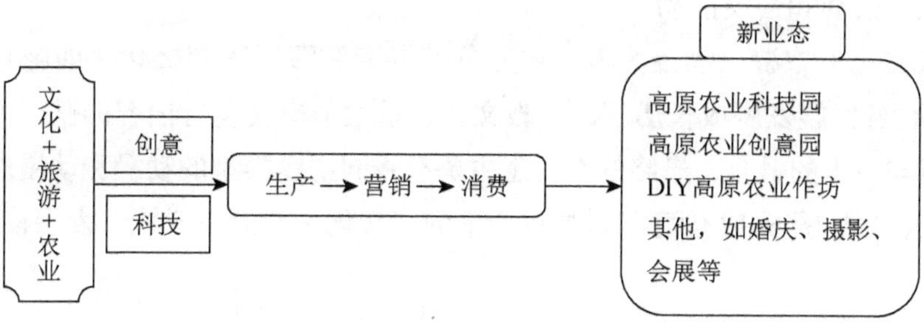


**图 6–16　创意与科技催生下的“文化 + 旅游 + 农业”发展模式**

①高原农业科技园：如采用高原农作物或花卉作物的培育、光能资源的采集利用、地热资源的采集利用、风能资源的采集利用等科学技术，挖掘并赋予农业科技园特色地方农耕文化，发展农业科技的同时，进行文化旅游活动。

②高原农业创意园：高原农业创意主要体现在农业类型的创意和产业链环节的创意。如类型创意主要有培育特色高原观花与油料种植的油菜种植、油葵种植、特色农作物种植；同时，根据产业链环节，可设置主题创意、营销创意、经营创意等环节。如根据地方特色进行不同的主题创意，如以观赏为主的门源油菜花的“爱你一万年”主题等；同时结合近年逐渐盛行的亲子游，可设计花卉或农作物类的竞技活动，如设计辨识农作物、走迷宫解谜题等。此外，通过再现某种农作物或者花卉等在古诗词中的场景、再现青海藏区农业耕种丰收场景，让旅游者更加真切地感受当地风情文化以及历史文化，使得农业、旅游与文化相得益彰。

③ DIY 高原农业作坊：根据类型可划分为 DIY 高原食品作坊、DIY 高原饮品作坊和 DIY 高原手工艺品作坊。在食品作坊中根据青海藏区主要农产品，可设计 DIY 青稞饼烤制、DIY 土豆类食品加工制作、DIY 大豆类食品加工、DIY 枸杞类食品、DIY 高原人参果类食品等；饮品类主要有 DIY 青稞酒系列、DIY 枸杞饮料系列、DIY 啤酒系列等；手工艺术品主要有 DIY 高原藏

草药系列香包、DIY 压花以及 DIY 编织等。在整个创意过程中融入青海藏区的民族文化、宗教文化、服饰文化、饮食文化、建筑文化、生计文化等。

④婚庆摄影及会展等延伸类产业：在农业园区和农场，进行相应主题的婚庆摄影活动和会展活动。

以文化＋旅游＋动漫为例，在充分挖掘青海藏区民族文化（如昆仑神话文化）、各民族发展成长历程、宗教文化、重大节事文化等内容的基础上，通过创意与技术的融合，最终的新业态主要有不同主题类型的动漫和动漫虚拟场景景区，参见图 6–17 创意与科技催生下的“文化＋旅游＋动漫”发展模式。

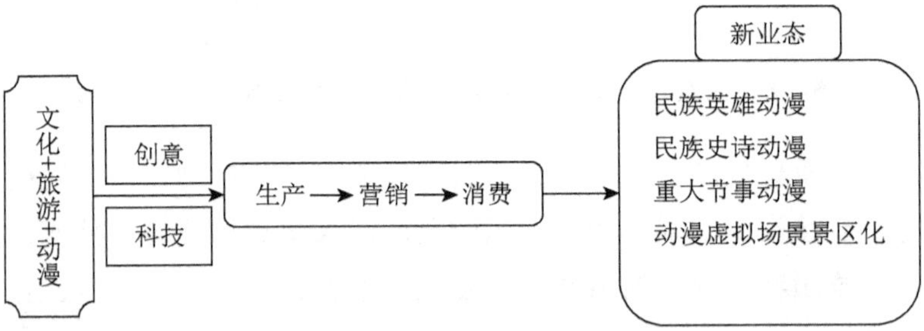


**图 6–17　创意与科技催生下的“文化＋旅游＋动漫”发展模式**

（2）以“资源”为载体的“文化＋旅游＋”模式。该模式主要是指在青海省内的其他产业以旅游资源（旅游吸引物）的形式，联合青海藏区文化与旅游联合发展，取得双赢或多赢的模式。其他产业价值链环节未变，但作为旅游资源而被创新包装成为新的旅游资源，进而形成新的旅游产品，不但丰富了旅游资源的外延，同时增加了其他相关产业附加功能。就青海而言，如第一产业中的农业和畜牧业以及第二产业工业等（参见图 6–18 以“资源”为载体的“文化＋旅游＋”模式）。

以“文化＋旅游＋”“农业”或者“工业”为例，首先直接以其他产业为“资源”作为新的旅游吸引物，进而形成旅游新业态。如“文化＋旅游＋农业”的发展模式中，以青海河湟地区农业文化为基础，将青海高原东部农业区的农业生产过程、各民族劳动生活场景和典型少数民族农村风貌作为新的旅游吸引物，利用青海旅游旺季与农忙时间重叠的时机，为旅游者提供别样农业文化旅游体验。同时，“文化＋旅游＋工业”的发展模式中，以青海生态立省绿色发展的工业循环经济文化为基础，将青海省海西蒙古族藏族自治州诸多循环工业园区的工业生产过程、工人工作和生活场景、工厂风貌等作为新的旅游资源，打造工业文化旅游业态。

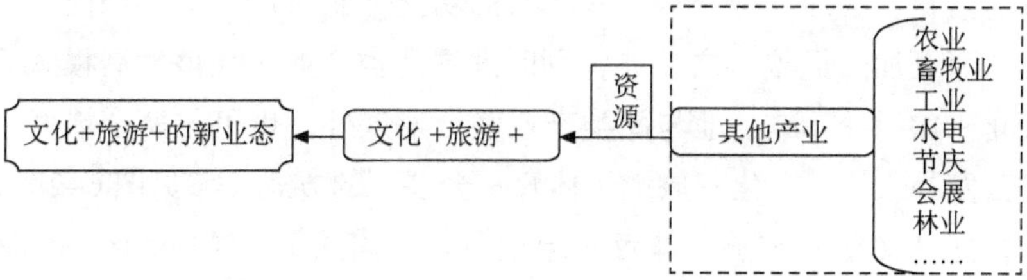


**图 6–18　以“资源”为载体的“文化 + 旅游 +”模式**

以“文化 + 旅游 + 农业 + 工业 +”多产业为资源的发展模式为例，需要找出诸多产业中与青海民族文化、旅游有共性的“资源”；以此“资源单体”为“核”，发展新型旅游业态。如以农业产品青稞、土豆和油菜为例，在农业生产环节，通过创意空间种植、分布以及融合土族、回族、撒拉族等为主体文化，便可形成集“农场迷宫”“农场观光”“农场劳动体验”“农产品初加工及品尝”等休闲观光农业旅游。在此基础上，结合青稞酒工业生产、啤酒工业生产、土豆延伸产品的工业加工制作、菜籽油的工业化加工生产，又会衍生出新的旅游业态，参见图 6–19 以“文化 + 旅游 + 农业 + 工业 +”多产业为资源的发展模式。

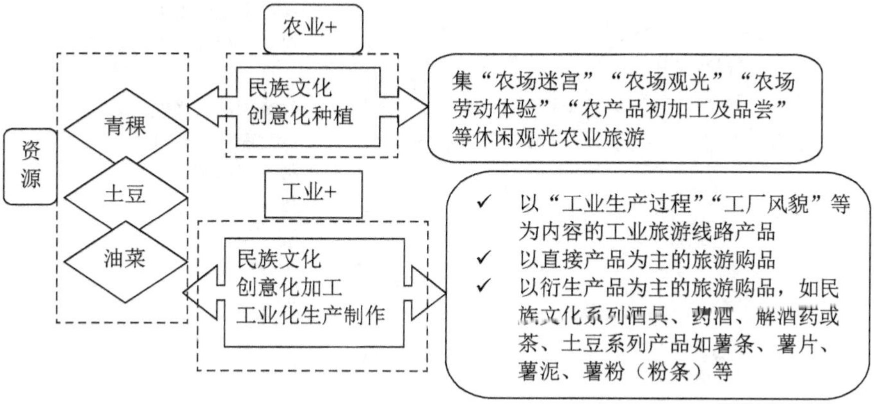


**图 6–19　以“文化 + 旅游 + 农业 + 工业 +”多产业为资源的发展模式**

（3）以“功能”为依托的“文化＋旅游＋”模式。该模式是指其他产业的功能与文化、旅游的功能相类似，用此共性，通过挖掘青海民族文化，从而达到旅游产业发展、青海民族文化产业化以及其他产业共同发展的目标。如体育、教育、医疗、会展等，其具有的功能与旅游产业诸多功能之一达到契合，从而更加凸显旅游之功能，同时发展此类产业。在该发展模式下，除了“文化＋旅游＋”单一地与此类产业联合发展外，也可与两个或两个以上产业联营发展，如“文化＋旅游＋体育＋会展”的方式（参见图 6–20 以“功能”为依托“文化＋旅游＋体育＋会展”发展模式）。青海藏区特色体育活动丰富多样，如登山，攀岩、射箭、骑马、骑自行车、徒步等，而几乎主要特色活动已形成专业性强、影响力大的国际国内性体育赛事（参见表 6–1 青海省主要体育赛事一览表），这些赛事的举办本身就是旅游活动的一种，并可根据系列赛事衍生出更加丰富的旅游产品，如单车环湖旅游、登山旅游、攀岩旅游、徒步旅游等。而会展主要是指根据影响力较大的赛事活动举办相关的主题会展，如针对环青海湖国际公路自行车赛等各类体育赛事活动，举办主题为“高原特色体育用品”的会展，项目内容可设计自行车展、自行车维修与保养、骑行配套设备产品（如衣、帽、鞋、袜、水壶、眼镜、围脖、手套）；登山攀岩类用品及配套设备、徒步类活动用品及配套设备等，从而不断延伸和扩大产业链。

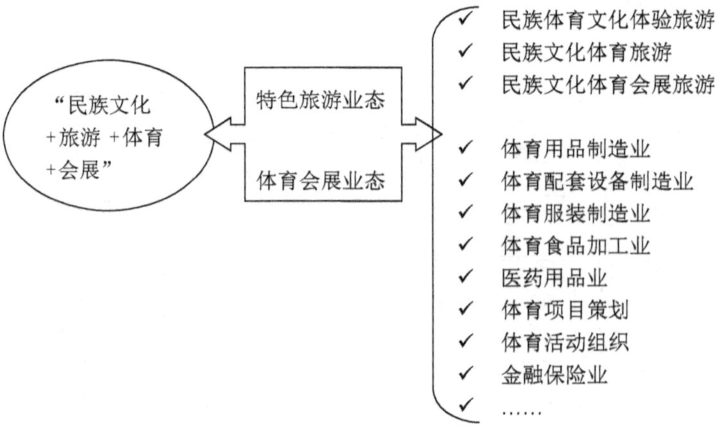


图 6–20　以“功能”为依托“文化＋旅游＋体育＋会展”发展模式

表 6–1　青海省主要体育赛事一览表

| 名称 | 举办时间 | 备注 |
|---|---|---|
| 青海玉树赛马会 | 每年 7 月 25 日—7 月 30 日 | |
| 环青海湖国际公路自行车赛 | 每年 7—8 月 | |
| 中国青海国际抢渡黄河极限挑战赛 | 每年 7 月、8 月 | |
| 青海高原世界杯攀岩赛 | 每年 8 月 | |
| 徒步穿越柴达木 | 每年 9—10 月 | |

# 第七章　实证研究之一：资源整合篇

## 第一节　文化旅游资源整合

旅游业涉及吃、住、行、游、购、娱众多行业，是一个需要高度协调的行业。文化旅游资源的多样形式是进行整合的前提，整合之前，旅游目的地文化旅游资源、基础设施等呈现普通、原始无序的状态，通过统一规划、区域整合、旅游产品整合、旅游企业整合等手段，形成有一定规律、系统化的统一整体，实现区域内旅游资源重组，深化旅游产品深度，提高整体文化旅游竞争力。通过整合实现行业内众要素的优化配置，是旅游业协调发展的最佳途径。文化旅游资源整合就是从系统的角度对文化旅游资源进行全面分析，打破原来资源之间相互独立的状况，从旅游系统结构优化、效率最优的角度对文化旅游资源各要素优化配置的过程。

## 第二节　文化旅游资源整合相关理论

### 一、可持续发展理论

可持续发展理论起源于生态环境领域研究，目前国际公认的可持续发展定义来自 1992 年里约热内卢联合国环境与发展报告大会《我们共同的未来》：

"既满足当代人的需求，又不损害后代人满足其需求的发展。"可持续发展要求在评价社会发展时，不再仅仅以国民生产总值作唯一的衡量标准，而是要用社会、经济、文化、环境、生活等各方面指标全面衡量发展。

最初，旅游业被认为是无烟产业，但随着旅游业的发展，旅游目的地生态环境遭到破坏、传统文化受冲击等一系列不和谐问题出现，旅游业可持续发展问题逐渐受到关注。旅游业对环境依赖程度较高，可持续发展是旅游业长远发展的必要。旅游可持续发展包括两方面：其一，旅游在开发过程中必须坚持循序渐进的原则，符合当地社会历史发展规律，遵守当地的社会道德规范，不能破坏本土后代人的社会环境；其二，旅游要保护好当地文化，保护好当地的遗产遗迹、风俗习惯、道德伦理，在满足当代人旅游需求的情况下，又满足后代人的旅游需求。

## 二、系统理论

系统理论最早由奥地利生物学家贝塔郎菲在 1937 年提出，他认为系统是相互联系、相互作用的众多元素的有机体。我国空气动力学家钱学森将系统定义为：由相互作用和相互依赖的若干组成部分合成的具有特定功能的有机整体，而且这个系统本身又是它所属的更大系统的组成部分，系统是由多个要素按照一定结构组成的具有特定功能的有机整体。系统理论的研究对象包括构成要素、结构、功能和系统。

系统是由要素组成的有机整体，系统和要素都是相对的，要素是相对于高层次的系统而言，而在低层次的系统内，要素又可能成为系统本身。系统的构成要素不同，结构和所具有的功能也不同，因此要素的选择对系统产生重要影响。

系统的结构指系统诸要素之间形成的稳定联系方式。系统由要素构成，不同要素构成的系统具有不同的功能，要素相同结构不同的系统，功能也不尽相同；同一结构的系统往往不止有一种功能，还可能有多种功能。

系统的功能指系统在与外部环境相互作用中表现出来的行为方式，反映的是系统的外在能力。系统的组成要素在系统中都发挥一定功能，缺一不可。

系统是各要素间、要素与整体之间相互联系、相互作用的矛盾统一体，具有从要素量的组合达到系统整体的质的变化的效应，系统不是简单的要素量的简单线性相加，具有特定的结构。

从旅游系统理论角度看，文化旅游资源整合涉及多个利益主体，从资源整合的参与主体角度，涉及旅游目的地居民、开发商、经营者、旅游者，这些利益主体可以看作文化旅游资源整合系统的各个子系统。从文化旅游资源的分类角度，文化旅游资源的整合涉及民俗旅游资源的整合、宗教旅游资源的整合、红色文化旅游资源的整合、体育文化旅游资源的整合等，这些利益主体又可以看成文化旅游资源整合系统的另外子系统。这些子系统相互联系相互作用，凝聚成一股合力。资源整合的过程中，既要看到系统的整体性，又要顾及子系统的功能，顾全大局的同时，又着眼于个体，实现旅游业的合理有序发展。

## 三、区域经济增长理论

资源整合开发是一个动态发展过程，首先选择资源、交通、客源、可开发性条件最优的旅游开发地，根据旅游地发展战略沿一定的动态路线不断完善的过程，这一过程主要体现区域经济增长的点—轴开发理论、核心—边缘理论。

点—轴开发理论：一地的经济发展往往是从地理位置、资源、客源、交通条件最好的一点开始，当条件充足后再沿某种生长轴线向外扩散，带动周边地区的发展。区域旅游开发也遵循这一规律，“点”即最先具有开发条件的旅游景区或旅游城市，在发展到一定规模时，核心旅游地辐射出若干轴线，与周边次级景区组成旅游线。

核心—边缘理论：在区域旅游整合初期，以区域旅游中心为核心区域，资源整合首先在该区域进行，边缘区依赖核心区。随着核心区的影响力增强，通过线路整合、旅游合作等方式将核心区影响力扩散到边缘区，边缘区旅游业发展之后，原来的核心、边缘关系打破，此时，可以重新划分区域旅游空间的核心—边缘关系。

## 四、旅游地生命周期理论

旅游地生命周期理论最早由加拿大学者巴特尔（R M Bulter）在 1980 年提出。他将旅游地生命周期概括为六个阶段，早期探险阶段：无设施，仅有零星旅游者；参与阶段：旅游者逐渐增多，开始有组织旅游，当地提供简单设施；发展阶段：设施现代化，广泛宣传，市场日趋成熟；巩固阶段：旅游者数量不断增加，但增长速度缓慢，当地社区及居民产生不满；停滞阶段：接待设施过剩，旅游人数达到饱和或过剩；复苏或衰落阶段。

文化旅游开发也适用此理论，文化旅游者的消费需求会随着社会时代的变迁而不断变化，文化旅游产品也会经历一个由产生到衰亡的生命周期。在不同阶段，旅游主体、客体和经营者之间的关系在不断变化，所以在生命周期不同阶段，需要采取相应的措施增加旅游产品的吸引力。

# 第三节　文化旅游资源整合开发的原则

## 一、区域整体性原则

根据资源整合的系统性理论，区域旅游资源是一个有机整体，具有整体性、关联性的特点，因此在开发过程中要从整体考虑，处理好区域旅游资源与旅游资源单体之间的关系，取得区域旅游资源整合开发的整体效益和综合效益。

## 二、协调性原则

根据资源整合的可持续发展理论和系统性理论，区域旅游资源是一个有机整体，区域内景区通过竞争中求合作、互惠互利取得整体利益的同时保证单个景区的利益，恶性竞争削弱区域旅游资源的整体竞争能力。另外，通过资源整合，实现区域内旅游产品层次化、丰富化、差异化，保证了区域旅游的良性循环。

### 三、突出特色原则

旅游资源的独特性是产生游客吸引力的重要因素，资源整合不是简单的资源排列，而是充分挖掘资源的特色，形成“人无我有，人有我独，人独我特”的资源开发思路。在了解旅游者市场需求的前提下，突出地方特色，特别是民族地区，设计具有浓郁民族风情的旅游产品，从传统旅游产品中脱颖而出。

### 四、平等互利原则

区域旅游资源整合过程中，参与整合的各方地位平等，平等是整合的前提，互利是整合的目标。整合的各方无论知名度大小，级别高低，实力悬殊与否，都必须建立起平等的伙伴关系，各方在整合过程中享有平等的权利，承担应尽的义务。

## 第四节　环青海湖地区文化旅游资源整合的思路

通过分析发现环青海湖地区文化旅游发展存在基础设施建设落后，消费结构不合理，文化旅游产品单一，缺少文化内涵，产品同质化、文化旅游产品不成体系等问题，为解决这些问题，必须走文化旅游资源整合之路，肯定环青海湖地区文化旅游资源整合的合理性、必要性。文章重点从旅游空间、产品体系、市场整合三方面对环青海湖地区文化旅游资源进行整合，从而在环青海湖地区达到区域旅游规模发展，旅游产品体系在整体上特色鲜明，内部又相互区别，旅游形象突出的和谐局面，提高环青海湖地区文化旅游竞争力。

# 第五节　环青海湖地区文化旅游资源分析

## 一、环青海湖地区概况

青海湖坐落在青藏高原东北部，是我国最大的内陆咸水湖。湖泊、草原、高山交相辉映，形成一幅壮美的山水画。2006 年，青海湖被国家地理杂志评为中国最美的五大湖泊之一。青海湖在行政区域隶属海南藏族自治州、海北藏族自治州管辖，景区管理则由青海湖景区保护利用管理局（下文简称湖管局）负责。环青海湖旅游圈并没有明确的范围，邓清春（2007）将青海湖多元文化圈核心区域概括为海晏县、刚察县、天峻县、共和县 4 县，基于文化旅游资源整合对文化旅游资源多样性的要求，并考虑管理经验和资源组合程度，将环青海湖地区的范围概括为环绕青海湖的 2 州 6 县，即海南藏族自治州、海北藏族自治州 2 州，海晏县、门源县、祁连县、刚察县、共和县、贵德县 6 县。

### （一）自然环境

从地理位置看，环青海湖地区位于青海省的东北部，介于北纬 34°48′~39°05′、东经 99°05′~102°41′ 之间。气候方面，环青海湖地区是典型的高原大陆性气候，光照强烈，冬季寒冷而漫长，夏季短暂而温暖，降水较少。环青海湖地区水力资源、太阳能资源、地热资源、动植物资源丰富，水系主要由黄河水系、祁连山水系和内陆水系三部分组成，境内河流有大通河、湟水、黑河、沙柳河、哈尔盖河、布哈河、黑马河等，水流湍急、自然落差大，蕴含丰富的水力资源，龙羊峡水电站、拉西瓦水电站等水电站都位于该区域内。干燥的气候使得该区成为太阳辐射较高的地区，其中刚察、海晏环湖滩地、丘陵地区、野牛沟滩地年日照数可达 3000 小时以上。环青海湖地区还拥有丰富的地热资源，主要分布在共和县和贵德县境内，其中贵德县温泉宾馆引贵德扎仓温泉水建成。环青海湖地区动植物资源丰富，其中青海湖有青藏高原天然的物种基因库之称，区域内列入国家保护动物的有雪豹、藏野驴、白唇鹿、藏雪鸡等，驰名中外的鸟岛国家自然保护区每年春末有数万只候鸟在此繁衍生息，吸引了大批游客特别是摄影爱好者，植物资源如冬虫夏草、雪莲、黄芪、沙棘、黄蘑菇等已被开发成重要的旅游商品。

### （二）社会经济环境

环青海湖地区面积5.4万平方千米，约占青海省总面积的7.5%，是以藏族为主的多民族聚居区，除藏族以外，境内还居住着汉族、回族、蒙古族、土族等多个民族。到2013年，总人口达173 354人。藏族作为环湖地区的世居民族之一，有着独特的服饰、饮食、婚嫁、节庆文化，分布在门源县境内的华热藏族部落与区域内其他藏族在婚丧嫁娶、服饰、礼仪等方面还存在差别。2013年，环青海湖地区共完成生产总值182.7亿元，占青海省生产总值的8.7%，其中第一产业增长值26.5亿元，占青海省第一产业增长值的12.8%，第二产业增长值108.8亿元，占青海省第二产业增长值的9.0%，第三产业增长值47.4亿元，占青海省第三产业增长值的6.9%。交通方面，公路运输是环青海湖地区的主要运输方式，国道、省道干线沟通了区域内部以及其他地区，初步形成了以国道、省道、县乡公路组成的交通网络。2013年，全区公路里程达2 856 489.3千米，其中，109国道从青海湖南部自东向西横穿湖滨地区，315国道则从青海湖北部穿越湖滨地区，227国道将门源回族自治县与西宁、张掖连接在一起，214国道将海南藏族自治州与西宁、果洛、玉树连接在一起。铁路运输方面，青藏铁路横穿海晏县、刚察县的湖滨地区，承担了部分客、货运。2014年兰新高铁青海段正式运行，门源作为兰新高铁站点，使门源一小时到西宁、两小时到兰州成为可能，提高了环青海湖地区的可进入性。

## 二、环青海湖地区文化旅游资源特征

### （一）多样性

环青海湖地区文化旅游资源的多样性主要表现在旅游资源种类的多样性

和旅游资源数量丰富两方面。《旅游资源分类、调查与评价》（GBT18972—2003）中文化旅游资源部分占 4 主类，84 基本类型，环青海湖地区具有 4 主类中的 27 个基本类型，资源种类的多样性为环青海湖地区文化旅游资源整合提供了可能。另外，依据本文对环青海湖地区文化旅游资源的分类，环青海湖地区拥有宗教文化旅游资源、民族文化旅游资源、体育文化旅游资源、红色文化旅游资源、历史文化旅游资源、诗歌文化旅游资源 6 大类型，旅游资源种类丰富，环青海湖地区可称为青藏高原文化的缩影。通过对环青海湖地区的文化旅游资源进行调查，文化旅游资源单体 163 个，数量极多，这也是环青海湖地区能进行文化旅游资源整合的前提条件。

**（二）地域性**

"一方水土养一方人"，文化旅游资源亦如此。受地理区位、自然环境的影响，不同国家、地区的文化都带有当地特有的地域特征，正是这种差异性吸引游客离开惯常居住地，来到旅游目的地旅游，这些不同环境下形成的文化构成旅游目的地重要的旅游吸引物。环青海湖地区多信仰藏传佛教、伊斯兰教，与东部沿海地区存在鲜明的差异；环青海湖地区属于安多藏区，在语言、宗教、日常习俗等方面又与康巴藏区、卫藏地区存在差异；而同属青海藏区，环青海湖地区的华热藏族部落在日常礼仪、服饰等方面与其他藏区又存在差异性。文化旅游资源的地域性是环青海湖地区发展文化旅游的基础条件。

## 三、环青海湖地区文化旅游资源类型

民族文化是各民族在其历史发展过程中形成的具有本民族特点的文化，包括由饮食、衣着、居住等构成的物质文化和由思维方式、宗教信仰、风俗习惯、文学、文字等构成的非物质文化。之所以将宗教文化从民族文化提取出来单独分析，考虑两方面原因：一是环青海湖地区作为藏族群众的聚居区，藏传佛教文化在此盛行已久，宗教文化旅游资源丰富；二是宗教旅游作为专项旅游的一种，如果将宗教旅游资源放在民族文化旅游资源中，作为民族文化旅游进行研究，难以突出环青海湖地区宗教文化的价值。综合以上两点，将宗教文化旅游资源和民族文化旅游资源并列研究。综上所述，根据本文对文化旅游资源的分类，环青海湖地区文化旅游资源可以进行如下划分，如表 7-1 环青海湖地区文化旅游资源分类所示。

### （一）民族文化

环青海湖地区属于青藏高原地区，是藏族人口的主要分布区之一，藏族群众多以放牧为生，形成了具有游牧文化、崇拜自然等特点的藏民族文化。藏民族文化与中原文化在物质、制度和精神文化层面存在鲜明的差异，具体表现在饮食习惯、服饰穿着、音乐舞蹈、民居民俗、节庆礼仪、婚丧嫁娶等各个方面。环青海湖地区藏族群众操安多方言，故称安多藏区，日常饮食包括糌粑、手抓肉、风干肉、肉肠、面肠、酸奶、奶酪、奶茶等，着藏袍，佩戴各类颜色艳丽的饰品，居住场所以帐篷为主，闲暇时间，男女围成圆圈跳锅庄，竞技活动赛马也是藏族群众重要的娱乐活动。随着环青海湖地区游客的不断增加，穿藏袍、吃手抓肉、参加篝火晚会、跳锅庄、体验藏族婚礼等活动受到游客的不断追捧。

环青海湖地区的门源回族自治县是回族群众聚居区，回族在饮食、节庆、仪式等方面风格独特，如在饮食方面形成清真菜系列，不食猪肉，将炸、蒸、煮、烤、烩等烹饪手艺运用得淋漓尽致，擅长制作各类面食，特色小吃如拉面、面片、酿皮；开斋节、古尔邦节、圣纪节作为回族群众的三大节日，节日当天回族聚居区热闹非凡，吸引许多游客到此游览。

**表 7-1　环青海湖地区文化旅游资源分类**

| 资源类型 | 代表资源 |
|---|---|
| 民族文化旅游资源 | 格萨尔拴马桩、仙米国家森林公园、东旭民俗村、浩门马场、祁连东方瑞士水世界、海晏马背民族活动营、海晏东大滩水上乐园、高原海滨藏城、北部湾温泉度假村、瑞士印象街、藏家寨、达玉民俗村、祁连山青稞酒、青海湖蜂蜜、贵德园艺水果、果酒、狗浇尿、尕面片、青海老八盘、青海土火锅、手抓羊肉、糌粑、羊肠面、酿皮、酸奶、回族点心、炒面、酥油、曲拉、风干肉、门源奶皮、祁连鹿产品、黄蘑菇、可可西里牦牛肉干、人参果、烈香杜鹃、藏绣、塔贤塔雕、藏饰、海晏县藏乡河湟剪纸、藏毯、黄河奇石、回族刺绣、西王母神话、青海湖湖怪传说、海南州民族歌舞艺术团、回族婚礼、回族宴席曲、华热藏族文化、阿柔窦曲、蒙古族颂词、六月会、尚尤则柔、鹿舞、拉伊、藏族舞蹈、骑马、射箭、摔跤、藏族服饰、回族服饰、回族饮食、藏餐、青海湖沙岛国际沙雕艺术节、贵德黄河文化旅游节、梨花节、金银滩草原文化旅游节、门源油菜花节、青海湖观鱼放生节、祁连山草原文化旅游节 |

续表

| 资源类型 | 代表资源 |
|---|---|
| 宗教文化旅游资源 | 下阴田清真寺、阿柔大寺、仙米寺、珠固寺、刚察大寺、白佛寺、沙陀寺、南关清真寺、东沙河清真寺、上阴田清真寺、上庄清真寺、甲乙寺、珍珠寺、文昌宫、德吉滩、新寺、班禅敖包、海神亭、乜纳塔、南海殿、点灯、祭海、转湖、跳神、晒佛 |
| 红色文化旅游资源 | 二炮导弹基地、原子城、西路解放军二军纪念苑、青海原子城纪念馆、上星站、二分厂、爆轰试验场 |
| 历史文化旅游资源 | 西海郡古城、尕海古城、北向阳古城、金巴台古城、门源古城遗址、永安城遗址、可图口三角城、祁连古三角城、夏塘东台遗址、哈尔盖古城、西山遗址、伏俟城、“阿拉善旗王府”遗址、旧千户府王洛宾下榻处、东山遗址、建设掌遗址、峨博掌遗址、月楼石崖遗址、仓开古城、砖瓦厂东西遗址、沙柳河大桥西遗址、哈尔盖桥东遗址、青海湖农场古城、布哈河水文站遗址、鸟岛管理处遗址、年乃索麻遗址、应龙城、黑石头三座古城、大通城遗址、狼舌头古城、贵德古城、德州墓地、岳家湾墓地、上台墓地、马家湾墓葬遗址、哈藏沟口东墓地、兔儿滩遗址、额堡新城、舍布齐岩画、哈龙岩画、尕让千户院、玉皇阁古建筑群、岗龙沟石窟寺、石塔、佛像遗址 |
| 体育文化旅游资源 | 骑马、射箭、摔跤、环青海湖国际公路自行车赛、中国青海高原世界攀岩赛、冬季抢渡黄河极限精英挑战赛 |
| 诗歌文化旅游资源 | 坛城民族文化馆、中国青海民族文化音乐城、王洛宾音乐艺术馆、仓央嘉措诗歌、王洛宾诗歌、贵德水与生命音乐会 |

（资料来源：青海旅游资讯网[①]）

### （二）宗教文化

环青海湖地区藏族群众全民信仰藏传佛教，宗教信仰渗透在日常生活的各个方面，佛教寺院遍布藏区，一些影响力深厚的寺院如刚察大寺、沙陀寺、阿柔大寺既是宗教信仰中心，也是文化传播中心，许多寺院建立起较完备的习经、修行、辩经制度，形成以藏传佛教为核心的文化系统，涵盖哲学思想、历史、文学艺术、建筑、雕塑、医药等文化成果。

伊斯兰教又称“回教”“清真教”，环青海湖地区伊斯兰教主要分布在门源回族自治县，属于伊斯兰教逊尼派的哈乃斐派，遵行“格底目”教坊制。

① 青海旅游资讯网.大美青海－景区［EB/OL］. http：//qhtour.qh12301.com/qinghaipc/dmqh/Scenic/getList.action，2015-09-25.

伊斯兰教主要教义是《古兰经》，穆斯林每日诵念清真言，每天做五时礼拜，每年伊斯兰教历九月全月进行斋戒，清真餐饮、回族服饰、清真大寺建筑集聚门源县，烘托出浓郁的伊斯兰教文化氛围。

**（三）红色文化**

环青海湖地区的红色文化主要分布在海晏县的西海镇和祁连县境内。坐落在海晏县西海镇的原子城是我国第一个核武器研制基地，我国第一颗原子弹和氢弹在此孕育，2011 年被评为"全国红色旅游经典景区"。2005 年，西海镇被评为"全国爱国主义教育示范基地"，主要景区包括青海原子城纪念馆、二分厂、上星站、爆轰试验场，其中青海原子城纪念馆被评为国家 4A 级旅游景区，景区通过场景复原的方式再现了基地工作者的生活场景、"两弹"零件的生产、组装、实验过程。祁连县通过建立西路解放军二军纪念苑，再现中国人民解放军西北野战军一兵团二军和西路军左支队在祁连留下的悲壮历史，缅怀革命英烈，增强后人的爱国意识。

**（四）历史文化**

卡约文化属于青铜时代文化，环青海湖地区是卡约文化的重要分布区。环青海湖地区的历史文化可以分为遗址遗迹和历史文物，其中遗址遗迹旅游资源数量多，分布广。遗址遗迹包括墓地遗址和古城遗址两类。古城遗址如西海郡古城、克图古城、额堡古城、尕海古城、金巴台古城遗址、门源古城遗址等，极具考古价值。墓地遗址有德州墓地、岳家湾墓地、马家湾墓葬遗址等。历史文物以岗龙沟的石窟、石塔、佛像、莫合口原始岩画最具代表性。

**（五）体育文化**

环青海湖地区拥有环青海湖国际公路自行车赛（以下简称环湖赛）、中国青海国际抢渡黄河精英挑战赛、高原世界杯攀岩赛等知名赛事活动。作为亚洲顶级的公路自行车赛，环湖赛受到全世界的关注，国家体育总局也在 2004 年确定了"环青海湖民族体育圈"的发展意向，以此带动环青海湖地区体育文化旅游的发展。环青海湖地区民族文化历史悠久，民俗体育活动赛马、射箭受当地群众喜爱，现代体育活动赛车、沙漠探险、水上漂流项目也丰富了环青海湖地区体育赛事旅游资源。

### （六）诗歌文化

西部歌王王洛宾以金银滩草原为背景创作的《在那遥远的地方》使后人对西部少数民族风情充满遐想。坐落在海晏县西海镇的王洛宾音乐艺术馆，通过图文并茂的叙述以及实物展示使每一位游历到此的游客欣赏到穿越时空的民族之音，让青海诗歌和西部音乐文化大放光彩。刚察县作为诗人仓央嘉措生命最后的落脚点，成为世人怀念、仰赖仓央嘉措的心灵寄托地。“青海湖·仓央嘉措诗歌情歌研究会”“仓央嘉措书屋”、仓央嘉措纪念广场的建造使央嘉措诗歌不断地吟读、传诵，充实了当地群众的精神生活，也丰富了环青海湖地区的诗歌文化旅游资源。

## 第六节　环青海湖地区文化旅游资源整合条件分析

随着社会经济的发展，旅游业日趋成熟，文化旅游市场的需求也呈现出多样化、复杂化、个性化的特点。为适应不断变化的旅游市场，提高区域旅游竞争力，必须对本地文化旅游发展环境及文化旅游资源进行重新认识，明确本地发展文化旅游的优势与不足，结合游客需求，甄别、筛选出能代表本土文化旅游的主打旅游产品，实现文化旅游资源的定位、产品开发与市场需求的整合，避免资源破坏、重复建设、区域恶性竞争等问题的出现。

整合的目的是打造满足市场需求的旅游产品，拥有丰富的资源并不足以抓住旅游发展的命脉，对于旅游业的认识拘泥于旅游资源上，对旅游业发展没有任何意义，必须通过将资源整合、开发成受市场欢迎的旅游产品，实现市场需求与供给的统一，才能真正发展旅游业。

## 一、文化旅游资源竞争力分析[①]

表 7–2　环青海湖地区文化旅游资源竞争力评价指标及权重分配

| 目标层（O） | 制约层（B） | 权重 | 指标评价层（C） | 权重 W | 排序 |
|---|---|---|---|---|---|
| 环青海湖地区文化旅游资源竞争力评价 | 优势 B1 | 0.4931 | 文化旅游资源数量丰富 C1 | 0.0707 | 5 |
| | | | 文化旅游资源类型多样 C2 | 0.1560 | 2 |
| | | | 历史悠久，文化灿烂 C3 | 0.0473 | 7 |
| | | | 地域特色鲜明 C4 | 0.2191 | 1 |
| | 劣势 B2 | 0.3002 | 资金不足 C5 | 0.1022 | 3 |
| | | | 生态环境脆弱 C6 | 0.0229 | 11 |
| | | | 文化旅游内涵挖掘不足 C7 | 0.0431 | 9 |
| | | | 旅游人才缺乏，旅游开发观念落后 C8 | 0.0226 | 12 |
| | | | 旅游淡旺季明显 C9 | 0.0887 | 4 |
| | | | 直接服务景区的旅游交通网络尚未形成 C10 | 0.0207 | 14 |
| | 机遇 B3 | 0.119 | 国家对文化产业、旅游业的支持 C11 | 0.0467 | 8 |
| | | | 青海省政府的推动 C12 | 0.0383 | 10 |
| | | | 国家对西部的支持 C13 | 0.0224 | 13 |
| | | | 居民生活、文化水平的提高 C14 | 0.0116 | 17 |
| | 挑战 B4 | 0.0877 | 政治因素的不稳定 C15 | 0.0137 | 15 |
| | | | 外界对青海的误读与心理距离 C16 | 0.0118 | 16 |
| | | | 周边省份的竞争威胁 C17 | 0.0560 | 6 |
| | | | 发展文化旅游对本土文化的冲击 C18 | 0.0062 | 18 |

层次分析法是由美国匹兹堡大学 T L Saaty 教授提出的一种决策方法。通过将复杂问题的各个要素划分为互为联系的有序层次，将半定量、半定性的

① 丁佳，边世平.环青海湖地区文化旅游资源竞争力评价分析［J］.青海师范大学学报：自然科学版，2015（1）.

问题定量化，基本步骤包括：建立层次结构模型、矩阵判断、进行一致性检验并计算相对权重。

第一，构建环青海湖地区文化旅游资源竞争力评价模型。利用环青海湖地区发展文化旅游 SWOT 分析结果构建环青海湖地区文化旅游资源竞争力评价模型，目标层为环青海湖地区文化旅游资源竞争力评价，制约层包括优势、劣势、机遇、挑战，评价。

第二，判断矩阵。构造判断矩阵主要运用 1~9 标度法实现，即用 1、3、5、7、9 分别表示两指标相比较前者较后者同等重要、稍重要、明显重要、很重要、特别重要，2、4、6、8 表示它们之间的过渡情形。设计《环青海湖地区文化旅游资源竞争力评价权重分配专家意见征询表》，通过电子邮件方式请旅游领域专家填写判断矩阵，每次打分都用 YAAHP 软件进行矩阵判断和一致性检验，经过调整，使得评价指标趋于科学合理，并计算出各因子所占权重，见表 7–2 环青海湖地区文化旅游资源竞争力评价指标及权重分配。

在确定各评价指标权重之后，根据各资源利用内部优势和外部机遇，躲避劣势和外部挑战的能力，由 10 位专家、游客进行打分，以 10 分作为总分，分为 5 个等级，如表 7–3 环青海湖地区文化旅游资源竞争力评分标准。

**表 7–3　环青海湖地区文化旅游资源竞争力评分标准**

| 等级 | 0~1.9 分 | 2~3.9 分 | 4~5.9 分 | 6~7.9 分 | 8~10 分 |
|---|---|---|---|---|---|
| 等级含义 | 非常差 | 较差 | 一般 | 较强 | 非常强 |

采用算数平均值法计算各类文化旅游资源下各评价指标值 $S_{ij}$，各评价指标值与对应权重相乘即为实际指标值，最后对各类文化旅游资源下各评价指标的实际指标值求和，得出每一类文化旅游资源竞争力值，见表 7–4 环青海湖地区文化旅游资源各评价指标实际指标值。数学模型是：$A_{ij}=W_i*S_{ij}$　$Q_j=\sum_{i=1}^{n}A_{ij}$

其中 i 表示第 i 项评价指标，j 表示第 j 项备选方案，W 表示评价指标权重，S 表示评价指标值，A 表示实际指标值，Q 表示备选方案竞争力值。

以民族文化旅游资源 j1 为例，$A_{i1}=W_i*S_{i1}$，$Q_1=\sum_{i=1}^{n}A_{ij}$

$$
\begin{aligned}
Q_1 &= 0.5656+1.248+0.35475+1.86235+0.3066+0.12595+0.15085+0.0678 \\
&\quad +0.2661+0.11385+0.30355+0.2298+0.0672+0.058+0.0548+0.0354 \\
&\quad +0.084+0.0093 \\
&= 5.9039
\end{aligned}
$$

依上述方法，宗教文化、红色文化、历史文化、体育文化、诗歌文化旅游资源竞争力值分别为：6.1015、4.7509、5.2840、6.2389、4.1239，文化旅游资源竞争力水平由高到低依次为体育文化、宗教文化、民族文化、历史文化、红色文化、诗歌文化。

根据计算结果，体育赛事旅游资源竞争力最高，主要原因包括：环青海湖地区拥有环青海湖国际公路自行车赛、高原世界杯攀岩赛、抢渡黄河精英挑战赛、赛马等众多体育赛事、民族体育活动，国际性赛事多，赛级高，知名度高，受国家、青海省政府重视，不论基础设施建设还是人才投入相对较高，且周边地区相似体育赛事少，威胁小。得天独厚的资源优势与国家、地方政府的政策优势集于一身，使环青海湖地区的体育赛事从所有文化旅游资源中脱颖而出，成为最具竞争力的文化旅游资源①。

宗教文化旅游资源的竞争力水平仅次于体育赛事旅游资源。环青海湖地区藏族群众全民信仰藏传佛教，使藏传佛教有良好的群众基础，宗教文化渗透到社会生活的各个角落，从个人言行举止到社会价值观念，都带有浓厚的宗教气息。宗教建筑、宗教艺术品、宗教节庆活动等宗教文化旅游资源遍布藏区，信教群众稳定，且宗教旅游受旅游淡旺季影响小，对非信教游客而言，藏传佛教的神秘性易激发游客的求知需求，对游客的吸引力强，使得环青海湖地区宗教旅游资源竞争力强。

环青海湖地区拥有丰富的民族文化旅游资源，具体表现在资源类型多样，数量多，具有鲜明的地域特色，但是民族文化旅游资源在开发时缺乏资金、人才，开发观念落后，使得民族文化在开发中出现形式单一，资源浪费、破坏等问题，游客来青后并未体验到原汁原味的藏族文化，且民族地区

① 丁佳，边世平.环青海湖地区文化旅游资源竞争力评价分析［J］.青海师范大学学报：自然科学版，2015（1）：84–90.

表 7–4　环青海湖地区文化旅游资源各评价指标实际指标值

| 指标 | 权重 | 民族文化 $j_1$ | | 宗教文化 $j_2$ | | 红色文化 $j_3$ | | 历史文化 $j_4$ | | 体育文化 $j_5$ | | 诗歌文化 $j_6$ | |
|---|---|---|---|---|---|---|---|---|---|---|---|---|---|
| | | S | A | S | A | S | A | S | A | S | A | S | A |
| C1 | 0.0707 | 8 | 0.5656 | 8 | 0.5656 | 5.5 | 0.3889 | 8 | 0.5656 | 5.5 | 0.3889 | 4 | 0.2828 |
| C2 | 0.1560 | 8 | 1.248 | 5.5 | 0.858 | 3 | 0.468 | 8 | 1.248 | 5 | 0.78 | 3.5 | 0.546 |
| C3 | 0.0473 | 7.5 | 0.3548 | 6.5 | 0.3075 | 3 | 0.1419 | 8 | 0.3784 | 4 | 0.1892 | 3.5 | 0.16555 |
| C4 | 0.2191 | 8.5 | 1.8624 | 8 | 1.7528 | 6.5 | 1.4242 | 6.5 | 1.4242 | 8 | 1.7528 | 6 | 1.3146 |
| C5 | 0.1022 | 3 | 0.3066 | 4.5 | 0.4599 | 3.5 | 0.3577 | 2.5 | 0.2555 | 7 | 0.7154 | 2.5 | 0.2555 |
| C6 | 0.0229 | 5.5 | 0.1260 | 6 | 0.1374 | 5 | 0.1145 | 3.5 | 0.0802 | 3 | 0.0687 | 3 | 0.0687 |
| C7 | 0.0431 | 3.5 | 0.1509 | 3.5 | 0.1509 | 2 | 0.0862 | 1.5 | 0.0647 | 4.5 | 0.1940 | 2 | 0.0862 |
| C8 | 0.0226 | 3 | 0.0678 | 6 | 0.1356 | 3.5 | 0.0791 | 2 | 0.0452 | 4.5 | 0.1017 | 2 | 0.0452 |
| C9 | 0.0887 | 3 | 0.2661 | 8 | 0.7096 | 2.5 | 0.2218 | 3.5 | 0.3105 | 3 | 0.2661 | 3 | 0.2661 |
| C10 | 0.0207 | 5.5 | 0.1139 | 3.5 | 0.0725 | 6 | 0.1242 | 1.5 | 0.0311 | 7.5 | 0.1553 | 5.5 | 0.1139 |
| C11 | 0.0467 | 6.5 | 0.3036 | 3.5 | 0.1635 | 6.5 | 0.3036 | 3.5 | 0.1635 | 8 | 0.3736 | 4 | 0.1868 |

续表

| 指标 | 权重 | 民族文化 $j_1$ | | 宗教文化 $j_2$ | | 红色文化 $j_3$ | | 历史文化 $j_4$ | | 体育文化 $j_5$ | | 诗歌文化 $j_6$ | |
|---|---|---|---|---|---|---|---|---|---|---|---|---|---|
| | | S | A | S | A | S | A | S | A | S | A | S | A |
| C12 | 0.0383 | 6 | 0.2298 | 5.5 | 0.2107 | 6.5 | 0.2490 | 3.5 | 0.1341 | 8 | 0.3064 | 4.5 | 0.1724 |
| C13 | 0.0224 | 3 | 0.0672 | 2.5 | 0.056 | 3 | 0.0672 | 3 | 0.0672 | 7 | 0.1568 | 2.5 | 0.056 |
| C14 | 0.0116 | 5 | 0.058 | 3.5 | 0.0406 | 7.5 | 0.087 | 3.5 | 0.0406 | 7.5 | 0.087 | 4 | 0.0464 |
| C15 | 0.0137 | 4 | 0.0548 | 2 | 0.0274 | 5.5 | 0.0754 | 4 | 0.0548 | 6.5 | 0.0891 | 3 | 0.0411 |
| C16 | 0.0118 | 3 | 0.0354 | 5.5 | 0.0649 | 5.5 | 0.0649 | 3.5 | 0.0413 | 7.5 | 0.0885 | 3.5 | 0.0413 |
| C17 | 0.0560 | 1.5 | 0.084 | 6.5 | 0.364 | 8 | 0.448 | 6 | 0.336 | 8.5 | 0.476 | 7 | 0.392 |
| C18 | 0.0062 | 1.5 | 0.0093 | 4 | 0.0248 | 8 | 0.0496 | 7 | 0.0434 | 8 | 0.0496 | 7 | 0.0434 |
| 总分 | 1 | 86 | 5.9039 | 92.5 | 6.1015 | 91 | 4.7509 | 79 | 5.2840 | 113 | 6.2389 | 70.5 | 4.1236 |

发展文化旅游存在文化失真、被同化的威胁，再加上青海与西藏、四川的阿坝、甘孜地区在民族文化上具有相似性，问题多，面临挑战大，使得环青海湖地区民族文化旅游呈现资源丰富，竞争力却不高的局面。

环青海湖地区拥有众多古城、遗址遗迹等历史文化旅游资源，考古价值高，但由于当地经济发展水平落后，交通等基础设施发展滞后，缺少宣传，知名度低，众多古城并没有对游客揭开其神秘面纱，再加上本地旅游市场需求有限，与其他文化旅游资源相比历史文化旅游受重视程度低等一系列困难使环青海湖地区文化旅游发展始终处于不温不火的状态。

环青海湖地区的红色文化旅游资源集中分布在西海镇和祁连县，以西海镇原子城最具代表性，与其他类型文化旅游资源相比，数量少，且多以博物馆、纪念馆展示为主，游客虽然可以学到知识，但缺少趣味性和参与性，吸引力不足，面临困难多，整体竞争力水平低。

王洛宾《在那遥远的地方》、仓央嘉措诗歌使游客对环青海湖地区充满遐想，但是仅仅以静态的音乐艺术馆展示和枯燥的诗歌讨论，不足以将诗歌中微妙的感情表现出来，游客走马观花式的游览方式很难获得深入的旅游体验。资源的有限性，加之开发过程中来自自然环境、资金、人才等方面的困难，造成环青海湖地区诗歌文化旅游发展动力不足，竞争力最弱。

## 二、文化旅游资源市场分析

### （一）文化旅游市场环境分析

截至 2013 年底，环青海湖地区共有星级宾馆 51 家，其中四星级宾馆 6 家，三星级宾馆 32 家，A 级旅游景区 8 处，其中青海湖景区是环湖地区唯一 5A 级景区，4A 级 4 处，3A 级 2 处。2013 年，环湖地区共接待游客 843.8 万人次，比上年增长 26.9%，仅青海湖景区旅游人次达 119.4 万人次，占环青海湖地区总旅游人次的 14.2%，实现旅游收入 17.1 亿元，比上年增长 43.7%，人均花费 194.1 元，比上年增长 10.7%。

根据旅游消费在旅游活动中的重要程度，将旅游消费分为基本旅游消费和非基本旅游消费两类，其中基本旅游消费满足游客在旅游过程中最基本的需求，弹性小，附加值低，主要包括交通费、住宿费、餐饮费、景区游览产生的费用四部分；非基本旅游消费是游客在旅游过程中的附加项目，弹性大，对旅游目的地经济效益情况影响程度高。通常，旅游目的地休闲娱乐设施越丰富、市场发展水平越高、游客支付能力越强，为旅游目的地带来的经济效益越明显。由于环青海湖地区对游客旅游消费构成统计数据不全面，故引用青海省旅游消费结构相关数据，从青海省角度分析来青游客消费构成。2013 年，来青过夜游客消费构成中，交通费占 21.03%，住宿 18.32%，餐饮 15.47%，景区游览 9.35%，娱乐 6.03%，购物 23.44%，其他 6.36%，其中基本旅游消费占 64.17%，非基本旅游消费占 35.83%，而许多国外旅游发达国家的非基本旅游消费构成已达 60% 以上，来青游客在旅游消费方面仍以基本旅游消费为主。

### （二）国内游客市场分析

为了解国内游客对环青海湖地区文化旅游资源市场需求情况，设计《环青海湖地区文化旅游资源市场需求调查问卷》，并于 2014 年 7 月—8 月前往环青海湖地区发放调查问卷。问卷以来环青海湖地区旅游的游客为调查总体，通过典型调查的方法从环青海湖地区选取四个具有代表性的景区：青海二郎剑景区、门源百里油菜花景区、祁连卓尔山景区、贵德黄河大桥，在四个景区附近采用简单抽样的方法各发放问卷 100 份，共发放问卷 400 份，回收问卷 400 份，回收率 100%，剔除无效问卷 40 份，得到有效问卷 360 份，有效率 90%。

1. 游客行为特征分析

**表 7–5　游客行为特征**

| 项目 | 内容 | 百分比 % | 项目 | 内容 | 百分比 % |
|---|---|---|---|---|---|
| 性别 | 男 | 54.4 | 月收入 | 1000 元以下 | 29.7 |
| | 女 | 45.6 | | 1000~3000 元 | 11.7 |
| 年龄 | 18 岁以下 | 1.4 | | 3000~5000 元 | 32.8 |
| | 19~35 岁 | 53.3 | | 5000 元以上 | 16.4 |
| | 36~50 岁 | 33.6 | 旅游方式 | 跟随旅行社 | 14.7 |
| | 51 岁以上 | 11.7 | | 自驾车游 | 20.6 |

续表

| 项目 | 内容 | 百分比 % | 项目 | 内容 | 百分比 % |
|---|---|---|---|---|---|
| 文化程度 | 初中及以下 | 16.4 | 旅游方式 | 自行车游、徒步游 | 16.1 |
| | 中专或高中 | 27.8 | | 自助游 | 38.6 |
| | 本科 | 47.2 | | 其他 | 10 |
| | 硕士及以上 | 8.6 | 客源地 | 青海省内 | 25.63 |
| 职业 | 学生 | 32.2 | | 西北 | 28.52 |
| | 政府、事业单位人员 | 19.4 | | 西南 | 10.16 |
| | 公司职员企业人员 | 32.5 | | 华东 | 9.12 |
| | 私营业主人员 | 10 | | 华中 | 6.91 |
| | 退休人员 | 4.7 | | 东北 | 3.17 |
| | 其他 | 1.1 | | 华南 | 2.12 |

综合分析表 7–5 游客行为特征数据，环青海湖地区游客性别比例相差不大，年龄主要集中在 19~35 岁和 36~50 岁两个年龄段，其中 19~35 岁这一年龄段游客比重最高，占 53.3%，这说明环青海湖地区游客以中青年人群为主，而 51 岁以上人群所占比重低，环青海湖地区海拔较高，高寒缺氧的气候特点在一定程度上阻碍了老年游客的进入。

本科文化程度人群所占比重最高，旅游者文化素质较高，职业方面，学生群体所占比重最高，每年的 6~8 月是环青海湖地区的旅游旺季，与学生暑假假期有重合期，闲暇时间多，学生群体比例高。

游客收入方面，3000~5000 元收入阶段比重最高，占 32.8%，而游客在旅游方式选择上，自助游群体最大，同时自驾车游和骑自行车游、徒步游群体也分别占 20.6%、16.1%，旅游方式呈多样化的状态。环青海湖地区主要客源地包括青海本省、西北和华北地区，其中西北地区仍是环湖地区最大的客源地；华北地区经济发展水平高且人口密集的省市，是环青海湖地区的重要客源地；华东、华南、华中地区，人口虽然密集且与青海环湖地区文化旅游资源差异性大，但游客所占比重却不高，是旅游宣传推广的潜在客源市场。

2. 游客感知（旅游供给）分析

图 7–2 游客对环青海湖地区各旅游形象感知比例表示游客对环青海湖地区各种旅游形象的认知情况，85.3% 的游客选择了西部高原风光，61.7% 选择了高原避暑胜地，32.5% 选择了宗教文化圣地，23.6% 选择了藏、回族文化聚居区。环青海湖地区高原风光和避暑胜地的形象已被多数人接受，而宗教文化、民族文化的形象还不突出。

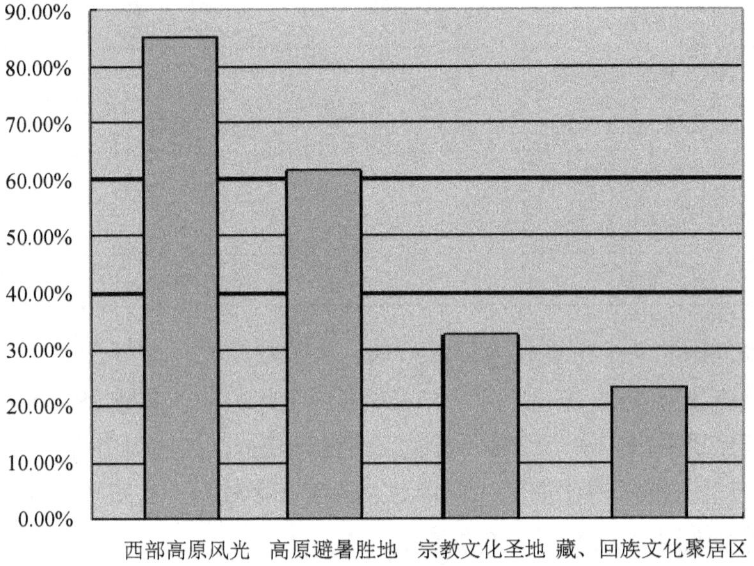


**图 7–2 游客对环青海湖地区各旅游形象感知比例**

图 7–3 游客感兴趣的文化资源类型比例表示游客对各类旅游资源的感兴趣程度，94.2% 的游客对环青海湖地区的自然风光感兴趣，58.9% 的游客对宗教文化感兴趣，58.9% 的游客对当地的民风民俗感兴趣，35.3% 的游客对历史古迹类文化感兴趣，3.1% 的游客对红色文化感兴趣，61.7% 的游客对体育赛事感兴趣，1.1% 的游客对诗歌文化感兴趣，5.8% 的游客对其他类型旅游资源感兴趣。环青海湖地区体育文化在各类文化旅游资源中对游客吸引力最大，其次是宗教类和民族文化类文化旅游资源。

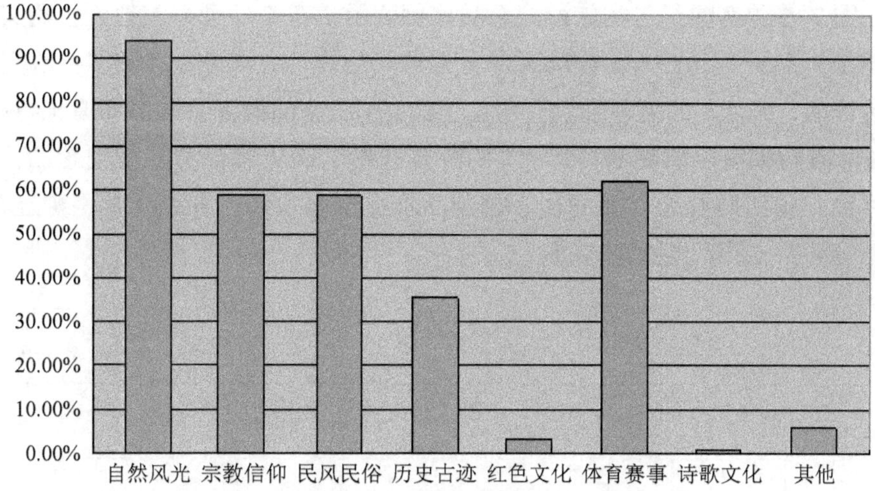


**图 7–3　游客感兴趣的文化资源类型比例**

图 7–4 游客实际游览景区比例表示游客来环青海湖地区旅游会游览景区，91.1% 的游客会去青海湖，23.6% 的游客会去门源的东旭民俗村，50% 的游客会去门源百里油菜花景区，58.9% 的游客会去祁连卓尔山景区，32.2% 的游客会去阿柔大寺，23.6% 的游客会去贵德玉皇阁古建筑群，26.4% 的游客会去黄河大桥，64.7% 的游客会去金银滩草原，35.3% 的游客会去原子城。

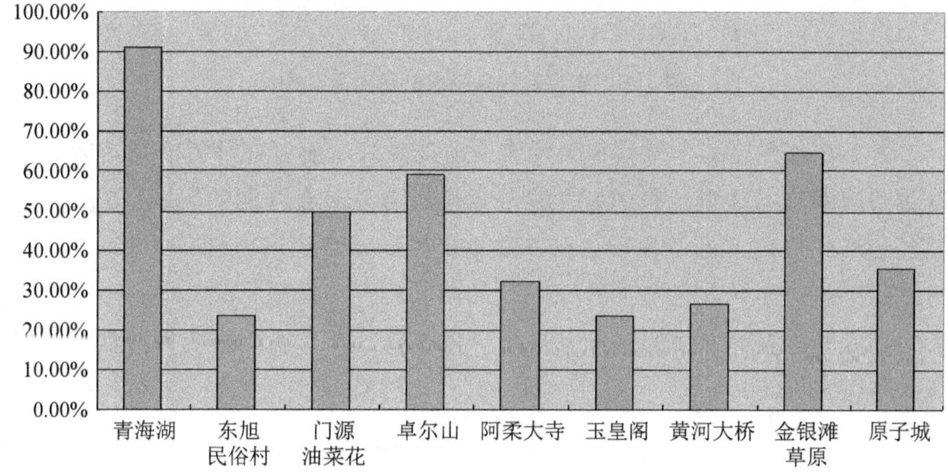


**图 7–4　游客实际游览景区比例**

图 7–5 游客购买各类旅游纪念品比例表示游客来环青海湖地区会购买的旅游纪念品种类，23.6% 会购买奇石玉器类纪念品，46.9% 的游客会购买民族装饰品，32.2% 的游客会购买手工艺品，42.5% 的游客会购买高原土特产，57.1% 会购买肉、奶制品，10.1% 的游客选择了购买其他类旅游纪念品，以牦牛肉、青海酸奶为代表的肉、奶制品最受游客欢迎，冬虫夏草、藏红花、枸杞等高原土特产购买率较高。

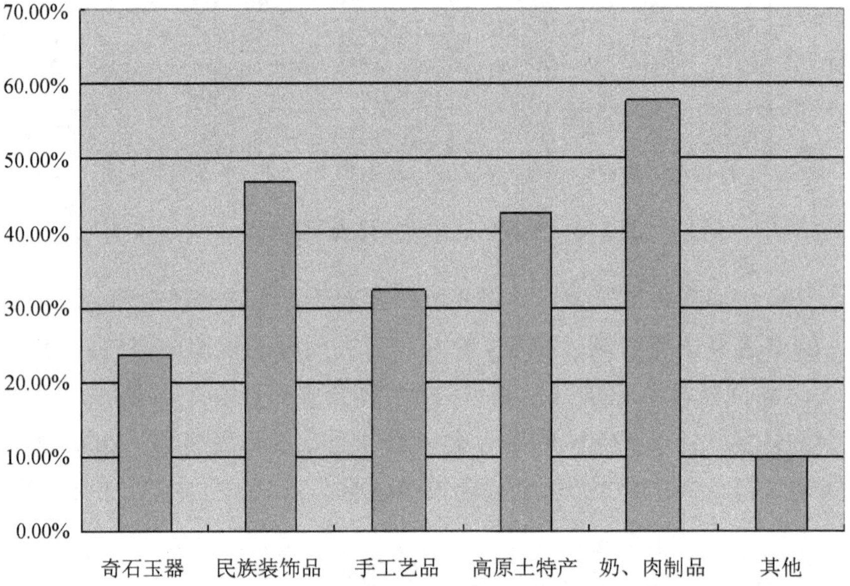


**图 7–5　游客购买各类旅游纪念品比例**

图 7–6 游客旅游中遇到各类困难所占比例表示游客在环青海湖地区旅游时遇到的困难的类型，11.7% 的游客会遇到语言沟通方面的问题，32.2% 的游客会遇到住宿方面的困难，67.5% 的游客会遇到交通方面的困难，23.6% 的游客存在饮食不适应的问题，5.8% 的游客还存在高原反应、早晚温差大带来的环境不适应等方面的困难。从统计数据看，交通不便捷成为游客旅游中最常遇到的困难。

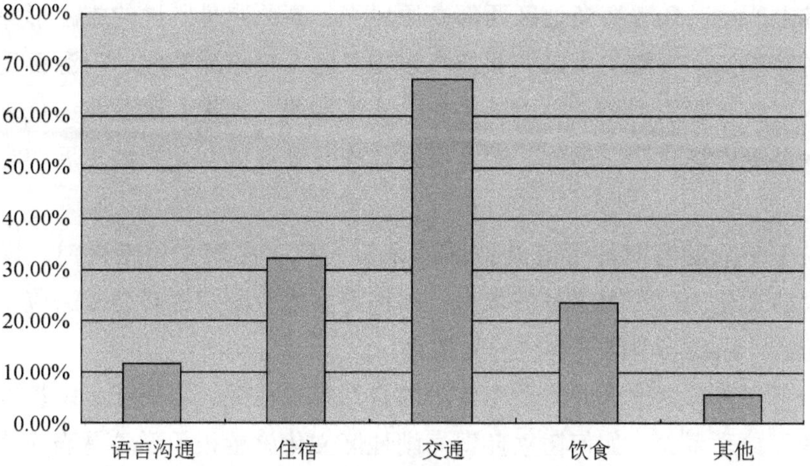


图 7–6　游客旅游中遇到各类困难所占比例

图 7–7 环青海湖地区发展文化旅游制约因素比例图表示游客认为环青海湖地区发展文化旅游受哪些因素制约，其中 58.6% 的游客认为受交通不便制约，64.7% 的游客认为受娱乐设施不足制约，52.8% 的游客认为受景区文化内涵不足制约，38.3% 的游客认为受导游讲解不全面制约，46.9% 的游客认为受旅游纪念品缺乏制约，41.1% 的游客认为受门票价格过高制约，2.8% 的游客认为还受其他方面的制约。

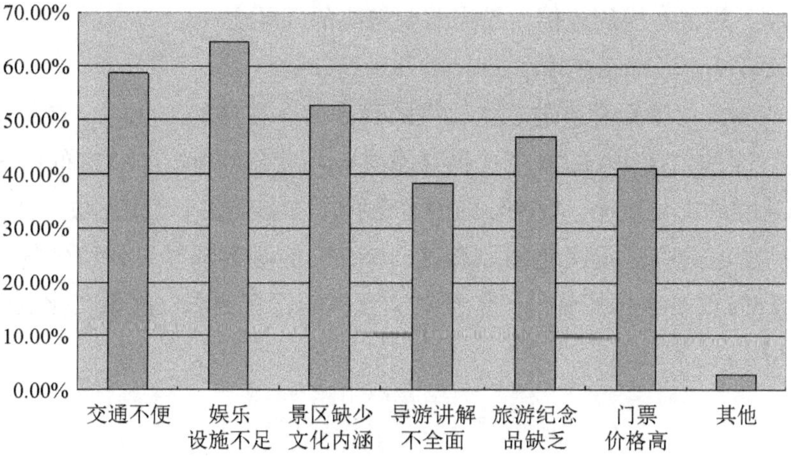


图 7–7　环青海湖地区发展文化旅游制约因素比例图

综上所述，环青海湖地区西部高原风光、高原避暑胜地的旅游形象已被多数游客熟知，青海湖景区、祁连卓尔山景区、金银滩草原、门源百里油菜花景区对游客吸引力较大，以牦牛肉、青海酸奶、枸杞、藏红花为代表的旅游纪念品受市场欢迎。另外，游客反映环青海湖地区文化旅游发展存在的问题有：

（1）多数游客对环青海湖地区的宗教文化、民族文化感兴趣，说明宗教、民族文化旅游资源市场需求大，如何将文化旅游资源转变成适应市场需求的旅游产品是当前需要解决的问题之一。

（2）环青海湖地区的旅游形象多与自然景观相关，与民族、宗教等文化相关的形象联系少，如何树立环青海湖地区文化旅游相关形象是当前需要解决的问题之一。

（3）环青海湖地区文化旅游资源类型多样，旅游景区数量多，但是文化旅游产品缺少统一规划，不成体系，层次感不强是当前要解决的问题之一。

（4）旅游娱乐设施不足，景区文化脉络把握不到位，规划不合理，缺少特色，导游讲解不到位是发展文化旅游要解决的问题之一。

（5）旅游纪念品市场需求空间大，如何将环青海湖地区独特的文化、优质的土特产转化成受游客欢迎的旅游纪念品是当前要解决的问题之一。

（6）旅游交通网络不完善，景区间、城镇间、景区与城镇间实现公路、高速公路、旅游专线的连接，是当前要解决的问题之一。

3. 游客偏好（旅游需求）分析

图 7–8 文化体验需改进之处比例图表示游客在体验文化时，希望从哪些方面进行改进，76.4% 的游客选择注重文化习俗的讲解，41.1% 的游客选择增加趣味性的文化活动，26.4% 的游客选择增加参与性、互动性的文化活动，44.2% 的游客选择注重文化的原真性，38.1% 的游客选择设计特色的旅游纪念品，8.6% 的游客选择其他，包括对文化体验没有要求、注重文化展示的视觉效果等。

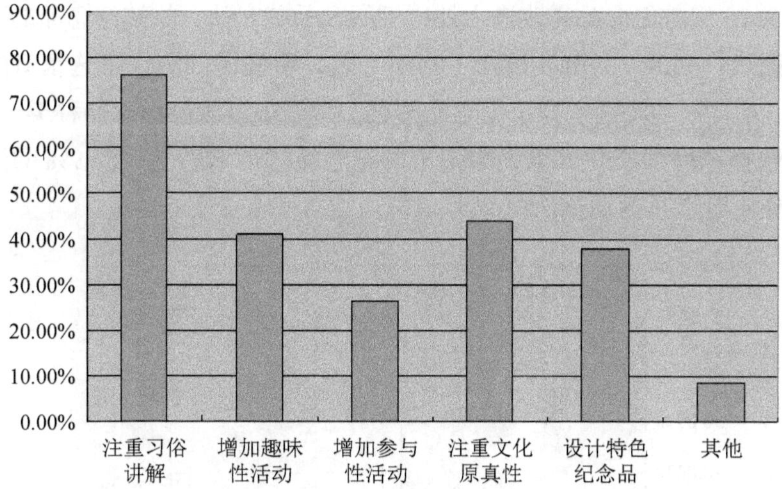


**图 7–8　文化体验需改进之处比例图**

图 7–9 游客倾向了解环青海湖地区文化的途径比例图表示游客希望通过哪些方式了解环青海湖地区的文化，38.1% 的游客选择了节庆活动，52.8% 的游客选择了民族风情园表演，35.3% 的游客选择了民俗博物馆，61.7% 的游客选择了景区游览，67.5% 的游客选择了民族村寨体验。

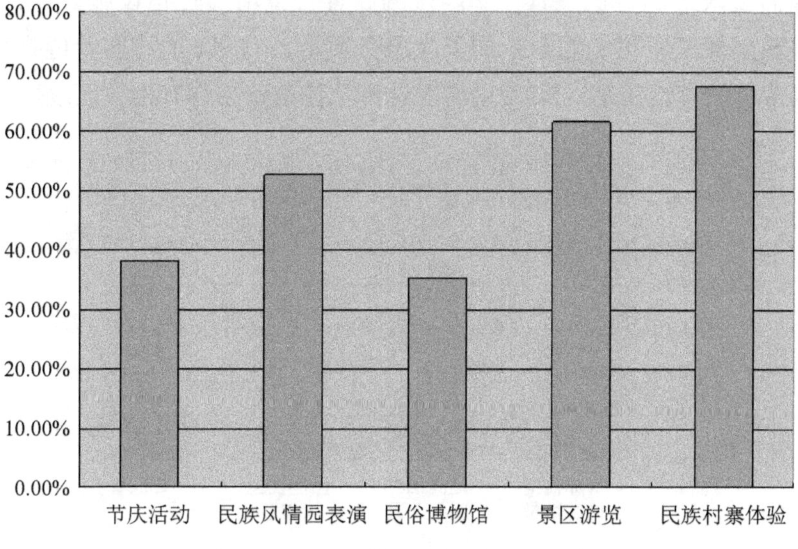


**图 7–9　游客倾向了解环青海湖地区文化的途径比例图**

图 7–10 旅游纪念品需改进之处比例图表示游客认为旅游纪念品的哪些方面需要改进，55.8% 的游客选择了制作工艺，希望得到制作工艺精湛的旅游纪念品，41.1% 的游客选择了纪念品种类，希望丰富旅游纪念品种类，52.8% 的游客选择了增加文化元素，增强旅游纪念品的地域特色，58.9% 的游客选择了保证旅游产品的质量。

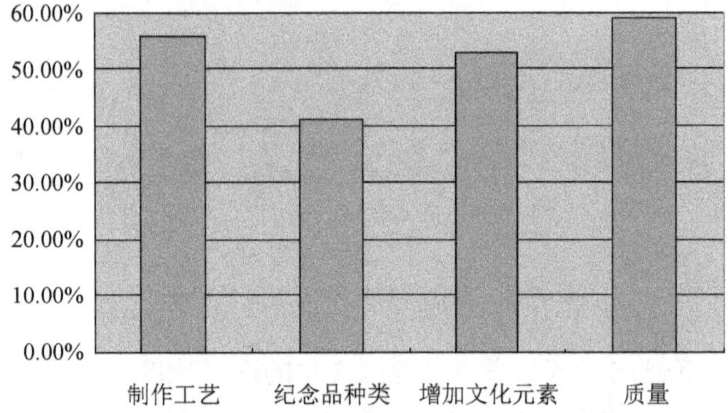


**图 7–10　旅游纪念品需改进之处比例图**

图 7–11 旅游住宿需改进之处比例图表示游客认为环青海湖地区在旅游住宿方面需要改进的方面，其中 26.4% 的游客希望增加住宿设施数量，63.1% 的游客希望提高宾馆、农家乐的卫生服务质量，58.9% 的游客希望到具有青海民族特色的宾馆住宿，5.8% 的游客选择从住宿价格等其他方面改进。

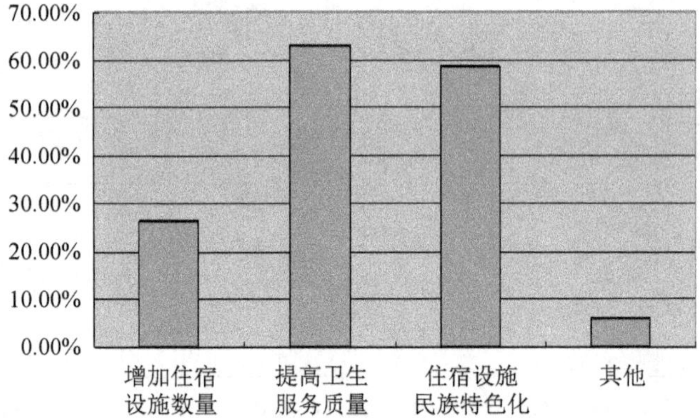


**图 7–11　旅游住宿需改进之处比例图**

综上所述，环青海湖地区发展文化旅游尚需对以下内容进行改进：

（1）现有的文化旅游产品不足以满足市场需求，具有趣味性、体验性、文化原真性的文化旅游产品市场需求大。

（2）产品多样化是文化旅游市场发展的趋势，传统的观光旅游仍是发展文化旅游最基本的形式，民俗风情园表演、民族村寨体验成为文化旅游较受欢迎的形式。

（3）环青海湖地区旅游旺季住宿难这一基本问题在逐步解决，凸显民族特色，提高服务质量，实现个性化服务是未来环青海湖地区住宿行业的发展方向。

（4）环青海湖地区在旅游纪念品方面还存在以假乱真、制作粗糙、缺少特色等问题，在旅游纪念品开发时坚持“真”“精”“特”有助于提高本地旅游纪念品吸引力。

## 三、国外游客市场分析

青海湖景区作为青海省王牌景区，环青海湖地区唯一 5A 级旅游景区，国际知名度高，是大美青海旅游形象的代表，也是吸引国外游客来青海旅游最重要的旅游资源。通过了解青海湖景区国外游客来源，如表 7–6 2013 年世界各地区游客人数占入境旅游总人数比例，根据旅游地区划分，亚洲仍是青海湖地区最重要的客源市场，其次是欧洲。根据客源国划分，通过分析 2009—2013 年主要国家入境游客数量，如图 7–12 2009—2013 年主要入境旅游客源国旅游人数，美国作为世界上综合国力超强的国家，是青海湖入境旅游最大的客源市场，韩国、日本综合国力强，距离中国近，是青海湖地区的重要客源国，韩国游客旅游人数呈增加趋势，日本游客也多，但呈下降的趋势，以英、法、德为代表的欧洲国家经济发展水平高，社会福利待遇高，来青海湖地区游客较多。

表 7–6 2013 年世界各地区游客人数占入境旅游总人数比例

| 地区 | 亚洲 | 欧洲 | 美洲 | 大洋洲 | 非洲 |
|---|---|---|---|---|---|
| 旅游人数占入境旅游总人数比例（%） | 39.5 | 28.9 | 24.8 | 6.51 | 0.3 |

（数据来源：青海湖景区保护利用管理局内部资料）

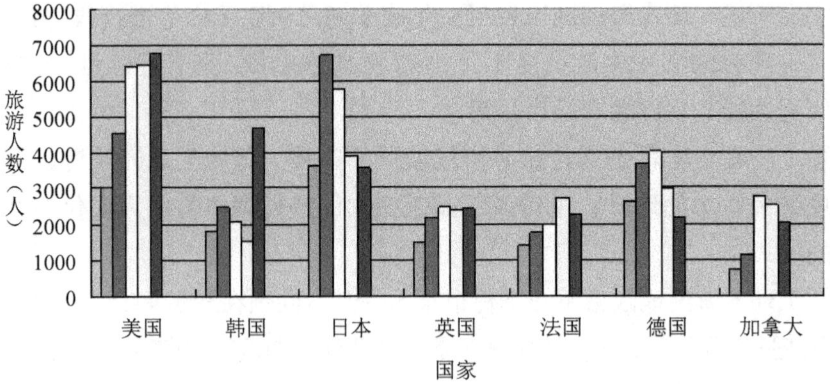


**图 7-12　2009—2013 年主要入境旅游客源国旅游人数**

## 第七节　文化旅游资源整合的必要性分析

环青海湖地区文化旅游发展存在的问题，文化旅游资源供给水平与市场需求的不一致性，决定了环青海湖地区走文化旅游资源整合之路的必然性。

### 一、地区间、景区间合作不足

国内旅游市场经历了景区间的竞争、城市间的竞争、线路间的竞争后，已逐步进入区域竞争阶段，通过区域整合，实现旅游区内信息、客源共享，优势互补。

环青海湖地区包括海南藏族自治州 2 县、海北藏族自治州 4 县和青海湖景区三部分，在景区管理方面分别隶属海南藏族自治州旅游局、海北藏族自治州旅游局和青海湖景区保护利用管理局管辖，各旅游管理部门在各自管辖范围内管理。但是环青海湖地区在资源、景观组合方面既有相似性，又具有互补性，各地区、各景区在资源开发、基础设施和景区建设上缺乏沟通，景区同质化、景区之间相互竞争、景区间交通不顺畅等问题突出，制约环青海湖地区文化旅游协调、可持续发展。

## 二、旅游消费结构不合理

旅游消费结构不合理问题，不仅存在于环青海湖地区旅游业中，也是整个青海旅游业面临的问题。2013 年，青海省游客消费中基本旅游消费占 64.17%，非基本旅游消费占 35.83%，游客来青旅游，大部分花费用在交通、住宿、餐饮上，而用在娱乐、景区游览上较少，从侧面说明青海省在景区、娱乐设施建设方面存在不足，一方面导致游客不能获得深刻的旅游体验，游客满意度不高，另一方面又导致游客为旅游目的地带来的经济效益少，旅游目的地长期处于低水平发展状态。

## 三、旅游产品单一，缺少文化内涵

环青海湖地区作为文化旅游资源的富裕区，拥有独特的民族民俗风情、古朴神秘的宗教文化、风格别具的民族建筑工艺、风趣诙谐的民族婚俗、绚丽多姿的民族服饰、风味独特的民族饮食。但由于对文化旅游资源的表现形式、资源组合等开发技巧掌握不透彻以及资金、人才缺乏等原因，多数文化旅游资源以原始形象展现在游客面前，缺少旅游包装，参与性、趣味性差，游客停留时间短，游客难以获得深刻的旅游体验。以青海湖为例，多数游客来到青海湖景区后只是欣赏青海湖的自然景观，在湖边骑牦牛、乘游艇，仅仅满足了游客求新、求异的旅游需求，达到放松、休闲的目的，还未达到了解异域文化，增长见识，开阔视野的目的。发展文化旅游，开发具有文化色彩的旅游产品，则可以同时满足游客求新、求异、求知的旅游需求。

## 四、区域旅游形象不突出

青海湖作为我国第一大内陆咸水湖，自然景观独特，是青藏高原生物多样性最丰富的区域，生态地位极高，知名度也高，但是环绕青海湖的海南藏族自治州、海北藏族自治州却并没有在青海湖高知名度的光环笼罩下。环青海湖地区虽然拥有丰富的文化旅游资源，但由于缺乏整合，各地区在旅游开发时各自为政，开发层次低、规模小，缺乏前瞻性和系统性，旅游形象不突出。环青海湖地区在相当长时间内以观光旅游为主，生态旅游、文化旅游近几年才迅猛发展，再加上规模小，缺少包装和旅游宣传，整体知名度不高。

## 第八节　环青海湖地区文化旅游资源整合思路

结合前文环青海湖地区文化旅游资源的概况、各类文化旅游资源竞争力分析、文化旅游资源的市场分析，文章重点从空间整合、旅游产品体系整合、旅游市场整合、保障措施四方面提出环青海湖地区文化旅游资源的整合思路。

### 一、空间整合

结合区域经济增长理论和系统理论，本文认为环青海湖地区文化旅游资源空间整合应包括以下方面：空间布局层面：以优势景区或景区密集乡镇为核心建立旅游圈，通过核心地区逐渐辐射边缘地区，从而提高各旅游圈文化旅游资源的整体竞争力。空间关系层面：通过旅游线路设计、相邻旅游圈交通联系，将旅游圈内、旅游圈间的文化旅游资源联系在一起，同时根据错位发展，又体现地域特色的原则，形成特色鲜明又相互区别的旅游圈。

共同的文化旅游资源类型是对区域间旅游特色一致性的高度概括，容易形成相对稳定的旅游市场，考虑到各类文化旅游资源的分布，环青海湖地区将形成以青海湖旅游圈为龙头，金银滩旅游圈、门源—祁连旅游圈、贵德旅游圈组成的四大旅游圈。

#### （一）青海湖旅游圈

青海湖旅游圈主要包括青海湖景区和刚察县两部分，其中青海湖景区又包括二郎剑景区、鸟岛、仙女湾、沙岛四景区，仙女湾景区在2007年湖管局未成立前隶属刚察县管辖，且青海湖区人口集中在以刚察县为中心的青海湖北岸湖滨三角地带，紧邻刚察县城，刚察县人口集中，基础设施相对完善，可以与二郎剑景区并列为青海湖旅游圈的服务接待区。

青海湖旅游圈拥有环青海湖地区唯一的5A级景区——青海湖景区，该景区资源品位高，景区内基础设施建设完善，旅游纪念品种类丰富，民族文化表演、民族博物馆成为展示青海文化的舞台，水上游轮、水上摩托艇、沙岛滑沙等娱乐项目丰富，是环青海湖地区旅游业发展中的经典样品。对于该景区，应不断巩固其在青海湖景区旅游圈的核心地位，打造、研发新型旅游产品，提供更具个性化的服务，保持景区旅游生命力。作为核心景区，青海湖景区自身在创新、升级的同时，通过景区辐射和区域旅游联动发展，带动周边景区发展。作为被辐射区，刚察县与青海湖景区资源类型相似，加强与青海湖景区间的旅游互动合作，合作开发、联合营销，走一体化路线，打造民族风情浓郁的藏寨、藏城，以仙女湾“鸟语花香”为品牌塑造青海湖后花园的旅游形象，留住环青海湖游的游客，努力将刚察县打造成青海湖北岸旅游服务接待区。

藏区共有的民族风情，湖区特有的祭海、转湖等宗教文化以及以环青海湖国际自行车赛为代表的体育文化，共同形成了青海湖旅游圈的三大主流文化旅游资源。将环青海湖地区藏族服饰、歌舞、生活习惯等融入生态环境中，发展民族文化生态旅游。利用举办环青海湖国际公路自行车赛形成的品牌优势，发展环青海湖自行车游。另外，实景剧《圣洁青海湖》、歌舞剧《唐蕃古道》已在青海湖景区上演，青海湖神圣的祭海仪式、藏族歌舞、服饰、骑马、摔跤、射箭等藏族风情活动对游客吸引力大。青海湖传说在青海湖地区流传已久，通过舞台剧、贵德皮影形式搬上舞台，丰富环青海湖地区娱乐活动，从而在青海湖景区形成以展示青海民族文化为主题的民族文化主题公园。环青海湖旅游圈饮食以川菜、清真食品为主，本区域内特色餐饮藏餐面向群体仍以藏族群众为主，只有少数游客来到环青海湖地区后会体验藏餐，藏餐尚未普及到来青海湖的游客群体中，可结合大众饮食习惯设计、调整藏餐菜谱，开发藏式快餐、宴席、点心等类型多样兼具民族和时尚风格的藏餐。游客来到青海湖旅游区内吃藏餐，住藏式帐篷，骑自行车游青海湖，买青海藏饰、土特产，在青海湖景区观看表演、坐游艇，形成以青海湖景区为核心，集吃、住、行、游、购、娱为一体的旅游产业链。

**（二）金银滩旅游圈**

介于海晏县文化旅游资源与周边地区旅游资源的差异性，将海晏县作为金银滩旅游圈部分，其中西海镇是金银滩旅游圈的核心。西海镇作为全国爱国主义教育示范基地、全国特色旅游景观名镇、全国红色旅游景点景区，是我国第一颗原子弹、氢弹研制基地，拥有二炮导弹基地、原子城、原子城纪念馆、上星站、二分厂、爆轰试验场等红色文化旅游资源，以王洛宾创作《在那遥远的地方》采风地——金银滩草原、青海民族音乐艺术城、王洛宾音乐艺术馆为代表的诗歌文化旅游资源和以达玉民俗村、海晏马背民族体验营为代表的藏、蒙民族文化旅游资源。红色文化旅游资源、诗歌文化旅游资源、民族文化旅游资源构成了金银滩旅游区的三大主流文化旅游资源。以西海镇为核心，促进其红色旅游、诗歌文化旅游、民族文化旅游发展，随着旅游业发展，游客规模的扩大，核心区西海镇旅游业，辐射西海镇周边地区旅游发展，从而带动海晏县旅游的发展。

**（三）门源—祁连旅游圈**

门源—祁连旅游圈是以文化旅游资源为主线，打破原有的行政区划，将原本相对独立、相互竞争关系的旅游目的地凝成一股合力，构建的“两核，多点”文化旅游空间结构，其中“两核”指浩门镇和八宝镇两个增长极，“多点”指祁连县、门源县内各文化旅游资源构成的节点。门源—祁连旅游圈主要拥有民族文化、历史文化、宗教文化三类文化旅游资源，祁连县民族文化以藏民族文化为主，门源县回族、藏族分支——阿柔部落文化旅游资源丰富，祁连县宗教文化以藏传佛教资源最为丰富，门源县宗教文化方面伊斯兰教文化信仰深厚，文化旅游资源既有共性又有差异，从而形成内涵丰富、内部形态各异的旅游圈。

**（四）贵德旅游圈**

贵德旅游圈在行政区域上包括贵德县和共和县两部分，其中贵德县城是贵德旅游圈的核心。贵德县作为环青海湖地区唯一的半农半牧区，文化旅游资源与其他旅游圈差异性较大，高原乡村文化、藏传佛教文化、黄河文化、农耕文化与游牧文化结合，多元文化相互融合，形成集乡村旅游、民俗游、养生旅游、休闲度假游为一体的综合旅游区。而共和县资源类型单一，以民族文化和宗教文化为主，贵德旅游圈形成后，通过线路设计、以龙羊峡水库为连接点开发贵德至共和沿线文化旅游资源，以核心旅游区带动共和县旅游发展。

## 二、旅游产品整合

### （一）体育旅游产品

随着国民对体育锻炼认识程度的提高，体育旅游成为重要的旅游产品。在环青海湖地区各类文化旅游资源竞争力评价中，体育赛事是最具竞争力的文化旅游资源，是环青海湖地区文化旅游资源开发的重点。环青海湖地区是环青海湖国际公路自行车赛、中国青海高原世界攀岩赛、冬季抢渡黄河极限精英挑战赛的举办地，同时还拥有射箭、骑马、摔跤等民族体育活动。

环青海湖地区自行车游已经初具规模，以达玉环青海湖自行车旅游综合服务营地为代表的自行车旅游营地环绕青海湖周边，推动了自行车旅游的发展。相对于自行车游，高原攀岩、民族体育活动旅游还存在知名度低、规模小等问题。为推动环青海湖体育旅游发展，一方面以体育赛事举办为契机进行宣传，打造青海湖体育旅游品牌，另外，通过完善公共服务体系，成立各类体育活动俱乐部、营地，以俱乐部形式推动体育旅游发展。

### （二）民族风情旅游产品

环青海湖地区属于安多藏区，境内主要居住着藏、回等少数民族。藏民族在历史进程中形成了独特的歌舞、饮食、服饰、节庆、礼仪等文化，热情好客、淳朴的民族特征，构成了吸引游客的民族文化旅游资源。

针对市场需求调查中游客对旅游目的地文化不了解，缺少娱乐性活动问题，将藏寨、藏族风情园打造成游客了解、体验藏文化的窗口。通过藏寨、藏族风情园中集中展示，将藏族生活工具、各种服饰、装饰品以静态展示的方式在文化博物馆中展示。实景剧《贵德七彩丛峰》《圣洁青海湖》分别在贵德、青海湖景区上演，通过将文成公主进藏、《格萨尔》、唐蕃古道等青海特色文化编排成舞台剧、歌舞或者皮影戏，在风情园中定期表演。游客来到风情园后穿藏服，观看拉伊、尚尤则柔等非物质文化表演以及歌舞、舞台剧、藏族婚礼等现代表演，也可以通过参与体验藏族婚礼表演、吃藏餐、住帐篷、草原赛马、参加篝火晚会等，让游客留下深刻的旅游体验。

**（三）宗教文化旅游产品**

环青海湖地区藏传佛教属格鲁派，宗教寺院众多，白佛寺、阿柔大寺、刚察大寺、赛宗寺等遍布环青海湖地区，宗教信仰、宗教建筑、宗教艺术品、宗教节日对信教群众和非信教群众都具有吸引力。环青海湖地区宗教旅游产品整合，一方面发展大众旅游——传统宗教观光旅游，另一方面发展高端旅游——私人定制宗教旅游。传统宗教观光旅游以欣赏宗教建筑、壁画、唐卡、雕塑、酥油花、堆绣等艺术品，聆听、观看寺院喇嘛辩经仪式等为主，感受宗教寺院的神圣、庄严氛围。私人定制宗教旅游面向信仰藏传佛教的游客，针对游客的信仰需求，制定私人旅游产品，达到宗教祭拜、修身养性等旅游目的。环青海湖地区宗教文化旅游资源竞争力强，是文化旅游资源开发的重点

**（四）历史文化旅游产品**

环青海湖地区历史文化旅游资源类型集中在遗址、古城、墓地方面，西海郡古城、尕海古城、北向阳古城、金巴台古城、门源古城遗址、永安城遗址、马家湾墓葬遗址、哈藏沟口东墓地，这类文化旅游资源可视性、可感知性较差，利用声音、图片、视频、虚拟旅游等形式构建完整的旅游解说系统，充实游客的视觉、听觉系统是开发的重点。在文物保护的基础上，以遗址、古城、墓地为背景进行古城重建、建立博物馆、开发探险旅游基地，发展科普旅游、探险旅游。历史文化旅游开发涉及古城重建，虚拟旅游、旅游解说系统开发等来自资金、技术方面问题，开发难度大，但体验性、参与性强，是未来环青海湖地区文化旅游发展的方向之一。

**（五）红色文化旅游产品**

环青海湖地区红色文化旅游资源主要分布在金银滩草原，但由于开发方式单一，以博物馆、纪念馆的形式，缺少趣味性和参与性，竞争力水平较低，因此在发展红色文化旅游时，在保留纪念馆传统的照片展示、原始场景还原等基础部分外，建立以红色旅游为主题的宾馆，通过建立游客体验区，让游客设身处地站在老一辈革命家曾经工作的地方，用老一辈革命家用过的劳动工具，自己动手，游客亲手制作自己的旅游纪念品，在感受、体验红色文化的同时，又促进了旅游纪念品的开发，给游客带来全新的旅游体验。

### （六）诗歌文化旅游产品

仓央嘉措诗歌和《在那遥远的地方》是环青海湖地区两类主要的诗歌文化旅游资源，以音乐艺术馆、音乐会等观赏型产品为主，是对诗歌文化的表层开发，因此体验型诗歌文化旅游产品是开发的重点，如举办诗歌比赛，在全世界范围内征集优秀诗歌，提高环青海湖地区诗歌文化旅游的知名度。

## 三、旅游线路整合

旅游线路是旅游经营者为满足旅游者需求，利用交通线路串联若干旅游点形成的旅游产品，区域旅游线路整合以市场需求为核心，反映旅游者需求的同时，也影响旅游目的地旅游业发展。因此，环青海湖地区旅游线路整合时，在满足市场需求前提下，着重突出环青海湖地区文化旅游特色，带动环青海湖地区文化旅游发展。

整合的最终目的是实现旅游产品与市场需求的对接，提高区域旅游的竞争力水平，而旅游线路作为沟通旅游目的地产品与旅游者需求的桥梁，不论是区域整合还是旅游产品整合最终都会转换成各类旅游线路，达到满足市场需求，促进旅游目的地旅游业发展的目标。

### （一）线路一

西宁—阿什贡国家地质公园—黄河探险漂流—玉皇阁古建筑群—青海湖二郎剑景区—伏俟城、鸟岛景区—沙陀寺—沙柳河景区—仙女湾景区—尕海古城—卓尔山、牛心山—百里油菜花海观景台—西海镇—白佛寺—西宁。

线路一是环青海湖大旅游圈，全程欣赏丹霞地貌、贵德黄河景观、青海湖、哈尔盖大草原、祁连山草原、卓尔山、门源百里油菜花等自然风光的同时，感受环青海湖地区各类文化旅游资源。从西宁到阿什贡国家地质公园，欣赏丹霞地貌自然景观；在贵德欣赏天下黄河贵德清景观，乘坐快艇或体验探险漂流，参观明清古建筑群——玉皇阁古建筑群，在贵德农家乐品尝面片、老八盘等青海传统美食，观看尚尤则柔、皮影戏、拉伊等非物质文化表演；去青海湖二郎剑景区观看藏族歌舞表演、实景剧《圣洁青海湖》《唐蕃古道》演出，感受神圣的祭海仪式，体验藏民族文化，参观伏俟城，感受环青海湖地区历史文化；鸟岛观鸟，在沙陀寺观看宗教建筑、喇嘛辩经，体验神圣的宗教文化；到达沙柳河景区，在观鱼长廊欣赏半河清水半河渔景观；在仙女湾景区感受三牲拉则、祭海台、讲经台等藏文化景观，到达尕海古城，通过古城遗址讲解，探险营地体验，感受古老的历史文化；到达祁连卓尔山，俯瞰祁连，感受阿柔部落独特藏文化；在门源东旭民俗村观看化热藏族服饰、歌舞表演；到达西海镇后，在原子城体验红色文化，在金银滩草原、海晏马背民族体验营体验藏、蒙民族文化，在王洛宾音乐艺术纪念馆欣赏音乐；到环青海湖地区最大藏传佛教寺院白佛寺体验宗教文化，最后返回西宁。

**（二）线路二**

西宁—青海湖二郎剑景区—伏俟城、鸟岛景区—沙陀寺—仙女湾景区—尕海古城—沙岛景区—金银滩草原—原子城—达玉民俗村—西宁

线路二围绕青海湖湖滨进行，全程欣赏青海湖自然风光，以体验藏文化、民族文化和红色文化为主线。

**（三）线路三**

门源—仙米国家森林公园—门源百里油菜花海—岗什卡雪峰—鸟岛—沙岛—达玉民俗村—金银滩草原—原子城—西宁

线路三以门源县为起点，随着兰新高铁门源站的设立，门源县将成为环青海湖地区文化旅游发展的中转站之一。以门源为起点，欣赏油菜花，在仙米国家森林公园内游山、玩水，在牧家乐小憩，欣赏华热藏族歌舞、服饰表演，去岗什卡雪峰体验雪山攀登，最后进入青海湖湖滨旅游线路，游览鸟岛、沙岛，到达西海镇体验诗歌文化、红色文化，体验藏、蒙古族风情，由海晏县到达省会西宁。

**（四）线路四**

西宁—仙女湾景区—沙柳河景区—牛心山—西路军二军纪念苑—门源百里油菜花观花台—赛马场浩门马马术表演—西宁

线路四是西宁经刚察县游览青海湖北岸自然风光，在海滨藏寨吃藏餐、观看藏族歌舞表演，体验藏民族风情，到达祁连县，体验红色文化，游览瑞士印象一条街，在门源感受百里油菜花海壮丽景观，观看获得隋炀帝美誉的“青海骢”“龙驹”的浩门马马术表演，最后返回西宁。

**（五）线路五**

西宁—原子城纪念馆—爆轰试验场—二分厂—上星站—地下指挥中心—西宁

线路五是西宁到西海镇的红色旅游专线。

**（六）线路六**

西宁—阿什贡国家地质公园—黄河探险漂流—玉皇阁古建筑群—贵德温泉宾馆—乜纳塔—珍珠寺—文昌庙—南海殿—青海湖二郎剑景区—西宁

线路六由西宁至贵德县，感受贵德黄河民俗文化、宗教文化，从贵德前往青海湖景区，进入青海湖滨旅游线。

## 四、旅游市场整合

根据旅游地生命周期理论，随着时代的变化，旅游者对文化旅游的需求也会发生变化，因此，环青海湖地区在进行文化旅游资源整合时必须紧跟市场形势，进行旅游市场整合。

**（一）以市场为中心整合产品**

市场整合的目的是实现产品与市场的对接，因此市场整合的首要目标是以市场为导向，了解旅游者需求，分析本区域旅游产品的共性和个性，整合旅游供给要素，包装、重新组合，形成整体上有特色，内部又有个性的旅游产品体系，在提高本区域文化旅游资源产品体系深度、满足游客需求的同时，又可以避免因为旅游产品同质化带来的恶性竞争，形成规模效应。

在对环青海湖地区游客进行调查、分析后发现：环青海湖地区游客群体在年龄上以中青年为主，本科学历占 47.2%，所占比重最大，反映游客受教育程度较高，省外游客中，西北、华北仍是环青海湖地区的主要客源地。依据年龄、学历、客源地进行市场细分，针对不同旅游群体开发不同的旅游产品，如针对年轻人开发探险、徒步游，针对高学历群体开发遗址探秘游等。通过问卷分析，游客在旅游过程中更希望了解当地的民风民俗，获得原汁原味的文化体验，体验型、互动型、参与型旅游产品受到多数游客的喜爱，而环青海湖地区现有的文化旅游产品仍以观光型为主，游客游览过后很难留下深刻印象。构建以观光为基础，参与、体验式文化旅游产品体系是发展文化旅游的必然趋势。

随着旅游市场的竞争日益加剧，为适应市场变化，必须随时跟踪、分析市场需求，及时升级现有旅游产品，推出新型旅游产品。

**（二）塑造鲜明的旅游形象**

旅游形象是对本地旅游特色的高度凝练，青海省“大美青海”的旅游形象已在全国打响，在这一整体形象下，各地又设计了具有本地特色的旅游形象，“圣洁海南”“梦幻海北”“河清海晏”“金色门源”“天境祁连”“藏城刚察”，构成了环青海湖地区具有立体感的旅游形象。然而这些旅游形象由于宣传不足，还未深入人心，如何让环青海湖地区旅游形象在人们接触环青海湖地区旅游时如条件反射般在游客脑海中弹出，可以借鉴山东旅游形象推广的经验。山东自提出“好客山东”旅游主题口号后，轮番在中央、省市的电台、广播、报刊进行宣传，在领导人出现的行政场合渗透，在与旅游相关的景区、企业、行业宣传广告、门票上都印有“好客山东”标志，一系列的形象推广下，山东“好客山东”旅游形象推入全国，走向了世界。

环青海湖地区进行旅游形象推广，在利用中央、省市媒体报道的同时，加强与网络媒体合作，将本地旅游形象标识融合到一切与旅游活动相关的产品、企业中，游客到任何景区、宾馆都可以看到本地旅游形象标志。

**（三）竞争中求合作，联合营销**

在旅游市场竞争日益激烈且营销经费有限的现实环境下，加强区域合作、联合营销成为占领旅游市场的有效途径。区域合作营销，包括旅游目的地合作、旅游目的地—旅游客源地联合营销两部分。

青海湖旅游圈、金银滩旅游圈、门源—祁连旅游圈、贵德旅游圈在民族文化旅游、体育旅游、红色文化旅游、历史文化旅游方面各具优势，单独营销成本高，且很难形成较强的吸引力，将环青海湖地区作为一体营销，区域内各旅游产品作为旅游产品体系的部分，形成以区域品牌为核心，包含多品牌的旅游品牌体系，既能在市场上形成具有冲击力的旅游品牌，提高环青海湖地区在旅游市场中的整体竞争力，又能凸显区域内各旅游品牌的价值。

联合营销不应停留在景区层面，而应当加强以政府、景区、旅游企业为代表的旅游目的地的联合营销，针对统一的客源市场宣传推广，在各区域资金、人才有限的情况下，凝聚各方之力，形成“区域联合、行业联合、企业联合”的全方位、多层次的旅游营销体系。

发挥在线旅游的优势，通过与国内有影响力的营销机构合作，共同策划高水准、有创意的旅游宣传，如利用微博营销、网络团购树立旅游目的地形象，推广旅游产品；确立鲜明的营销主题，利用环青海湖赛的举办，进行事件营销，吸引国民眼球。利用国内主流媒体，大力、多方位地报道，在全方位、多层次的营销体系下，实现密集营销，让环青海湖旅游的形象深入游客内心。

## 第九节　保障措施

### 一、旅游基础设施建设

旅游基础设施包括旅游交通、旅游宾馆、饭店等旅游者在旅游过程中所需的物质设施。旅游基础设施建设滞后问题始终困扰环青海湖甚至青海省旅游业发展。

本次对环青海湖地区游客问卷调查中，旅游住宿难问题逐步被旅游住宿卫生等问题代替，旅游旺季一房难求现象逐渐在解决，游客更加注重住宿设施的卫生质量，通过规范环青海湖地区旅游行业服务标准，加强旅游服务人员培训，监管部门在旅游旺季加强对酒店、宾馆、农家乐、家庭宾馆、自驾车营地的质量监督，改善环青海湖地区旅游服务设施质量。

环青海湖地区旅游交通以公路为主，航空运输尚未开通，已初步形成了由国道、省道、县乡级道路组成的交通网体系，但旅游景区之间的旅游交通网尚未形成，通过成立旅游车队、汽车租赁公司，加快旅游景区间交通建设，提高各景区的可进入性。

## 二、政府合作

环青海湖地区的文化旅游资源整合涉及多地区的政府部门、交通部门、旅游景区、旅行社、宾馆、饭店等利益相关部门，而起主导作用的是政府部门，政府最终掌握各类文化旅游资源的管理权，而整合则是围绕文化旅游资源进行的，因此，对环青海湖地区进行文化旅游资源整合首先应加强地区间政府的合作。通过政府合作，形成以环青海湖地区为主体的共同目标，为区域整合提供全方位的政策保障，营造区域旅游整体发展的环境，统一规划，资源共享，塑造区域文化旅游的整体形象。

## 三、集团化发展

现阶段，环青海湖地区文化旅游产品还停留在初级景观文化旅游层面，而资金、技术、人才成为开发体验型文化旅游产品的障碍。通过打破区域间、行业间封锁，实现旅游区域和旅游行业间合作，集各区域资金、人才、技术，取长补短，优化资源配置，提高融资功能，从而提高环青海湖地区旅游整体竞争实力。

另外，加强与发展成熟的旅游集团合作成为旅游资源丰富、经济发展落后地区发展旅游业的途径。旅游集团资金雄厚，拥有优秀的旅游产品研发队伍，丰富的旅游开发经验，依靠旅游集团的实力，提高环青海湖地区文化旅游产品质量、开发速度，在文化旅游市场中抢占一席之地。

# 第八章　实证研究之二：开发模式篇

## ——黄南热贡文化产业区发展模式

## 第一节　热贡文化及其历史

热贡文化起源于15世纪藏传佛教在热贡地区的传播与兴盛时期，18世纪以后，大批热贡艺人携艺出游，足迹遍及我国四川、甘肃、内蒙古等地，艺人在游访中博采众长，吸收各家精华，各种文化因素在长期的历史进程中，形成了集自然文化、宗教文化、历史文化、艺术文化和民俗文化等于一体的文化群体，即热贡文化。

热贡文化是一种特有文化，内涵丰富而厚重。从文化潜质上讲，热贡文化是指以藏传佛教艺术为代表，以各类物质和非物质形式为载体，能够体现热贡地区特色的所有文化元素的集合；从文化形态上讲，热贡文化特指热贡地区人民群众在长期的历史实践中，适应农牧交错的高寒自然地理环境、传承藏传佛教文化和中原文化等各民族优秀文化的基础上，融合升华而成的一种特色区域文化形态；从宗教因素讲，它融合了汉传佛教文化、藏传佛教文化、原始万物有灵的萨满教、本教文化，还有道教、儒教文化的因素；从民族因素来讲，它融合了古代西羌、鲜卑（吐谷浑）文化、吐蕃文化、蒙古文化、汉文化等几十个民族的文化成分；从地域因素等来讲，它不仅有本地游猎文化，又有前后藏地文化、康区文化、北方草原文化、中原农耕文化、波斯文化及中亚文化等地域文化成分[①②]。

## 第二节 热贡文化的艺术种类及核心品类题材

### 一、主要艺术种类

漫长的历史发展使热贡文化所包含的内容丰富多彩，博大精深，涉及自然文化、宗教文化、历史文化、艺术文化和民俗文化等领域。其自然文化独具特色，宗教文化发达，对整个藏区影响很大，出现了噶旦加措、喜绕加措、更登群培等一批藏族史上的佛门奇僧和学术大师；艺术文化以热贡艺术绘画（唐卡）、雕塑、堆绣和民间传统藏戏为代表，尤其是热贡绘画和堆绣享誉海内外，被誉为“民族艺术宝库中璀璨的明珠”；就历史文化而言，黄南的历史文化承载了数千年文明发展史，其内涵包容之大，品种之多，历史之古老，规模之宏大，在全省乃至全国所罕见，形成了以同仁地区集中积淀为中心，向周边辐射拓展的浓厚氛围；而民俗文化更是古老而神秘，如“藏乡六月会”“於菟舞”等，举世无双。

在本课题的实地调研中，共统计出热贡地区热贡文化包含的艺术种类十三种，包括热贡艺术、民间艺术、舞蹈、传统体育、节日文化、传统建筑、饮食文化、手工业、游戏、文学等，具体种类如下所示：

热贡艺术：唐卡、堆绣、彩绘、泥塑、油漆彩绘、雕刻等。

民间文学：故事、民歌、谚语、叙事长诗、宴词、传说等。

舞蹈：拉什则、莫合则、龙舞、则柔、羌姆等。

常用乐器：龙鼓、笛子、长号角、海螺、铃铛、鼓、锣鼓、钹、单钹、长柄鼓等。

传统体育：赛马、射箭、抛石、石子、秋千、藏棋等。

---

① 马成俊 . 神秘的热贡文化［M］. 北京：文化艺术出版社，2003：1–21.

② 马成俊 . 中国非物质文化遗产代表作丛书：热贡艺术［M］. 北京：文化艺术出版社，2012.

节日文化：春节、五月五挤奶节、六月会、六月插箭、四月十五成佛节、十月二十五宗卡巴大师祭日、黄乃核嘛尼节、加吾浪仓宗教法会等。

传统建筑：寺院建筑、民间房屋建筑、建塔、城墙等。

传统藏药：民间秘方、加工制药、加工藏香等。

饮食文化：传统牛奶加工、肉类加工、面食加工等。

宗教文化：格鲁派宗教文化、尼玛派宗教文化、苯教文化、民间传统宗教文化等。

手工业：金属手工业、藏服制作、纺织业、颜料加工等。

作家文学：噶旦加措道歌、夏噶巴道歌、更登群培诗歌、各种宗教理论等。

民俗：婚丧嫁娶。

通过本次调研发现，在热贡地区，一年中正月到二月、四月到六月、九月到腊月分别又有各类节日及宗教法会，极大地丰富了热贡文化中节日文化的艺术种类，具体的种类如表 8-1 热贡文化中节日文化所示。

**表 8-1　热贡文化中节日文化**

| 时间（农历） | 地点 | 内容 | 路程 |
| --- | --- | --- | --- |
| 正月初一至十五 | 隆务地区各村庄 | 春节 | |
| 正月初五 | 吾屯上寺 | 晒佛（祈愿法会） | 6 千米 |
| 正月初五 | 旺加寺 | 晒佛 | 26 千米 |
| 正月初六 | 吾屯上寺 | 转佛 | 6 千米 |
| 正月初七 | 吾屯上寺 | 跳虔姆 | 6 千米 |
| 正月初八 | 吾屯下寺 | 晒佛 | 7 千米 |
| 正月初九 | 吾屯下寺 | 转佛 | 7 千米 |
| 正月初九 | 郭麻日寺 | 晒佛 | 10 千米 |
| 正月初十 | 吾屯下寺 | 跳虔姆 | 7 千米 |
| 正月初十 | 郭麻日寺 | 转佛 | 10 千米 |
| 正月十一 | 郭麻日寺 | 跳虔姆 | 10 千米 |

续表

| 时间（农历） | 地点 | 内容 | 路程 |
|---|---|---|---|
| 正月十二 | 年都乎寺 | 晒佛 | 2 千米 |
| 正月十三 | 年都乎寺 | 转佛 | 2 千米 |
| 正月十一至十三 | 隆务寺 | 佛教信徒朝拜 | 县城西南角 |
| 正月十三 | 隆务地区各村（早上） | 祭敖包 | |
| 正月十四 | 隆务寺 | 晒佛 | 县城西南角 |
| 正月十五 | 隆寺 | 转佛 | 县城西南角 |
| 正月十五 | 吾屯寺 | 民间歌舞表演、晚跳篝火等民间传统活动 | 7 千米 |
| 正月十六 | 隆务寺 | 跳虔姆 | 县城西南角 |
| 二月初八 | 隆务地区各村庄 | 闭斋 | |
| 四月份 | 隆务地区各村庄 | 转经 | |
| 四月十一至十五 | 隆务寺 | 大规模宗教辩经活动 | 县城西南角 |
| 四月十四至十五 | 隆务地区各寺及村庄 | 娘乃节（即善果节） | |
| 五月初四 | 隆务地区各村庄 | 祭敖包 | |
| 五月初五 | 隆务地区各村庄 | 药王节（即端午节） | |
| 六月十四至十七 | 隆务地区各村庄（加吾、麻巴、夏卜浪、江什加村规模较大） | 祭敖包 | |
| 六月十五至八月初一 | 隆务地区各寺院 | 僧侣闭关，祈祷风调雨顺、吉祥如意 | |
| 六月十七至二十五 | 郭麻日、尕沙日村 | 热贡六月会（军舞） | 10 至 13 千米 |
| 六月十七至二十五 | 年都乎、吾屯、加查么、霍日加、保安下庄、尕队、铁吾、石哈龙、哈拉巴图、苏乎日、四合吉村 | 热贡六月会（神舞） | 1 至 20 千米 |
| 六月二十至二十四 | 浪加村 | 热贡六月会（龙舞） | 21 千米 |
| 九月二十二 | 隆务地区各寺及村庄 | 降风节（闭斋、念经、超度） | |

续表

| 时间（农历） | 地点 | 内容 | 路程 |
| --- | --- | --- | --- |
| 九月二十二 | 旺加寺（本教） | 原始宗教文化虔姆 | 26 千米 |
| 九月十四至二十三 | 桑卡滩寺 | 念经超度 | 19 千米 |
| 九月二十九 | 隆务寺大经堂院内 | 跳虔姆 | 县城西南角 |
| 十月二十五 | 隆务地区各寺院 | 燃灯节 | |
| 十一月初八、十二、十七 | 年都乎村 | “梆节” | 1 千米 |
| 十一月二十 | 年都乎村 | 於菟舞 | 1 千米 |
| 十一月二十七至二十九 | 保安下庄 | 冬季法铃神会 | 17 千米 |
| 十二月初八 | 年都乎、尕沙日、郭麻日、吾屯村 | 腊八节 | 1 至 10 千米 |
| 十二月二十三、二十四 | 隆务地区各村庄 | 迎新春、过小节 | |

## 二、核心品类题材

综上所述，热贡文化内涵包容量之大、品种之多、历史之悠久、规模之宏大，在全省乃至全国都是十分罕见的。热贡文化既是藏族民间文化，又吸收借鉴了汉、土、蒙古、回、撒拉等民族的文化成分，在表现形式上呈现出文化艺术的多元性、地域性、宗教性、传承性、群众性和融合性等特征。热贡文化单元中的热贡艺术、热贡六月会、土族於菟、黄南藏戏等被列入中国第一批非物质文化遗产名录，其深厚的文化内涵和文化价值在产业发展中的作用不可估量。

热贡文化的核心品类题材主要有：民间美术、传统戏剧、传统技艺、民俗、传统音乐、传统舞蹈和热贡文化艺术大师，具体包括内容表 6-2 青海黄南地区非物质文化遗产统计表所示。

表 6-2　青海黄南地区非物质文化遗产统计表

<table>
<tr><th>种类</th><th colspan="2">名称</th><th>地区</th><th>级别</th><th>获批时间</th></tr>
<tr><td>民间美术</td><td colspan="2">热贡艺术</td><td>同仁县</td><td>国家级</td><td>2006.5</td></tr>
<tr><td>传统戏剧</td><td colspan="2">黄南藏戏</td><td>黄南藏族自治州</td><td>国家级</td><td>2006.5</td></tr>
<tr><td>传统技艺</td><td colspan="2">同仁刻版印刷技艺<br>泽库和日寺石刻技艺</td><td>同仁县<br>泽库县</td><td>省级<br>国家级</td><td>2007.5<br>2008.5</td></tr>
<tr><td>民俗</td><td colspan="2">热贡“获康”祭祀活动<br>热贡年俗<br>保安社火<br>热贡六月会</td><td>同仁县<br>黄南藏族自治州<br>黄南藏族自治州<br>同仁县</td><td>省级<br>省级<br>省级<br>国家级</td><td>2009.7<br>2009.7<br>2009.7<br>2006.5</td></tr>
<tr><td>传统音乐</td><td colspan="2">隆务寺佛教音乐<br>同仁嘛呢调</td><td>同仁县<br>同仁县</td><td>省级<br>省级</td><td>2009.7<br>2009.7</td></tr>
<tr><td>传统舞蹈</td><td colspan="2">苯教法舞<br>热贡“羌姆”<br>土族於菟</td><td>同仁县<br>黄南藏族自治州<br>同仁县</td><td>省级<br>省级<br>国家级</td><td>2009.7<br>2009.7<br>2006.5</td></tr>
<tr><td rowspan="6">艺术大师</td><td>土族於菟</td><td>阿　吾</td><td>同仁县</td><td>国家级</td><td>2008.2</td></tr>
<tr><td>热贡六月会</td><td>兰本加<br>夏吾才让</td><td>同仁县</td><td>省级</td><td>2008.12</td></tr>
<tr><td rowspan="2">热贡艺术</td><td>更登达吉<br>启　加</td><td>同仁县</td><td>国家级</td><td>2008.2</td></tr>
<tr><td>夏吾角<br>桑斗合<br>西合道<br>桓　贡<br>娘　本<br>罗藏旦巴</td><td>同仁县</td><td>省级</td><td>2008.12</td></tr>
<tr><td>石雕</td><td>贡保才旦</td><td>泽库县</td><td>省级</td><td>2008.12</td></tr>
<tr><td>黄南藏戏</td><td>仁青加<br>多杰太</td><td>同仁县</td><td>国家级</td><td>2008. 2</td></tr>
</table>

## 第三节　热贡文化旅游产业化背景分析

### 一、良好的地理区位及特色鲜明的文化旅游资源

此区域地处青海省东南部，南临黄河，省道阿赛公路横贯全境并与 213 国道相连，东北部与海东市化隆回族自治县、循化撒拉族自治县为邻，东南部与甘肃省甘南藏族自治州的夏河、碌曲、玛曲三县接壤，西北部与海南藏族自治州贵德、贵南、同德三县毗连，西南部与果洛藏族自治州玛沁县相连。自治州公路现已通达以上各地区；自治州北距省会西宁 130 千米，是环中国夏都 2 小时经济圈最具后发优势的重点地区；自治州南距甘肃甘南 70 余千米，距四川阿坝地区 200 千米，距九寨沟 400 余千米，是青海省连接西南大市场的“南大门”和重要桥梁，对促进中国西北与西南地区及实现全省区域格局的全方位开放与融合具有十分重要的战略意义。

热贡地区的文化旅游资源，在青海和安多藏区主题突出、特色鲜明，分布相对集中。此区域地处三江源生态保护核心区，地势北高南低，依次分布有草原牧区、山地农区，气候适宜，交通便利，无论自然景观，还是人文景观，在全省乃至整个藏区都有着得天独厚的优势，是青海非遗项目最为集中，文化资源最具多样性、唯一性、独特性的“富矿区”和全省重点文化旅游区。尤其是热贡文化，是青藏高原多民族融合的文化见证，青海历史发展的活化石。

### 二、政府寻求热贡文化产业化道路的积极性

1958 年，根据中共青海省委指示，省文联和省群艺馆组织力量对热贡艺术进行了发掘和整理，组织卡先加等艺人绘制了大量藏式图案，受到中国美协的高度评价。1961 年，中国美协青分会组织调查组，对其历史沿革、艺术特色等问题进行了一次较全面的调查，撰写了《五屯艺术调查报告》。1979

年，省文联与黄南藏族自治州开展了抢救工作，集中夏吾才郎、更藏、尖措等10余名艺人进行创作，绘制了一大批质量较高的唐卡图案和雕塑作品。1981年，热贡艺术的100余幅作品在京、沪展出，受到观众好评，被誉为“民族艺术精华”“青海高原的一朵鲜花”。1985年，热贡艺术研究所在青海黄南藏族自治州正式成立。1989年国家投资40万元修建了热贡艺术馆，为继承和发展热贡艺术创造了更好的条件。

近几年，随着西部大开发战略的实施，同仁县委、县政府高度重视民族民间文化保护工作，把开发和利用丰富的民族民间文化资源特别是热贡艺术作为发展旅游业的重要内容来抓，纳入当地经济和社会发展“十五”规划，努力打造地方特色的文化品牌，为有效地保护和利用独特的文化资源探索了一条新路，并成立了同仁县民族民间文化保护工作领导小组，为保护民族民间文化工作的顺利进行提供了强有力的组织保证。

为促使热贡艺术走向产业化的发展，政府集思广益，寻找有效的方式和方法壮大文化产业。政府的号召和支持，有利于推动热贡艺术走上良性循环的轨道，步入有组织、有计划的保护阶段，更为非物质文化遗产产业化提供了有力的实施保障。

## 三、较高的居民认知度和良好的社区居民参与度

从15世纪开始的500多年中，在青海省黄南藏族自治州同仁县的隆务河流域即热贡地区，一大批从事民间佛教绘塑艺术的艺人，足迹遍及青海、西藏、甘肃、内蒙古等地，从艺人员之多、技艺之精妙，都是其他地区少见的。热贡地区的艺术家们以其对佛的虔诚和对艺术的精益求精，使得这项艺术得以良好的传承。

对于居民认知度的调查中，发现当地居民对如何让他们所拥有的艺术得到更广泛的传播表现出极大的兴趣。此次调查中，对同仁县从事热贡艺术的艺人进行了现场的问卷调查，发放了问卷300份，回收并统计有效问卷284份，问卷回收率为94.7%。

调查对象涵盖了从事热贡文化事业的艺术大师、艺人、热贡艺术的专业经营者、政府人员等。其中热贡地区从事热贡艺术的艺人占绝大多数，对饮

食文化传统藏药、民俗、常用乐器通晓的艺人占32%，但热贡舞蹈的大师仅存1人。

被调查的艺人，19岁以下占20%，19~45岁这个年龄阶段占总量的71.8%，45岁以上占8.2%。说明从事热贡文化的艺人主要以中青年为主，也不缺乏手艺精湛娴熟的艺术大家。

在对热贡文化推广的居民态度调查中，将此项艺术作为支柱产业，并成为经济收入来源的家庭占92.7%，希望政府出面，开拓宣扬本地文化途径的艺人占总量的100%，希望将自己的手艺通过宣传得到认可和传承的艺人占总量的100%，希望吸引更多的游客和爱好者进行购买或欣赏的艺人占95%。

由以上调查发现，整个热贡地区，热贡艺术处于高发展阶段，已成为每个家庭的支柱产业，热贡艺术品的生产从仅限于家庭和寺院中发展到家家作画、人人从艺的情景。同时，民间艺人创办的热贡布达拉文化艺术有限公司和金轮热贡艺术公司，集热贡艺术品的生产、销售于一体，热贡艺术品销售成为当地村民的主要经济来源。随着经济效益的不断提高，广大热贡艺人的兴趣和热情不断高涨。

对艺术的热爱以及利用与保护的心态促使下，当地居民通过开办学习班、招收学徒，将自己的技艺得以良好的传承，同时他们也迫切希望能有一些途径和方法，将热贡文化进行产业化，使他们的技艺得到良好的传承和发展。此外，对于於菟舞现任的传承者来说，也十分希望能找到一种方法，使这个舞蹈为更多世人所知，更好地发扬它所包含的文化和精神内涵。

## 四、知名度的提高和旅游市场需求的增多

近年来，同仁县编印了《热贡艺术画册》、创建了热贡艺术网站，向国内外广泛宣传热贡艺术，提高热贡艺术的知名度，同时，同仁县于2001年举办了首届热贡艺术节，充分展示了丰富多彩的民族民间文化，引起了强烈的社会反响。2001年，中央电视台《东方时空》栏目组赴同仁，做了题为《金色的艺术》的现场直播，此后，热贡艺术名声大振，吸引了众多目光。同年，同仁县委托青海民族学院编写了40万字的专著《神秘的热贡文化》，于2003年出版。2002年，同仁县与省电视台联合拍摄制作了以反映独特的民情

民俗为主要内容的光盘《隆务河的涛声》，在全国发行近八万张。《中国藏族文化艺术彩绘大观》多次赴国内外展出，受到了各界人士的好评和称赞。另外，停办多年的“赛马会”和民间藏戏的恢复，既活跃了群众的文化生活，又拓宽了民族民间文化保护的工作范围，还充实了同仁县文化旅游的内容，受到了当地群众的称赞和欢迎。2009 年 8 月 27 日，我国第三个国家级文化生态保护实验区——青海热贡文化生态保护实验区正式设立，这标志着由热贡艺术、同仁古城、热贡六月会、於菟以及藏戏等文化形态构成的热贡文化进入了整体性保护的轨道。热贡地区的土族於菟、黄南藏戏、热贡艺术、热贡六月会、泽库和日寺石刻技艺等项目入选国务院公布的国家级非物质文化遗产名录。

在调查中发现，随着热贡地区知名度的提高，对一些艺术爱好者和旅游者产生了很大的吸引力。被调查的旅游者和艺术爱好者表明，这些艺术和文化，如果能够通过合理的开发模式开发出来，不仅能使他们体验神秘的藏族文化，满足其求知求奇的心理，让他们能学习到更多的艺术知识，还能够带给他们独特的旅游体验。

## 第四节　热贡文化旅游产业化发展模式[①]

### 一、旅游产业化发展模式选择依据

热贡文化旅游的产业化开发，选择适宜的产业化开发模式是关键。产业化开发模式的带动能力、运作水平和活力状况决定着热贡文化旅游产业化的规模和成效。

热贡文化旅游产业化发展模式的选择应该考虑以下因素：

能够较好地展现热贡文化的魅力和内涵，而且能起到保护濒临消亡的民

① 何梅青．民族文化旅游产业模式综合评价方法探析：以青海省藏区为例［J］．资源与产业，2011，1（13）．

族文化的作用。

效益能力。选择具有一定市场影响力、凸显品牌效益、较强的市场竞争力以及可持续发展能力的模式。

辐射带动能力。选择的产业化模式辐射范围广，能起到带动区域文化旅游产业发展的作用。热贡文化旅游的产业有着形态丰富的旅游产品，通过分析比较各旅游产品的特点确定产业化发展模式。如表 8–3 热贡文化旅游的产业模式比较分析所示。

由表 8–3 热贡文化旅游的产业模式比较分析可知，文化创意 + 实景 + 项目市场化运营模式、文化遗产旅游村落模式、民族文化生态博物馆模式和文化遗产主题公园模式、文化遗产品牌吸引模式符合热贡文化旅游产业化发展的要求。

**表 8–3 热贡文化旅游的产业模式比较分析**

| 因素<br>类型 | 文化展示程度 | 经济效益 | 辐射带动能力 | 现阶段发展状况 |
|---|---|---|---|---|
| 文化创意 + 实景 + 项目市场化运营模式 | 部分展示 | 较强 | 较强 | 重点发展 |
| 文化遗产旅游村落模式 | 能较好地展示文化的精髓 | 较强 | 较强 | 已有一定数量，发展较好 |
| 民族文化生态博物馆模式 | 较好地展示文化的精髓与保护并举 | 较强 | 较强 | 有一定基础 |
| 文化遗产主题公园模式 | 能全面展示，但人工痕迹显著 | 较强 | 较强 | 大力发展 |
| 文化遗产品牌吸引模式 | 重点展示 | 较强 | 较强 | 大力发展 |

## 二、旅游产业化发展模式实践

### （一）大型文化创意 + 实景 + 市场化运营项目

文化创意 + 实景 + 市场化运营项目就是将热贡地区特有的民族文化精品资源和相关文化以及可以借助的其他旅游元素进行整合，通过创新策划，设计包装成文化内涵深厚，震撼力、冲击力和感染力极强的文化艺术项目，以实景为依托进行表演，通过项目的市场化运营，以项目管理的方式培育其成长，实现项目的经济价值和社会价值。在这种模式中，运用高科技进行模拟创新，丰富项目的表现形式和内容是常用的手段，主要通过光电、多媒体、数字化仿真模拟及三维动画合成等高科技，将一些重大历史事件、优秀民族文化与一些特色的实景、文化等元素巧妙融合，塑造出各种场景，再通过项目包装和市场化运营，全面推向旅游市场，推动民族文化旅游产业的发展。可以设计以热贡文化为核心，将其所承载的历史、民族、宗教内涵加以延伸，依托自然景观和人文底蕴，推出大型山水实景演出《热贡魂》等。还可设计系列此类旅游项目组成热贡文化旅游的重大旅游项目集群，并以此为核心向外辐射，逐渐扩散到民族文化旅游产品的生产、销售和服务，形成完整的产业链，创造巨大的附加值。

《热贡魂》项目的运作以热贡文化为核心，将其所承载的历史、民族、宗教内涵加以延伸，依托自然景观和人文底蕴，融真山真水的大型山水实景演出。从年都乎经吾屯上、下庄到郭麻日约 5 千米，紧靠隆务河金色谷地，隆务山为背影，围绕着热贡文化，在不同的地段演员进行表演，如在年都乎表演於菟，上、下吾屯表演唐卡技艺的发展、演变等，以隆务河为载体，游客在船中一边欣赏沿途的自然景观，一边观看演员的表演，感受热贡文化的精髓。

《热贡魂》是将山水实景、经典文化与高科技完美结合，演出集唯一性、艺术性、震撼性、民族性、视觉性于一身，融合少数民族风情，并将安多文化等元素创新组合，创造出天人合一、山水交融的境界。

1. 创作构思与现代企业管理模式相结合

旅游文化产业的运作需要好的构思和创意，在此基础上还要通过现代化的企业管理模式，将创意和构思变为现实。《热贡魂》采用“全景式、大舞台、总调度”的构思，按照“景静人动”的创意，立足于源远流长的热贡文化和宏伟的自然山水景观，把山、水、天、景、服、饰、歌、乐、舞、光、人、畜等各种元素创造性地组合起来，把著名艺术家的创作构思与现代企业管理模式结合起来。

2. 采用“政府引导、民间投资、市场运作”的产业运作模式

在少数民族地区发展旅游文化产业，必须发挥政府对旅游文化产业的强有力的组织和前瞻性的引导作用，尽快形成规模优势。在一个经济后发展地区，如果完全依赖文化市场逐步成熟后，再由企业自发地培育文化项目，很可能进展缓慢。因此该项目在产业运作的开发上，可以采用“四结合”的模式：即把政府的先导性投资和综合扶持，与企业投入的优质资本和管理模式结合起来；把青海文化工作者的原创剧目及运作经验，与著名艺术家的品牌效应结合起来；把建设一支多梯队、高素质的专业艺术队伍，与对青海藏区的扶贫工作结合起来；把开发山水景观大舞台，与“以文兴业”，拉动黄南地区旅游及相关产业和保护生态环境结合起来，形成了经济、社会、文化、生态等多方面的综合效益。

3. 重视人才的合理利用和环保问题

人才是产业化成功运作的核心要素。对于《热贡魂》这样的综合性文化产业项目来说，为了完成资本资源、创意资源、民俗资源、公关资源等的高度整合，创造巨大的文化财富，至少需要决策人才、管理人才、创意人才、技能人才、操作人才等的合理搭配。因此组建一个大型投资管理公司是十分必要的，而且在演员的选择上，要首先考虑当地农民演员的大胆起用，这样不但表演比较真实，而且可以增加当地农民的收入。

旅游文化产业的发展必须具有可持续性，才能有持久的生命力。因此，除了重视人才的合理利用，还要实行严格的环保措施，保护沿途景观、景区的生态环境。

**（二）大型民族文化生态博物馆和文化遗产旅游村落**

在现代旅游中，民族文化生态博物馆和文化遗产旅游村落表现出巨大的旅游潜力，有着传递文化、文化体验、教育科考、旅游购物娱乐等功能。要发挥民族文化生态博物馆和文化遗产旅游村落的作用，应在综合分析热贡地区旅游资源的基础上，本着高效节约、保护第一的原则，建设大型的民族文化生态博物馆和文化遗产旅游村落。以热贡地区目前博物馆和文化遗产旅游村落的分布为基础，结合当地民族文化旅游产业发展状况，发挥年都乎村、上、下吾屯村的引领作用，在保留村落完整性的同时，充分展示热贡文化的

精髓，促使民族文化的传承与保护，帮助民族地区扶贫开发，使旅游者领略真实的民族文化，产生审美感受。这种模式在开发时最大的制约因素就是村落原生态民族文化的遗留、传承和保护问题。热贡地区原生态文化村落保存得较为完整，几乎均有现代文明渗透的痕迹，当务之急是美化自然生态环境，保持当地居民自然的生活生产方式和合理利用原生态民族文化，进一步完善文化遗产旅游村落的基础设施，在充分展示文化精髓的同时，从整体上有效保护文化遗产及其依赖环境。

热贡艺术文化村建设选择的地点是吾屯上、下庄，面积1.5平方千米，依托吾屯上、下寺，以展示和传承热贡艺术为主线，进行建设。主要内容有：

1. 热贡艺术品制作

热贡艺术品制作展示热贡艺术制作的工艺流程，游客在艺人的指导下，亲自体验制作的各个环节，品味热贡艺术的真谛。

2. 热贡艺术品展销中心

热贡艺术品展销中心展示热贡艺术珍品，出售相关音像制品和旅游纪念品。

**表 8–4　黄南非物质文化遗产旅游商品开发模式**

| 非物质文化遗产名称 | 开发途径 | 具体开发类型 |
|---|---|---|
| 热贡艺术、黄南藏戏、同仁刻版印刷技艺、泽库和日寺石刻技艺、隆务寺佛教音乐、石雕、热贡“获康”祭祀活动、热贡年俗、保安社火、热贡六月会、艺术大师 | 旅游工艺品、纪念品 | 刻版印刷书籍制品、民间艺术表演及佛教音乐 VCD、非物质文化之旅风光片、石刻工艺品 |

3. 热贡博物馆

热贡博物馆融静态的展示和动态的表演于一体，全面地展示热贡文化的精髓。

**表 8–5　黄南民族生态博物馆模式**

| 非物质文化遗产类型 | 开发模式 | 具体项目 |
|---|---|---|
| 同仁刻版印刷技艺<br>泽库和日寺石刻技艺<br>艺术大师 | 原生态民族工艺展示馆 | 艺术大师及传承人定期演示 |
| | 传承人培训基地展示 | 培训基地开放、参观培训过程 |

4. 热贡艺术学校

热贡艺术学校是传承热贡艺术的场所。通过严格选拔人才，进行长期培养，发扬光大热贡艺术；通过短期学习培养制作热贡工艺品的人才，形成产业链，增加当地农民的收入。

5. 餐饮服务中心

餐饮要突出地方特色和民族特色，结合游客需求，并且将特色表演融合进来，丰富内涵，提高盈利。

表 8–6　黄南藏餐馆休闲演艺模式

| 非物质文化遗产类型 | 具体模式 | 地点 |
|---|---|---|
| 黄南藏戏 | 藏餐馆＋传统戏剧藏戏表演 | 特色藏餐馆、风情园 |

### （三）大型文化遗产主题公园

文化遗产主题公园是以热贡文化为主题，有机组合系列与主题相关而形式多样、体验各异的配套项目，并辅以适量趣味性、知识性、娱乐性强的活动，共同构成一个完整的旅游功能区域，用人工的方式荟萃热贡艺术、民间艺术、舞蹈、传统体育、节日文化、传统建筑、饮食文化、手工业、游戏等于一园，从多角度展示热贡文化的精髓。文化遗产主题公园特色鲜明，具有区域垄断性和可持续发展的潜质。为提高该模式开发的成功率，应注意以下几点：一是投资规模、空间规模和经营规模强调边际效益，切忌盲目追求高投入、大规模；二是高度重视对时代变化、市场需求变化的调适性；三是选址要依托大规模基本客源市场，且与基本客源市场之间保持交通便捷；四是强调形象包装和宣传；五是多产业联动发展，分散风险。

### （四）文化遗产品牌吸引模式

1. 主题旅游线路开发模式

表 8–7　黄南非物质文化遗产主题旅游线路开发模式

| 非物质文化遗产类型 | 旅游线路主题 | 主题旅游线路类型 |
|---|---|---|
| 热贡民俗、民间美术、传统戏剧、传统技艺、传统舞蹈、艺术大师 | 热贡精品文化之旅 | 热贡六月会（同仁县）—土族於菟（同仁县）—热贡艺术（同仁县）—艺术大师（同仁县）—泽库和日寺石刻（泽库县）—艺术大师（泽库县）—黄南藏戏（黄南藏族自治州） |

2. 非物质文化遗产周模式

表 8-8 黄南非物质文化遗产周开发模式

| 非物质文化遗产类型 | 非物质文化遗产周主题 | 举办方式 |
| --- | --- | --- |
| 同仁刻版印刷技艺<br>泽库、日寺石刻技艺 | 原生态藏族印刷及石刻技艺展示周 | 制作表演、展示活动 |
| 黄南藏戏、土族於菟、苯教法舞、热贡"羌姆" | 藏族舞蹈展示周 | 本土演员表演藏族舞蹈、游客参与锅庄、亲身体验 |
| 热贡艺术 | 热贡艺术展示周 | 艺术大师及传承人演示 |

## 第五节　热贡文化旅游产业化发展策略

### 一、突出重点、整合资源，明晰热贡文化的价值层次结构

热贡文化丰富多彩，博大精深，应深度开发和有效保护其丰富的文化内涵，不断提高其利用水平。因此要明确热贡文化的价值层次结构，以提高热贡文化旅游产业的整体效益。通过对热贡文化的价值研究，并结合黄南地区旅游业未来发展，课题组认为热贡文化旅游产业化开发应以艺术文化为核心，以民俗文化为重点，在开发中融入自然文化、宗教文化和历史文化的内涵，通过整合热贡文化，综合运用产业化开发模式，建立以核心景区为龙头，辐射骨干景区的旅游文化开发体系，着力打造"热贡之乡"的旅游文化品牌。

深入挖掘热贡文化的艺术性，是热贡文化旅游产业化发展的核心。热贡艺术是藏传佛教艺术的重要组成部分和颇具广泛影响的艺术流派，它包括了唐卡（卷轴画）、雕塑、堆绣、版画、建筑彩绘图案等多种艺术形式，其艺术表现内容涉及各个方面，涵盖了藏族的历史文化、民俗、艺术、宗教等诸多内容，在它产生至今几百年的历史中，逐渐提炼、发展成为独具一格的艺

术形式，被誉为“青藏高原上的一朵鲜花”“我国民族艺术宝库中一颗瑰丽的明珠”。因此在开发时以唐卡为主线，依托《中国藏族文化艺术彩绘大观》和青海藏医药博物馆的市场影响力，系统整合文化单元，实现产业的快速转型。

热贡文化的民俗性更是古老而神秘，如於菟舞、“藏乡六月会”等，举世无双。年都乎村等地的土族居民，每年农历十一月二十在祭祀山神中跳的於菟舞，不仅游客可以感知它的原始、独特以及活动场面的神圣，更重要的是它的古老性和完整性，具有较高的研究价值。热贡地区每年从农历六月十六开始的“六月摊祭”，亦称“六月会”，其中神舞、龙舞和军舞三种舞蹈比较典型，其场面壮观，气氛热烈，还有高跷、武术、婚嫁、杂耍、合唱、对歌等各类民间艺术活动，具有很强的观赏性、娱乐性和参与性，是树立文化旅游品牌的绝佳载体。

加强热贡文化与各种旅游形式的融合。加强民族文化旅游与观光、科考、探险、朝觐旅游等多种旅游形式的融合，发挥旅游产业的整体经济效益。

## 二、丰富内涵，完善文化旅游产业化开发模式

热贡文化包容量之大、品种之丰富、历史之悠久、规模之宏大，为综合运用多种产业化开发模式创造了有利条件。加快资源优势向旅游产业优势和社会经济优势的转化，完善文化旅游产业化开发模式，必须突出以产品开发为中心，这是旅游产品体系建设在旅游总体发展中的定位。目前热贡文化旅游产品结构总体状况是：以传统的民俗表演 + 观光旅游为主，节庆旅游、民族歌舞旅游等民族文化旅游产品近几年发展很快，但在整个文化旅游产品体系中所占比重较小。这样的产品结构一方面不能适应和满足游客与日俱增的多种需要，另一方面也不利于热贡地区发挥自身的文化资源优势，不利于提高整体的旅游经济效益。因此丰富产品内涵，完善文化旅游产业化开发模式是热贡文化旅游产业化开发的必然要求。

### （一）完善目前已开发的民族文化旅游产品

经过近年来的发展，热贡地区文化旅游已经初步形成了以展示少数民族

祭祀、节庆、饮食、服饰、习俗为主题的观光旅游产品；以手工艺、竞技、歌舞为主题的参与性旅游产品，为今后热贡文化旅游产业化发展奠定了较好的基础。但是这些产品存在大同小异、缺乏特色和深度、规模较小、经济效益不突出等问题，调整的中心是提高质量，丰富内容。

对传统的民族文化展示、民俗表演等类型的旅游产品，应以体现文化精华和独特性为重点，摈弃以往追求全面而忽视特色的开发思路，通过独特来垄断市场，吸引游客，争取最大市场份额。民族节庆、祭祀旅游产品借助地方文化资源，挖掘历史传统，并且与当地发展紧密相连，因此社会积极性较高，声势也大。需要在现有基础上扶植重点，提高水平，达到以节庆、祭祀旅游带动当地常规旅游，最终形成特色鲜明的拳头产品。

**（二）综合运用产业化开发模式，不断开发新产品，以新带旧**

根据旅游业发展的趋势，不断开发符合新时代人类追求的新型旅游产品，已经成国际性的潮流，民族文化旅游的发展也是如此。开发新产品要求更深层次地挖掘民族文化内涵，在广度和深度上进一步与社会资源相结合。

在前文中已对青海藏区非物质文化遗产旅游产业现有模式和未来发展模式进行了综合评价与分析，针对热贡文化的特性及发展环境，文化遗产歌舞剧模式、文化遗产旅游村落模式、民族生态博物馆模式、文化遗产主题公园模式、文化遗产品牌吸引模式和文化创意＋实景＋项目市场化运营模式是比较适合的。

**（三）创造精品，实施精品战略**

旅游精品能够带动区域性的旅游发展。热贡地区要集中开发旅游精品，形成一批能够适应海内外旅游者的需要，品牌形象突出，设施配套完善，服务档次高，创汇创收能力强的精品项目，从根本上改变热贡地区旅游经济的粗放状况。

精品建设要从建精品景区和产品、创精品线路、组织精品节庆几个方面入手。景区往往是产品的基础，要在加大力度、加快速度建设精品景区的同时，将精品以更快速度推向市场，带动区域性旅游的发展。旅游线路是旅游产品的主要表现形式之一，要考虑与精品景区和产品建设的联动，形成一批精品线路。精品线路应该文化主题突出，配套设施完善，市场形象鲜明，服务质量上乘；精品节庆则应该在现有的节庆活动中确定和重点扶植一批主题突出，特色突出，能够形成国际影响的节庆活动，培育成精品节庆产品，并以此拉动节庆活动质量的全面提升，或者根据市场发展的需要，适时地研究、组织、开发新的领头性节庆活动，使之起步就按照精品节庆的要求运作。

## 三、优化配置，形成合理高效的热贡文化旅游产业结构

### （一）逐步完善热贡地区旅游交通，构建便捷畅通的交通网络体系

热贡地区与区外只有公路连接，高等级公路还未实现全线通车；内部道路路况较差，道路连贯性不好，交通不便，这极大地阻碍了区域旅游产业经济的发展。因此要进行热贡地区文化旅游产业化开发，先要解决好可进入问题，要将热贡地区高速公路的发展纳入青海高速公路规划体系中。

### （二）促进热贡地区旅游饭店业的发展

目前热贡地区拥有的旅游饭店 7 家，床位数 567 张，接待能力有限，不能满足当地快速发展的旅游产业和急速增长的国内外游客人数的需要。而且这些旅游饭店的等级较低，服务质量较差。因此，大力发展热贡地区旅游饭店业成为一件十分迫切的事情。

### （三）大力促进热贡地区旅行社产业的发展

一般说来，很少有只生产民族文化旅游产品的旅行社，旅行社提供的服务和产品面向整个旅游产业，旅行社产业的良性发展也促进民族文化旅游产业的发展。热贡地区目前拥有青海黄南热贡旅行社，数量较少，发展空间较大。今后，应从数量、产品、质量、方式上有所突破，树立市场竞争意识，具有创新思维，加强自身与旅行相关的核心功能的建设。市场发展不断带来新的挑战，比如随着网络的普及，电子商务的发展，要求旅行社根据新的形势，不断推进信息化进程，充分利用网络经济带来的商机，为中外游客提供创新性的中介服务。

### （四）努力增强民族餐饮业的竞争优势

餐饮是旅游活动的重要内容和旅游收入的重要组成部分，也是旅游地形象的重要方面。热贡地区应发挥民族餐饮的特色优势，采取积极措施，增强

民族餐饮业的竞争优势。

首先，应积极开发具有特色的民族餐饮品系列。逐步形成独具风格的藏式餐饮和土家餐饮，使这些餐饮品的生产形成规模，实现规范化加工，提高产品质量，注重产品包装，为民族餐饮业发展提供坚实的基础。

其次，旅游餐馆布局要合理，特色要突出。热贡地区的特色餐饮应与当地的建筑风格、民俗风情相结合。不仅餐饮要突出民族特色，餐馆的建筑风格也要以当地的建筑风格为主，让游客身临其境品味民族特色餐饮，让民族餐饮做得名副其实。

最后，加强民族餐饮行业的行业管理。严格坚持餐饮业卫生许可证和检查监督制度，通过旅游局和烹饪协会评定，设立旅游定点餐馆或推荐餐馆，加强行业自律，全面提高餐饮水平。

**（五）加大民族旅游商品的开发力度**

旅游商品是热贡地区旅游产业化发展的重要支撑。

首先，应坚持“一点一品、一企一品、一企多品”的指导思想。“一点一品”是强调一个民族文化旅游景点，重点包装开发一种民族文化旅游商品，如在上、下吾屯大力发展唐卡绘画，将其真正打造成品牌商品，规模化生产加工，形成规模化的营销网络；“一企一品”是强调民族文化旅游商品设计开发企业，应充分利用企业的专业技术人才优势，集中设计开发和生产销售一种民族文化旅游商品，使其成为具有垄断性和较高市场美誉度的品牌商品；“一企多品”是强调有较强市场竞争力的旅游商品研发企业，可同时生产加工多个品牌的民族化旅游商品，且形成研发一批、生产一批、淘汰一批，再研发一批的体制，有效引导开拓民族文化旅游商品需求市场，在热贡文化旅游商品研发、加工、销售等多个环节发挥排头兵的作用。

其次，做好民族旅游商品的市场调研工作。目前，热贡地区民族旅游商品生产规模较小，大部分是以小手工作坊为主，民间手工艺品多但杂、乱，缺乏精品，民族文化旅游商品市场信息沟通不通畅，生产的产品既不能满足旅游者的需求，又影响了经济效益，也损伤了旅游形象。因此，由政府牵头，定期收集市场的反馈信息，进行深入细致的市场调研，及时向社会发布，指导民族旅游商品的生产企业调整产品结构，对原有产品进行改进、完善和提高，以生产出适销对路的民族旅游商品，同时创新民族旅游商品的研发设计，不断推出适应市场需求的新产品，从色、品类、材质、制作工艺、功能包装等各方面创新，刺激游客产生新的购物需求，避免产品的雷同和品种单一。

最后，加强对热贡地区传统特色旅游商品的挖掘与创新。旅游商品消费是一种娱乐休闲型的消费活动，它能够丰富和美化人们的生活，陶冶人们的情操。因此民族旅游商品的设计、开发应充分体现民族文化底蕴。特色是旅游商品有别于其他商品的最主要特征，商品有其特殊性，才能吸引游客异地购买。因此应根据热贡地区资源特色深入调查研究，结合旅游者购买心理及实际需要，重点设计生产出具有民族特色和鲜明地方特色的民族工艺美术品、风味食品、药用保健品、土特产品、旅游文化纪念品和旅游日用品等需求量较大的民族文化旅游商品。

**（六）提升民族地区旅游娱乐业产品的开发深度和广度**

为了促进热贡文化旅游娱乐产业的发展，可主要采取以下措施：

积极组织推出适合旅游者和当地居民喜爱的大众型文体娱乐活动，巩固现有的民族文化精品；系统包装，丰富热贡文化旅游产品和旅游演出市场。

加强热贡地区的旅游文化娱乐设施建设。在城市中心新建、扩建适应市民和游客需要的音乐歌舞剧院、美术馆、博物馆、体育馆等。在适合开展表演的景区建立特色鲜明、参与性强的表演场所。规划夜间表演场所和多功能专业娱乐中心，丰富游客和居民的夜间生活。

# 参考文献


［1］Amy Elizabeth Anderson. Ethnic tourism in the Sierra Tarahumara：A Comparison of Two Raramuri Ejidos［EB/OL］. http：//www.questionnect. org/tara ethnic tourism.htm.

［2］Anwar s A，Sohail M S. Festival tourism in the United Arab Emirates：First–time versus repeat visitor perceptions［J］.Journal of Vacation Marketing，2004（2）：161–170.

［3］Baumann M. 11le local and the global：Traditional musical instruments and modernization［J］. The World of Music，2000（3）：121–144.

［4］Bob Mekereh & Hilary du Cro，Culture Tourism：The Partnership between Tourism and Cultural Heritage Management，2002.

［5］Bourdieu P，Darbel A，Schnapper D. The Love of Art：Europe and Art Museums and Their Public［M］.Cambridge：Polity Press，1991：35–45.

［6］Claudia Notsk. Indigenous tourism development in southern Alberta，Canada：Tentative Engagement［J］. Journal of Sustainable Tourism，2004（1）：29–54.

［7］Claudia Notzke. Indigenous tourism development in the arctic［J］. Annals of Tourism Research，1999（1）：55–76.

［8］George Lafferty，Anthony van Fossen. Integrating the Tourism Industry：Problems and Strategies. Tourism Management，2001（22）：11~19.

［9］Hovinen G R. Heritage issues in urban tourism：An assessment of new trends in Lancaster County［J］. Tourism Management，1995，16（5）：381–

388.

［10］Jamieson W. The Challenge of Cultural Tourism［J］. Canadian Tourism Bulletin，1994，3（3）：3-4.

［11］Janet Chang，Geoffrey Wall，Chen-Tsang（Simon）Tsai. Endorsement advertising in aboriginal tourism：An experiment in Taiwan［J］. International Journal of Tourism Research，2005（6）：347-356.

［12］Jeremy Buultjens，Iain Waller，Sasha Graham，Dean Carson. Public sector initiatives for aboriginal small business［J］. Development in Tourism Indigenous Tourism，2005：127-147.

［13］Jeremy Buultjensa，Deborah Galeb，Nadine Ehzabeth Whitea. Synergies between Australian indigenous tourism and ecotourism：Possibilities and problems for future development［J］. Journal of Sustainable Tourism，2010（4）：497-513.

［14］Johnston，B R Johnston. Save our beach dem and our land too：The problems of tourism in "America' s paradise"［J］. Cultural Survival Quarterly，1990（2）：31-37.

［15］Jonathan Wager Developing a strategy for the Angkor world heritage site［J］.Tourism Management，1995，16（7）：515-523.

［16］Kaley Mason.Sound and Meaning in Aboriginal Tourism［J］.Annals of Tourism Research，2004，31（4）：837-854.

［17］Kayoko Ishii. The impact of ethnic tourism on hill tribes in Thailand［J］. Annals of Tourism Research，2012（1）：290-310.

［18］Laura. Ethnic tourism［EB/OL］. http：//hotelmule.com/wiki/Ethnic-tourism.

［19］Li Yang，Geoffrey Wall. Authenticity in ethnic tourism：Domestic tourists' perspectives［J］. Current Issues in Tourism，2009（3）：235-254.

［20］Lindemberg Medeiros de Araujo，Bill Bramwell. Partnership and Regional Tourism in Brazil.Annals of Tourism Research，2002，29（4）：1138-1163.

［21］Mac Cannell D. Empty Meeting Grounds［M］. London：Routledge. 1993：24–28.

［22］Marcjanna M Augustyn，Tim Knowles. Performance of tourism partnership：A focus on York，2000（21）：341–351.

［23］Merriman N，Beyond the Glass Case：The Past，the Heritage and The Public in Britain［M］.Leicester：Leicester University Press. 1991：135–147.

［24］Pam Dyer，Lucinda Aberdeen，Sigrid Schuler. Tourism impacts on an Australian indigenous community：A Djahugay case study［J］. Tourism Management，2003（1）：83–95.

［25］Peter W Williams. Developing and supporting European tour operator distribution channels for Canadian aboriginal tourism［J］. Development Journal of Travel Research，2008（46）：256–267.

［26］Pierre L van den Berghe. Marketing Mayas：Ethnic tourism promotion in Mexico［J］. Annals of Tourism Research. 1995（3）：568–588.

［27］Pierre L van den Berghe. Tourism and the ethnic division of labor［J］. Annals of Tourism Research，1992（2）：234–249；Oakes. Cultural geography and Chinese ethnic tourism［J］. Journal of Caltural Geography，1992（2）：2–17.

［28］Polladach Theerapappisit. The Bottom–up approach of community–based ethnic tourism：A case study in Chiang Rai［M/OL］. http：//www.intechopen.com/beoks/strategias–Jbr–tourism–industry–micro–and–macro–perspectives/the–bottom–up–approach–of–community–based–ethnic–tourism–a–case–study–in–chiang–rai.

［29］Prasit Leepreecha. The politics of ethnic tourism in Northern Thailand Social Research Institute［C］. Chiang Mai University，2005.

［30］Preobrazhensky V S，Krivosheyev V M.（eds.），Recreational Geography of the USSR.Moscow：Progress Publishers. English version. 1982.

［31］Rees H. Authenticity and the foreign audience for traditional music in southwest China［J］. Journal of Musicological Research，1998（2）：135–161.

［32］Reisinger Y，Tourist–Host contact as Part Of Cultural Tourism［J］. WorldLeisure and Recreation，1994（36）：24–28.

［33］Kayoko Ishii. The impact of ethnic tourism on hill tribes in Thailand［J］. Annals of Tourism Research，2012（1）：290–310.

［34］Ryan C，Huyton J. Tourists and aboriginal People［J］. Annals of Tourism Research，2002（29）：631–647.

［35］Slinger V. Ecotourism in the last indigenous caribbean community［J］. Annals of Tourism Research，2000（2）：520–523.

［36］Smith V. Indigenous Tourism：The Four Hs［G］//Butler R，Hinch T. Tourism and indigenous peoples. London：International Thomson Business Press，1996：283–307.

［37］Sparke M Sideway. Triangulating the Borderless World：Geographies of Power in the Indonesia–Malaysia–Singapore Growth Triangle［J］.Thunderbird International Business Review，2004（5）：220–234.

［38］Stebbins R A. Cultural Tourism as Serious Leisure［J］. Annals of Tourism Research，1996，23（4）：948–95.

［39］Johnston，B R Johnston. Save our beach dem and our land too：The problems of tourism in "America's paradise"［J］. Cultural Survival Quarterly，1990（2）：31–37.

［40］Ted Silberberg. Cultural tourism and business opportunities for museums and heritage sites［J］. Tourism Management，1995，16（5）：361–365.

［41］Timothy D J. Cross–border partnership in tourism resource management：International parks along the US–Canada border［J］. Journal of Sustainable Tourism，1999，7（3&4）：182–205.

［42］William T. Hipwell Taiwan aboriginal ecotourism：Tanayiku Natural Ecology Park［J］. Annals of Tourism Research，2007（4）：876–897.

［43］［德］杜能 . 孤立国同农业和国民经济的关系［M］. 吴衡康，译 . 北京：商务印书馆，1993.

［44］［德］克里斯泰勒．德国南部中心地［M］．北京：商务印书馆，2000.

［45］［德］勒施．经济空间秩序［M］．王守礼，译．北京：商务印书馆，1995.

［46］［德］韦伯．工业区位论［M］．李刚剑，等，译．北京：商务印书馆，1997.

［47］［美］艾萨德．区位与空间经济［M］．杨开忠，等，译．北京：北京大学出版社，2011.

［48］［美］戴维·波普尔．社会学［M］．11 版．李强，等，译．北京：中国人民大学出版社，2007.

［49］［英］爱德华泰勒．原始文化：神话、哲学、宗教、语言、艺术和习俗发展之研究［M］．连树声，译．上海：上海文艺出版社，1992.

［50］奥康纳．自然的理由：生态学马克思主义研究［M］．南京：南京大学出版社，2003.

［51］崔永红，等．青海通史［M］．西宁：青海人民出版社，1999.

［52］费孝通．从实求知录［M］．北京：北京大学出版社，1998.

［53］盖培，等．黄河上游拉乙亥中石器时代遗址发掘报告，青海考古五十年文集［M］．西宁：青海人民出版社，1999：4.

［54］黄慰文，等．青海小柴达木湖的旧石器，青海考古五十年文集［M］．西宁：青海人民出版社，1999：19.

［55］布东．社会学方法［M］．黄建华，译．上海：上海人民出版社，1987.

［56］马成俊．神秘的热贡文化［M］．北京：文化艺术出版社，2003.

［57］马成俊．中国非物质文化遗产代表作丛书：热贡艺术［M］．北京：文化艺术出版社，2012.

［58］马勇，舒伯阳．区域旅游规划：理论·方法·案例［M］．天津：南开大学出版社，1999.

［59］芈一之，等．西宁历史与文化［M］．沈阳：辽宁民族出版社，2005.

［60］邱扶东．民俗旅游学［M］．上海：立信会计出版社，2006.

［61］孙丽坤．民族地区文化旅游产业可持续发展：理论与案例［M］．北京：中国环境科学出版社，2011.

［62］覃德清．中国文化概论［M］．桂林：广西师范大学出版社，2002.

［63］王昱．青海历史文化与旅游开发［M］．西宁：青海人民出版社，2008.

［64］乌丙安．中国民俗学［M］．2 版．上海：华东师范大学出版社，2007.

［65］谢彦君．基础旅游学［M］．2 版．北京：中国旅游出版社，2004.

［66］谢佐，何波．藏族古代教育史略［M］．西宁：青海人民出版社，1994.

［67］谢佐．青海民族关系史［M］．西宁：青海人民出版社，2002.

［68］俞孔坚．景观：文化、生态与感知［M］．北京：科学出版社，2008.

［69］张忠孝．青海地理［M］．西宁：青海人民出版社，2004：345–356.

［70］张紫晨．中国民俗与民俗学［M］．浙江：浙江人民出版社，1985.

［71］庄锡昌，顾晓鸣，等．多维视野中的文化理论［M］．杭州：浙江人民出版社，1987.

［72］邹统钎，等．旅游学术思想流派［M］．2 版．天津：南开大学出版社，2013.

［73］拜永山，等．青藏高原北部祁漫塔格地区发现古人类活动遗迹［J］．地质通报，2003，22（5）：369–370.

［74］毕剑．红色旅游开发模式研究［J］．旅游经济，2006（8）：229–231.

［75］边世平，兰措卓玛．青海民族文化旅游开发研究［J］．人民论坛，2013（4）：232–233.

［76］才仁措．青海民族文化旅游资源开发的几点思考［J］．青海民族大学学报，2010（4）：153–156.

［77］曹诗图，袁本华．论文化与旅游开发［J］．经济地理，2003（7）：

395–408.

［78］曾蓓 . 文化旅游资源开发中的政府行为分析［J］. 市场论坛，2004（12）：128–129.

［79］柴海燕 . 风景名胜区行政割据现象的产权分析［J］. 地域研究与开发，2005（5）：77–80.

［80］陈传康 . 城市旅游开发规划研究提纲［J］. 旅游学刊，1996（5）：31–34.

［81］冯学钢，赖坤 . 中国旅游业发展环境国际竞争力比较研究［J］. 世界经济研究，2003（7）：40–45.

［82］冯学钢 . 安徽省“两山一湖”旅游区联动发展机制与对策研究［J］. 人文地理，2003（1）：19–23.

［83］陈传康 . 区域持续发展与行业开发［J］. 地理学报，1997（6）：518–527.

［84］傅培华 . 基于模糊聚类的旅游资源评估系统［J］. 科技通报，2003，9（5）：392–394.

［85］高曾伟 . 论民俗文化的主要特征［J］. 镇江市高等专科学校学报，2003（1）：3–5.

［86］高红艳 . 民族地区文化生态旅游与民族文化保护［J］. 贵州师范大学学报：自然科学版，2003（1）：19–22.

［87］管宁生 . 云南丽江纳西民族文化旅游资源开发［J］. 地域研究与开发，1996（3）：88–89.

［88］光映炯 . 旅游人类学再认识：兼论旅游人类学理论研究现状［J］. 思想战线，2002（6）：43–47.

［89］郭来喜 . 中国旅游业可持续发展理论与实践研究：国家自然科学基金“九五”重点旅游课题浅释［J］. 人文地理，1996（增刊）：18–25.

［90］郭丽华 . 略论“文化旅游”［J］. 北京第二外国语学院学报，1999（4）：42–45.

［91］郭鲁芳 . 关于我国旅游业国际竞争力的思考［J］. 旅游科学，2000（2）：12–15.

[92] 郭山，杨军．生态旅游与云南旅游业可持续发展论［J］．思想战线，2000，26（1）：86-89.

[93] 郭舒，曹宁．旅游目的地竞争力问题的一种解释［J］．南开管理评论，2004，7（2）：95-97.

[94] 郭亚军，曹卓，杜跃平．区域旅游竞争力影响因素分析：基于案例比较研究的视角［J］．旅游科学，2008（4）：65-69.

[95] 郭阳旭．提升重庆旅游的整体竞争力［J］．探索，2000（4）：84-87.

[96] 何梅青．民族文化旅游产业模式综合评价方法探析：以青海省藏区为例［J］．资源与产业，2011，1（13）.

[97] 何梅青．青海民族文化旅游品牌建设之我见［J］．攀登，2009（1）：88-90.

[98] 何梅青．区域民族文化旅游综合价值的评价与开发研究：以青海热贡地区为例［J］．开发研究，2011（8）：79-82.

[99] 何梅青．民族文化旅游产业模式综合评价方法探析：以青海省藏区为例［J］．资源与产业，2011，2（13）：50.

[100] 何晓颖，伍丽霞．梅山文化旅游资源价值分析评价［J］．浙江海洋学院学报：人文科学版，2007（1）：64-68+103.

[101] 陈金星，文建杰．云南水田人的文化特色及与丽江旅游融合研究［J］．民族论坛，2013（7）：48-51.

[102] 黄万鹏，云建辉．原生态民俗文化主题公园的开发与经营研究［J］．桂林旅游高等专科学校学报，2006（10）：630-633.

[103] 金毅．民族文化旅游开发模式与评介［J］．广东技术师范学院学报，2004（1）：41-44.

[104] 金颖若．更新定位，一种新的旅游形象定位方法：以贵州为例［J］．北京第二外国语学院学报，2002（4）：24-27.

[105] 金颖若．试论贵州民族文化村寨旅游［J］．贵州民族研究，2002（1）：61-65.

[106] 兰海．民族地区社区参与旅游景区发展模式研究［J］．经营管理

者，2009（16）：124+117.

［107］黎洁，赵西萍．论国际旅游竞争力及其阶段性演进［J］．社会科学家，1999（5）：20–23.

［108］程锦，陆林，朱付彪．旅游产业融合研究进展及启示［J］．旅游学刊，2011，26（4）：15.

［109］李海龙．文化引致旅游：对文化旅游概念的系统重构［J］．河南教育学院学报：哲学社会科学版，2013（5）：28–31.

［110］李惠梅，李春伟．发展青海文化旅游的探讨［J］．边疆经济与文化，2009（11）：10–11.

［111］程晓丽，胡文海．皖南国际旅游文化示范区文化旅游资源整合开发模式［J］．地理研究，2012（1）：169–177.

［112］戴代新．我国文化旅游资源保护与利用的误区及对策：以宜宾市僰文化旅游开发研究为例［J］．同济大学学报：社会科学版，2010（1）：46–51+78.

［113］邓清春，张腾．青海湖多元文化圈探析［J］．青海社会科学，2007（2）：77–79.

［114］李慕寒．试论民俗旅游的类型及区域特征［J］．民俗研究，1993（2）：95–98.

［115］单纬东．少数民族文化旅游资源保护与产权合理安排［J］．人文地理，2004（4）：26–29.

［116］李顺．对我国文化旅游开发的几点思考［J］．天津市职工现代企业管理学院学报，2004（4）：5–6.

［117］李巍．藏区旅游业发展的产业定位研究［J］．甘肃农业，2006（5）：115–116.

［118］李永梅．如何构建体现和谐内涵的环青海湖旅游圈［J］．长春理工大学学报：高教版，2009（8）：165–166.

［119］李勇，戴鹏．“中国热贡文化”产业发展战略构想［J］．青海社会科学，2007（1）：67–70.

［120］刘红梅．关于民族旅游开发与民族文化保护的几点思考［J］．开

发研究，2004（3）：51–52+45.

［121］刘晖．“摩梭人文化保护区”质疑：论少数民族文化旅游资源的保护与开发［J］．旅游学刊，2001（5）：27–30.

［122］刘思敏．“奇石画布”旅游资源评价体系研究［J］．旅游学刊，2005（4）：37–42.

［123］刘勇，韩泰凡，曲新谱，孔富安．基于层次分析法的绵山旅游资源评价与可持续发展对策［J］．经济地理，2006（2）：346–348+352.

［124］刘战慧．韶关市旅游资源的区域整合开发与旅游业的深度发展［J］．特区经济，2005（1）：48–51.

［125］龙茂兴．论乡村旅游扶贫模式创新［J］．发展，2006（9）：39–40.

［126］陆大道．论区域的最佳结构与最佳发展：提出“点轴系统”和“T”型结构以来的回顾与再分析［J］．地理学报，2001，56（2）：127–135.

［127］陆军．实景主题：民族文化旅游开发的创新模式：以桂林阳朔“锦绣漓江·刘三姐歌圩”为例［J］．旅游学刊，2006（3）：37–43.

［128］丁健，彭华．民族旅游开发的影响因素及开发模式［J］．中南民族学院学报：人文社会科学版，2002（2）：98–101.

［129］罗明义．论云南民族文化旅游的开发［J］．学术探索，1999（3）：83–86.

［130］罗明义．云南旅游支柱产业的建设与发展［J］．思想战线，1996（3）：29–35.

［131］罗文．旅游产业化经营中的政府行为分析［J］．经济师，2003（5）：112.

［132］麻学锋，龙茂兴．欠发达民族地区旅游发展模式研究：以湖南凤凰县为例［J］．商业研究，2006（14）：179–181.

［133］麻学锋，张世兵，龙茂兴．旅游产业融合路径分析［J］．经济地理，2010，30（4）：679–680.

［134］马晓京．旅游商品消费的文化人类学解读［J］．中南民族大学学报：人文社会科学版，2005（4）：58–61.

［135］马晓京．民族生态旅游：保护性开发民族旅游的有效模式［J］．人文地理，2003（3）：56-59.

［136］马晓京．西部地区民族旅游开发与民族文化保护［J］．旅游学刊，2000（5）：50-54.

［137］丁丽英．浅谈中国的文化旅游［J］．湖北社会科学，2002（12）：42-43.

［138］蒙吉军，崔凤军．北京市文化旅游开发研究［J］．北京联合大学学报，2001（1）：139-143.

［139］孟浩，王艳慧．基于突变评价法的研究型大学知识创新综合评价［J］．运筹与管理，2008（3）：80-87.

［140］芈一之．青海民族历史的特点与民族文化的特性［J］．青海民族学院学报：社会科学版，2007（7）：62-65.

［141］闵斌．论青海民俗文化与旅游开发［J］．青海师范大学学报：哲学社会科学版，2013（2）：19-22.

［142］明鹏，刘东柯．创意视角下荆州古文化旅游资源开发探讨［J］．大众科技，2013（8）：146-148+132.

［143］明庆忠，刘坚，王德义．云南民族体育旅游产业化研究［J］．社会科学家，1998（6）：47-51.

［144］莫帮洪，杨剑川．城市旅游竞争力分析框架初探［J］．社会科学家，2005（S2）：193+201.

［145］牛军．略论青海民族文化公关旅游开发［J］．青海民族研究，2005（4）：129-131.

［146］齐德利，李加林，葛云健，于蓉，张忍顺．沿海生态旅游资源评价指标及尺度研究：以江苏沿海为例［J］．自然资源学报，2004（4）：508-518.

［147］任冠文．论民族文化旅游资源的开发与保护［J］．广西民族研究，2006（1）：177-181.

［148］史正涛，雷志义．区域多种旅游资源整合开发战略研究［J］．云南师范大学学报：哲学社会科学版，2005（6）：99-102.

［149］宋河有．创意旅游开发视角下草原非物质文化产业链延伸研究：以蒙古族“男儿三艺”为例［J］．西南民族大学学报：人文社会科学版，2015（9）：155–157.

［150］宋立，杨丽雪．论黔中经济区旅游资源的整合［J］．贵州民族研究，2013（1）：127–130.

［151］宋亮．青海省发展民族文化旅游产业的媒介策略研究［J］．青海师范大学学报：哲学社会科学版，2011（2）：142–147.

［152］宋亚非，刘国忱，高敬华．我国旅游产业化的条件与素质分析［J］．财经问题研究，1999（1）：70–72.

［153］宋振春，纪晓君，吕璐颖，李允强．文化旅游创新体系的结构与性质研究［J］．旅游学刊，2012（2）：80–87.

［154］苏伟忠，杨英宝，顾朝林．城市旅游竞争力评价初探［J］．旅游学刊，2003（3）：39–42.

［155］孙浩捷，汪宇明．新疆区域旅游资源整合研究：以伊犁河谷为例［J］．干旱区资源与环境，2009（9）：195–200.

［156］孙青，张捷，史春云．文化旅游资源市场潜力评价模型研究［J］．特区经济，2007（2）：191–192.

［157］孙永龙．甘肃民族文化资源与旅游资源整合开发研究［J］．甘肃科技，2012（24）：1–4.

［158］孙玉梅，秦俊丽．山西省文化旅游资源的特征与文化产业发展模式［J］．地理研究，2011（5）：845–853.

［159］唐留雄．中华饮食文化与我国旅游业的发展［J］．财贸研究，2001（2）：41–44.

［160］陶少华，谢元鲁．文化人类学视野下的民族旅游设计：基于武汉民族文化周的实证研究［J］．中华文化论坛，2013（1）：120–125.

［161］陶思炎．略论民俗旅游［J］．旅游学刊，1997（2）：37–39.

［162］田大江，刘家明，钟林生，王润，王婧．生态旅游形象定位研究：以青海湖为例［J］．干旱区资源与环境，2012（4）：181–188.

［163］万绪才，李刚，张安．区域旅游业国际竞争力定量评价理论与实

践研究：江苏省各地市实例分析［J］. 经济地理，2001（3）：355-358.

［164］汪波，王光庆. 天水—宝鸡文化旅游资源整合协作发展研究［J］. 科学经济社会，2012（1）：11-15.

［165］汪清蓉，李凡. 古村落综合价值的定量评价方法及实证研究［J］. 旅游学刊，2006（1）：19-24.

［166］王国红，李葆盛. 提升广西旅游竞争力的战略构想［J］. 广西大学学报：哲学社会科学版，2000（4）：38-41.

［167］王荣国. 论闽文化底蕴与福建的文化旅游［J］. 厦门大学学报，1999（1）：10-12.

［168］王京传，李天元. 旅游目的地品牌标识评价研究：以中国优秀旅游城市为例［J］. 旅游学刊，2012（2）：43-51.

［169］王岚，赵国杰. 基于 ANP 的地区文化产业竞争力评价模型与指标体系［J］. 科学学与科学技术管理，2008（7）：129-132.

［170］王起静. 旅游产业链的两种模式及未来趋势［J］. 经济管理，2005（22）：76.

［171］王若. 从丽江看民族地区旅游资源的开发利用［J］. 经济问题探索，1986（12）：53-55+65.

［172］王世金，白永平，石惠春. 河西走廊地带旅游资源整合开发思路［J］. 经济地理，2007（2）：327-331.

［173］王涛，王小梅. 青海省区域经济差异分析［J］. 现代物业，2011，10（7）：36-39.

［174］丁悦，宋金平，赵西君. 基于因子分析的青海旅游产业发展潜力评估［J］. 青海社会科学，2010（6）：91-96.

［175］王雪梅. 论四川民俗旅游资源的开发利用［J］. 西南民族学院学报：哲学社会科学版，2000（10）：41-45.

［176］王昱，毕艳君，刘景华，马生林. 青海民族民间文化资源开发之思考［J］. 青海社会科学，2007（2）：68-72.

［177］王昱，毕艳君. 青海地方节庆文化与社会经济发展关系研究［J］. 青海民族研究，2009（1）：152-157.

［178］窦开龙．民族文化旅游者行为模式系统分析［J］．统计与决策，2013（13）：105–108.

［179］翁钢民，鲁超．基于突变级数法的旅游产业竞争力评价研究：以西北五省为例［J］．软科学，2009（6）：57–61.

［180］段文彬，闫颖慧，张春花，苏有文．甘南州旅游业综合竞争力评价及预测分析［J］．生态经济：学术版，2011（1）：188–191.

［181］吴必虎，余青．中国民族旅游开发研究综述［J］．民族研究，2000（4）：85–94+110.

［182］吴必虎．区域旅游开发的 RMP 分析：以河南省洛阳市为例［J］．地理研究，2001，20（1）：103–110.

［183］方协邦，金文轩．环青海湖民族民俗体育文化旅游圈建设及发展趋势研究［J］．体育文化导刊，2009（12）：73–74+77.

［184］吴桂生．论宗教文化旅游资源的利用与开发［J］．湖南商学院学报，2004（4）：68–70.

［185］吴晓萍，等．民族地区旅游开发与民族社区的可持续发展［J］．贵州民族学院学报，2000（1）：77–84.

［186］西敬亭，叶淘．民俗旅游：一个尚待开拓的领域［J］．民间文艺，1990（3）：110–111.

［187］肖书锋．青海湖旅游资源分析及发展［J］．旅游纵览：行业版，2012（3）：55.

［188］肖星，陈玲．基于生态博物馆的民族文化景观旅游开发研究［J］．广州大学学报：社会科学版，2008（2）：43–46.

［189］谢璐．青海湖国家级自然保护区旅游环境容量现状分析［J］．科教导刊：上旬刊，2010（6）：190–192.

［190］丁佳，边世平．环青海湖地区文化旅游资源竞争力评价分析［J］．青海师范大学学报：自然科学版，2015（1）：84–90.

［191］谢佐，程起骏，谢承华．关于深度开发青海湖旅游产业的探讨［J］．旅游学刊，2000（2）：51–54+73.

［192］徐佩华．关于旅游产业化发展的思考［J］．企业经济，2004（7）：

87–88.

［193］顾颉刚．从古籍中探索我国的西部民族：羌［J］．社会科学战线，1980（1）：117–152.

［194］许春晓，董明辉．旅游业空间结构理论研究概况及近期动向［J］．常德师范学院学报：社会科学版，2000.3（25）.

［195］杨昌如，潘梦澜．贵州民族文化村寨旅游发展问题与对策研究［J］．贵州民族学院学报，2004（5）：5–9.

［196］杨朝丽．旅游资源综合评价模型及其应用研究［J］．昆明大学学报，2001（1）：17–21.

［197］杨前进．青海湖旅游资源开发模式研究［J］．青海师范大学学报：自然科学版，2007（1）：83–87.

［198］杨琼，陈建勤．我国民俗文化旅游产业化发展研究［J］．江苏商论，2007（11）：77–78.

［199］杨效忠，陆林，张光生，卢松，宣国富．舟山群岛旅游资源空间结构研究［J］．地理与地理信息科学，2004（5）：87–90+113.

［200］余青，吴必虎．生态博物馆：一种民族文化持续旅游发展模式［J］．人文地理，2001（6）：40–43.

［201］余勇，杨美霞．名山景区文化旅游资源类型及开发模式比较研究：以泰山、桂林、张家界为例［J］．怀化学院学报，2008（4）：29–31.

［202］俞万源，李海山．客家文化旅游：回顾、现状与展望［J］．经济地理，2006，26（4）：710–713.

［203］喻胜华，杨薇．基于结构方程的区域旅游产业竞争力评价模型［J］．大连理工大学学报：社会科学版，2011（4）：44–47.

［204］喻学才．苏锡常都市圈区域文化与旅游资源的整合研究［J］．东南大学学报：哲学社会科学版，2002（3）：132–137.

［205］岳贤锋．河南武术文化旅游资源评价［J］．体育文化导刊，2008（7）：41–43.

［206］张博，程圩．文化旅游视野下的非物质文化遗产保护［J］．人文地理，2008（1）：74–79.

［207］张春晖，张红．基于突变级数法的我国旅游上市公司成长性评价研究［J］．旅游学刊，2010（7）：19-27.

［208］张明清，刘超．旅游产业国际竞争力的理论思考与竞争态势分析［J］．经济问题探索，2000（4）：116-119.

［209］张强，龙鳞．对民族文化产业评价指标体系的构建［J］．经济问题探索，2005（6）：50-54.

［210］张生寅．加快青海文化旅游产业发展的几点思考［J］．青海社会科学，2011（3）：39-43.

［211］张薇．国内外区域旅游合作研究综述［J］．经济研究导刊，2011（6）：146-148.

［212］张晓萍．文化旅游资源开发的人类学透视［J］．思想战线，2002（1）：31-34.

［213］张玉枚．上海与苏南旅游资源整合开发的战略思考［J］．特区经济，2010（8）：152-154.

［214］张争胜，周永章．城市旅游竞争力的实证研究：以广东省为例［J］．资源开发与市场，2005（1）：13-16.

［215］章怡芳．文化旅游开发中的资源整合策略［J］．思想战线，2003（6）：58-61.

［216］赵丽华．环青海湖旅游圈合作发展机制探讨［J］．青海民族学院学报，2008（3）：97-99.

［217］赵婷．基于突变级数法的青海藏区文化旅游产业开发竞争力评价［J］．生态经济，2014，30（6）：153.

［218］何梅青．民族文化旅游产业模式综合评价方法探析：以青海省藏区为例［J］．资源与产业，2011，2（13）：49-54.

［219］贾兰坡，等．三十六年来中国旧石器考古［A］．文物与考古论集［C］．文物出版社，1986（7）：8-12.

［220］郑贵华，田定湘，郑自军．长株潭旅游资源整合初探［J］．湖南社会科学，2004（3）：96-98.

［221］周国红．福州古迹旅游资源开发的新构想［J］．福建地理，2005

（3）：37–40.

［222］周娜娜．民族旅游开发与可持续发展研究［J］．贵州民族研究，2013（1）：107–111.

［223］朱德亮．藏传佛教文化旅游资源的开发［J］．中央民族大学学报：哲学社会科学版，2013，2（40）：43–45.

［224］朱普选．青海历史文化的地域特色［J］．西藏民族学院学报：哲学社会科学版，2005（9）：65–69.

［225］朱应皋，万绪才．全球旅游 11 强（国）旅游业国际竞争力综合评价［J］．地理与地理信息科学，2004（3）：109–112.

［226］林继富．昆仑文化与藏族文化关系研究［J］．青海社会科学，2010（5）：14–18.

［227］林继富．昆仑文化与藏族文化关系研究［J］．青海社会科学，2010（5）：14–18.

［228］刘峰贵，等．青海高原山脉地理格局与地域文化的空间分异［J］．人文地理，2007（4）：119–123.

［229］龙西江．论藏汉民族的共同渊源［J］．新华文摘，1995（10）.

［230］谢佐，等．略论中国昆仑山系文化和江河水系文化［J］．青海民族学院学报：社科版，1999（4）：25–32.

［231］周大鸣．人类学与民族旅游：中国的实践［J］．旅游学刊，2014（2）：104.

［232］钟士恩，章锦河．从古镇旅游消费看传统性与现代性、后现代性的关系［J］．旅游学刊，2014，29（7）：6.

［233］白锦秀．青海土族文化资源与文化旅游开发研究［D］．济南：山东大学，2006.

［234］陈婷婷．环渤海地区区域旅游整合研究［D］．青岛：中国海洋大学，2007.

［235］陈治中．基于湖泊旅游产业链构建的龙水湖与千岛湖对比研究［D］．重庆：重庆师范大学，2013.

［236］冯茂娥．陕西省旅游业国际竞争力测评与提升战略研究［D］．西

安：陕西师范大学，2003.

［237］郭颖．民族文化旅游资源保护性开发的理论与实践［D］．成都：四川大学，2002.

［238］韩蕾．东北区四大中心城市旅游竞争力比较研究［D］．长春：东北师范大学，2009.

［239］黄贲．中国文化产业链升级研究［D］．长沙：湖南大学，2012.

［240］冷媛．新疆节庆旅游资源的整合研究［D］．乌鲁木齐：新疆大学，2013.

［241］李慧．产权权益安排与文化旅游资源开发积极性研究：以连南瑶族自治县为例［D］．广州：广东技术师范学院，2012.

［242］李建卫．济南城市旅游竞争力研究［D］．济南：山东师范大学，2008.

［243］李强．青海湖旅游资源开发研究［D］．西安：西北大学，2005.

［244］李氲．文化旅游资源开发的初步研究［D］．杭州：浙江大学，2008.

［245］栗悦．基于融合视角下的桂林市文化旅游产业发展研究［D］．桂林：广西师范大学，2014.

［246］梁仲靖．兰州城市旅游竞争力综合评价研究［D］．兰州：西北师范大学，2009.

［247］刘凤梅．开封市文化旅游资源开发研究［D］．开封：河南大学，2011.

［248］陆蓓．中国旅游产业融合研究：以杭州市会展旅游为例［D］．杭州：浙江大学，2011.

［249］罗碧波．湖北武陵山区文化旅游资源开发研究［D］．武汉：华中师范大学，2012.

［250］马琳．文化创意产业与旅游产业融合发展研究［D］．昆明：云南财经大学，2014.

［251］牛若玲．创意农业与旅游产业融合发展研究：以江西省新余市为例［D］．金华：浙江师范大学，2014.

［252］汪俊芳 . 广西民族文化旅游产业化开发研究［D］. 南宁：广西大学，2008.

［253］王黎潇 . 基于 GIS 的青海湖湿地生态旅游价值评估［D］. 西宁：青海师范大学，2012.

［254］王良艳 . 九寨沟藏民族文化旅游资源开发研究［D］. 成都：西南财经大学，2011.

［255］辛欣 . 文化产业与旅游产业融合研究：机理、路径与模式：以开封为例［D］. 开封：河南大学，2013.

［256］徐君兰 . 城市旅游竞争力分析与评价研究［D］. 成都：四川大学，2007.

［257］杨娇 . 旅游产业与文化创意产业融合发展的研究［D］. 杭州：浙江工商大学，2008.

［258］杨琼 . 青海湖景区旅游开发研究［D］. 西宁：青海师范大学，2008.

［259］杨秀珍 . 张家界土家族民俗风情旅游开发研究［D］. 长沙：湖南师范大学，2010.

［260］俞飞 . 基于旅游产业链的婺源旅游经济研究［D］. 南昌：江西师范大学，2012.

［261］张巧英 . 基于产业链的西安旅游产业集群构建研究［D］. 西安：西安科技大学，2008：7–11.

［262］赵琮琮 . 民族文化旅游产业竞争力评价研究［D］. 兰州：兰州商学院，2013.

［263］郑洁 . 河南省道教文化旅游资源开发的区域整合研究［D］. 开封：河南大学，2008.

［264］朱海艳 . 旅游产业融合模式研究［D］. 西安：西北大学，2014.

［265］朱培峰 . 工业旅游商品开发及其文化影响［D］. 济南：山东大学，2008.

［266］邹辉 . 区域旅游整合研究［D］. 长春：东北师范大学，2008.

［267］黄南商务预报 . 黄南州投资环境情况介绍［EB/OL］.http：//cif.

mofcom.gov.cn/site//html/qhhnz/html/2145428/2013/2/20/1361323685513.html，2013–02–20.

［268］青海日报．热贡艺术 一朵奇葩［EB/OL］.http：//www.mzb.com.cn/html/report/389950–1.htm，2013–04–08.

［269］张晓媛．神奇秀丽的黄南［EB/OL］.http：//www.xibeily.com/portal.php?mod=view&aid=4499，2015–01–20.

［270］青海日报．黄南：以文化产业引领农牧民脱贫致富［EB/OL］.http：//epaper.tibet3.com/qhrb/html/2011–12/28/content_998952.htm，2011–12–28.

［271］海南藏族自治州政府网．海南藏族自治州简介［EB/OL］.http：//www.qhhn.gov.cn/zjhn/，2014–02–01.

［272］共和县人民政府．江苏省对口支援青海省海南州纪实［EB/OL］.http：//www.qhhn.gov.cn/xwdt/tpxw/201501/t20150129_2881.html，2015–01–29.

［273］邓琳．发展海西文化旅游的思考［EB/OL］.http：//www.qhnews.com/ll/system/2012/03/29/010721654.shtml，2012–05–07.

［274］中国西部开发网．玉树藏族自治州［EB/OL］.http：//www.chxk.com/xb/city/city/117.html，2013–05–01.

［275］李滨．玉树州勒巴沟环线旅游资源开发优势明显［EB/OL］.http：//www.qh.gov.cn/zwgk/system/2012/08/15/000066828.shtml，2012–08–15.

［276］搜狐．果洛，无人打扰的神之领域［EB/OL］.http：//travel.sohu.com/20141030/n405615183.shtml，2014–10–30.

［277］班玛县人民政府．上半年果洛旅游业发展势头强劲［EB/OL］.http：//www.banma.gov.cn/html/937/158487.html，2011–08–15.

［278］青海新闻网．文化底蕴凸显气质［EB/OL］. http：//www.62669.com/news/dc62r1x50703n416129471.html，2015–07–03.

［279］海东时报．海东特色旅游将大有作为［EB/OL］.http：//www.qhnews.com/newscenter/system/2014/05/20/011402775.shtml，2014–05–20.

［280］青海日报社数字报刊．海东强力打造生态乡村旅游业［EB/OL］.

http：//epaper.tibet3.com/qhrb/html/2013-08/02/content_28320.htm，2013-08-02.

［281］海东市人民政府.海东市“十二五”旅游发展规划［EB/OL］.http：//www.haidong.gov.cn/read.asp?nid=61863，2012-06-26.

［282］西宁晚报.这是一次避暑盛会更是一个夏都盛典［EB/OL］.http：//www.xnwbw.com/html/2012-06/26/content_53267.htm，2012-06-26.

［283］海北州文明网.加强基础设施建设，打造高原旅游景区［EB/OL］.http：//qhhb.wenming.cn/wmcj/201301/t20130116_490876.html，2013-01-01.

［284］青海旅游.海南州星级酒店达到30家［EB/OL］.http：//www.57qh.com/news/lvyouxinwen_6497.html，2014-09-20.

［285］海东环保局.海北：五亿余元整治村容村貌［EB/OL］.http：//www.qhepb.gov.cn/pub/myxhbj/syzwlm/xwzz/201310/t20131016_177241.html，2012-05-16.

［286］青海新闻网.青海海南州春季造林绿化实现六大新突破［EB/OL］.http：//www.qhnews.com/newscenter/system/2012/06/04/010787326.shtml，2012-06-04.

［287］海南州人民政府.海南州动态［EB/OL］.http：//www.qh.xinhuanet.com/misc/2012-07/10/content_25483336.htm，2012-07-10.

［288］青海网络广播电视台.黄南：生态工程扎实推进人居环境明显改善［EB/OL］. http：//www.qhbtv.com/toutiaotupian/2015-04-26/147410.html，2015-04-26.

［289］西宁晚报数字报刊.黄南州开启文化名州建设全力打造全国一流藏文化基地［EB/OL］.http：//www.xnwbw.com/html/2012-01/17/content_36198.htm，2012-01-17.

［290］达日县人民政府.关于全州林业工作情况的报告［EB/OL］.http：//www.dari.gov.cn/html/932/176494.html，2012-09-03.

［291］中国旅游新闻网.西宁出台政策旅游企业业绩好有奖［EB/OL］.http：//www.cntour2.com/viewnews/2013/05/07/JBeI3k1HCsPYNWwpyZNl0.

shtml，2013-05-07.

［292］青海日报数字版．西宁，世界凉爽城市新成员［EB/OL］.http：//www.qhnews.com/newscenter/system/2014/07/03/011441472.shtml，2014-07-03.

［293］海外网．海东市全力打造“山水园林城市”［EB/OL］.http：//www.qh.xinhuanet.com/2015-05/26/c_1115403162.htm，2014-05-26.

［294］海东市人民政府．我市旅游总收入超4亿［EB/OL］.http：//www.haidong.gov.cn/read.asp?nid=112143，2014-05-01.

［295］中华人民共和国交通运输部．青海海东：交通助圆城市梦［EB/OL］.http：//www.moc.gov.cn/zhuantizhuanlan/qita/zoujinzgjtb/jinridianji/201312/t20131216_1529053.html，2013-12-6.

［296］班玛县政府．半年果洛旅游业发展势头强劲［EB/OL］.http：//www.banma.gov.cn/html/937/158487.html，2011-08-05.

［297］青海省人民政府．青海省“四区两带一线”发展规划纲要．百度百科［EB/OL］.http：//wenku.baidu.com/view/ef0b2f8acc22bcd126ff0ce3.html，2011-09-20.

［298］李金早．李金早署名诠释“旅游+”解读中国旅游大格局［J/OL］. http：//www.china.com.cn/travel/txt/2015-08/19/content_36346686.htm，2015-08-19.

［299］白玛．关于青海文化产业发展问题的思考［EB/OL］.http：//epaper.tibet3.com/qhrb/html/2010-10/10/content_728482.htm，2010-10-10.

［300］海北州人民政府．加快文化与旅游融合发展［EB/OL］.http：//www.qhhb.gov.cn/html/22/110072.html，2013-09-24.

［301］西宁晚报．文化旅游项目9月底竣工［EB/OL］. http：//www.xnwbw.com/html/2013-08/06/content_95959.htm，2013-08-07.

［302］黄南商务预报．黄南文化旅游产业SWOT分析［EB/OL］.http：//cif.mofcom.gov.cn/site//html/qhhnz/html/2145403/2012/6/19/1340072459483.html，2012-06-19.

［303］华夏经纬网．海东市积极推进文化旅游融合发展［EB/OL］.http：

//www.huaxia.com/ly/lyzx/2014/07/3978838.html，2014-07-15.

［304］海北州人民政府 . 海北州州情概况［EB/OL］. http：//www.qhhb.gov.cn/html/2/82695.html，2015-7-28.

# 附件一：原始数据表

**各指标原始数据**

| 三级指标 | 底层指标 | 海南 | 海西 | 海北 | 玉树 | 黄南 | 果洛 | 西宁 | 海东 |
|---|---|---|---|---|---|---|---|---|---|
| 旅游收入 | 旅游收入（亿元） | 1.84 | 3.77 | 8.91 | 0.51 | 3.89 | 1.49 | 56.16 | 8.19 |
| | 旅游收入增长率 | 89.3% | 30.0% | 48.5% | −29.5% | 24.0% | 90.1% | 20.6% | 43.6% |
| 旅游接待量 | 旅游人数（万人次） | 148.25 | 282 | 320.39 | 9.65 | 199.9 | 27.86 | 981 | 501.63 |
| | 旅游人数增长率 | 70.4% | 6.8% | 20% | −17.5% | 30% | 88.5% | 10.4% | 19.4% |
| 客源市场条件 | 一级客源市场数量 | 4 | 5 | 2 | 6 | 3 | 7 | 8 | 1 |
| | 二级客源市场数量 | 6 | 4 | 1 | 7 | 5 | 8 | 3 | 2 |
| | 三级客源市场数量 | 4 | 6 | 5 | 3 | 1 | 8 | 7 | 2 |
| 旅游区位条件 | 公路通车里程（km） | 9825 | 11 810 | 7460 | 2200 | 4004 | 7270 | 6783 | 7878 |
| | 与省会城市的距离（km） | 138 | 488 | 99.5 | 808 | 182 | 440 | 0 | 36.8 |
| 文化旅游资源条件 | 文化旅游资源品位度 | 5 | 4 | 1 | 3 | 7 | 8 | 2 | 6 |
| | 文化旅游资源丰富度 | 3 | 5 | 2 | 7 | 6 | 8 | 1 | 4 |
| | 文化旅游资源密集度 | 5 | 4 | 2 | 7 | 6 | 8 | 1 | 3 |
| 旅游技术人才 | 中等职业学院及以上院校数 | 2 | 4 | 3 | 1 | 5 | 1 | 9 | 6 |
| | 旅游管理部门人员学历构成 | 5 | 2 | 4 | 1 | 6 | 8 | 1 | 3 |
| | 文化旅游从业人员数 | 5 | 3 | 4 | 8 | 2 | 6 | 7 | 1 |

续表

| 三级指标 | 底层指标 | 海南 | 海西 | 海北 | 玉树 | 黄南 | 果洛 | 西宁 | 海东 |
|---|---|---|---|---|---|---|---|---|---|
| 旅游接待设施 | 星级酒店数 | 6 | 10 | 8 | 1 | 4 | 2 | 49 | 9 |
| | 客房数 | 170 | 2000 | 180 | 60 | 240 | 75 | 6071 | 1080 |
| | 文化旅游景区数 | 12 | 16 | 53 | 7 | 9 | 8 | 46 | 11 |
| | 旅行社数 | 4 | 6 | 5 | 1 | 3 | 2 | 25 | 8 |
| 旅游信息管理技术 | 文化旅游网站数量 | 2 | 6 | 3 | 0 | 4 | 1 | 7 | 5 |
| 城市基础设施 | 年客运周转量（人千米） | 4.77 | 4.17 | 2.75 | 3.52 | 2.72 | 3.47 | 73.25 | 11.1 |
| | 人均道路面积（平方米） | 16.8 | 34.54 | 18.22 | 16.5 | 11.5 | 10.7 | 8.5 | 16.3 |
| 自然环境 | 绿化覆盖率 | 6.78% | 5.32% | 5.33% | 1.7% | 8.7% | 5.3% | 20% | 8.9% |
| | 人均绿地面积（平方米） | 3.47 | 4.77 | 3.1 | 2.2 | 3.6 | 1.94 | 4.8 | 4.5 |
| 经济环境 | 地区人均生产总值（元） | 18 531 | 97 747 | 27 393 | 8351 | 18 651 | 14 381 | 34 743 | 15 638 |
| | 第三产业增加值（亿元） | 23.22 | 77 | 20.1 | 6.5984 | 16.23 | 8.553 | 332.0 | 81.87 |
| | 第三产业收入增长率 | 9.2% | 12.5% | 15% | 18% | 15.8% | 8.8% | 12.0% | 11.6% |
| 社会环境 | 文化旅游产业总投资（亿元） | 48.65 | 49.1 | 20.13 | 33.41 | 15.71 | 8.171 | 240.3 | 73.24 |
| | 政府支持力度 | 3 | 8 | 5 | 2 | 4 | 6 | 7 | 1 |

注：1. 资料来源于2013年各自治州国民经济和社会发展统计公报。

2. 应相关单位要求，课题组实地调研数据不予公开，因此表中客源市场条件、文化旅游资源条件中、旅游技术人才的个别数据以排名代替。

3. 政府支持力度主要从是否制定了区域旅游业发展规划、政策、文化旅游建设投入费用三个方面分析。

# 附件二：调查问卷 1

## 环青海湖地区文化旅游资源市场需求调查问卷

尊敬的先生/女士：

您好！首先对您参与本次调查表示诚挚的感谢！本问卷是为了解环青海湖地区文化旅游发展现状及市场需求情况，以供我们学术研究之用，不会用于其他，本问卷调查采取不记名方式，请放心填写。请按照您个人对问题的真实看法和感受客观填写。

**一、您的基本信息**

1. 您来自（常住地） 省 / 直辖市

2. 您的性别：□男 □女

3. 您的年龄：□ 18 岁以下 □ 19 岁 ~35 岁 □ 36 岁 ~50 岁 □ 51 岁以上

4. 您的学历：□初中及以下 □中专或高中 □本科 □硕士及以上

5. 您的职业：□学生 □政府、事业单位人员 □企业人员 □私营业主人员 □农民 □退休人员 □其他

6. 您的月收入：

□无收入 □ 1000 元以下 □ 1000~3000 元 □ 3000~5000 元 □ 5000 元以上

**二、您对环青海湖地区的具体感知（供给）**

1. 您是第几次来青海？

□第一次 □第二次 □第三次 □第四次 □五次及以上

2. 您来青海旅游停留时间：

□ 2 天及以下 □ 3~4 天 □ 5~6 天 □ 7 天及以上

3. 你来青海旅游预计花费（不包含由居住地往返青海的费用）：

□ 300 元以下 □ 300~500 元 □ 501~1000 元 □ 1001~2000 元

□ 2000~3000 元 □ 3000 元以上

4. 你来青海后选择哪种旅游方式？

□随团旅游 □自驾车旅游 □自行车游、徒步游 □自助游

□其他

（如果您是随团旅游，请跳过第 5 题）

5. 您来青海旅游时选择哪种住宿方式：

□星级酒店 □经济型酒店 □青年旅社 □野营地 □农家乐

□其他

6. 您对环青海湖地区的印象？□西部高原风光 □高原避暑胜地

□宗教文化圣地 □藏、回族文化集聚区 □其他

7. 您对青海哪些旅游资源感兴趣？（多选）□自然风光 □宗教信仰

□民风民俗 □历史古迹 □红色文化 □体育赛事 □诗歌文化

□其他

8. 您来青海旅游会去以下哪些旅游景区？（多选）

□青海湖 □东旭民俗村 □百里油菜花海观花台 □卓尔山 □阿柔大寺 □玉皇阁古建筑群 □贵德黄河大桥 □金银滩大草原 □原子城

9. 您在青海购买过哪种类型的旅游纪念品？

□奇石玉器类 □民族服饰、装饰品 □手工艺品

□保健品（药材补品） □奶、肉制品 □其他

10. 您来青海旅游时遇到哪些方面的困难？

□语言沟通困难 □住宿难 □交通不便捷 □饮食不习惯

□其他

11. 您认为环青海湖地区的文化旅游发展受哪些因素制约？（多选）

□交通不便　□景区娱乐活动和设施不足　□景区缺少文化内涵

□导游讲解不到位　□旅游纪念品少且没有特色　□门票价格过高

□其他

**三、您的旅游偏好（需求）**

1. 在体验环青海湖地区文化时，您希望在哪些方面进行改进？（多选）

□注重文化习俗的讲解　□增加趣味性的文化活动

□设计特色的旅游纪念品　□增加参与性、互动性的文化活动

□注重文化的原真性　□其他

2. 您更希望通过哪些方式了解环青海湖地区文化？（多选）

□节庆活动　□民族风情园表演展示　□民俗博物馆　□景区游览观光

□民族村寨体验　□其他

3. 您认为青海在旅游纪念品方面有哪些需要改进？

□制作工艺　□旅游纪念品种类　□纪念品的文化元素

□旅游纪念品质量　□其他

4. 您认为青海在住宿方面有哪些需要改进？

□增加宾馆、农家乐等住宿设施的数量　□改善宾馆的卫生、服务质量

□建造具有青海民族特色的住宿设施　□其他

# 附件三：调查问卷 2

## 青海黄南地区民族文化旅游状况调查问卷

尊敬的女士/先生：

您好，本问卷针对青海热贡地区物质文化遗产旅游开发现状、存在的问题及未来可持续发展途径进行调查。非常感谢您的支持与帮助！

1. 您的身份是（　）。A. 本地居民　B. 旅游者　C. 政府管理人员

2. 您的居住地是 ________________________________________。

3. 您的性别是（　）。A. 女　B. 男

4. 您的月收入为（　）。

A.1000 元以下　B.1000~2000　C.2000~3000　D.3000~5000

E.5000 以上

5. 您有过（　）来青海黄南地区旅游的经历。

A. 没有来过　B. 一次　C. 两次　D. 两次以上

6. 您到黄南地区旅游的原因是什么？（　）

A. 花费低　B. 兴趣　C. 家人与朋友建议　D. 广告宣传

E. 民族文化

7. 您了解黄南地区民族文化途径是（　）。

A. 看电视或报刊　B. 朋友推荐

C. 网上查询　D. 向旅行社征询

E. 本地知名度

8. 您来黄南地区旅游对（ ）最感兴趣？

A. 自然风光　B. 民族文化　C. 当地美食　D. 宗教艺术

E. 其他

9. 您对黄南地区物质文化遗产最了解的是（ ）。

A. 於菟活动　B. 唐卡技艺　C. 黄南古城　D. 宗教寺庙

10. 您对于黄南地区最想了解的是（ ）。

A. 民族演进　B. 民间祭祀　C. 民族语言　D. 宗教发展

E. 其他

11. 黄南地区给您留下印象最深的是（ ）。（可多选）

A. 精彩的於菟表演　B. 奇妙的帮会活动

C. 高超的唐卡技艺　D. 独特的民族服饰

E. 优美的自然风光

12. 游览过黄南后您最想作为留念的是（ ）。（可多选）

A. 民族服饰　B. 唐卡

C. 反映民族文化的 DIY 影像资料　D. 民族特色食品

E. 其他

13. 您认为黄南地区旅游产业化发展是否到位？（ ）

A. 到位　B. 基本到位　C. 不到位

14. 您认为下列哪些具有旅游开发价值？（ ）（可多选）

A. 於菟活动　B. 唐卡技艺　C. 黄南古城　D. 宗教寺庙

E. 其他

15. 您认为黄南的民族文化最佳的开发形式是（ ）。（可多选）

A. 娱乐参与式　B. 休闲度假式

C. 生活体验式　D. 静态民族文化展示

E. 动态表演式

16. 您认为黄南旅游产业化发展中最大的瓶颈是（ ）？（可多选）

A. 宣传力度不够　B. 服务质量低下

C. 基础设施不完善　D. 产品开发模式单一

E. 旅游产业层次较低　　　　　　F. 思想观念落后

17. 黄南旅游产业的发展会使一些优秀的民族传统文化商业化和庸俗化，对传统文化造成冲击和损害。您对这个观点（　）。

A. 非常赞同　　B. 赞同　　C. 不反对也不赞同　　D. 不赞同

E. 非常反对

18. 您对黄南地区民族文化旅游开发的态度是（　）。

A. 支持　　B. 不支持　　C. 反对　　D. 不关心

19. 您认为黄南地区民族文化旅游应如何发展？______________________